우리를 매혹하는 도시의 랜드마크

세상의 건축

앞표지 이미지 에펠타워, 구스타브 에펠, 1887~1889, 파리, 프랑스 ⓒ Sergey Borisov/Alamy Stock Photo. (본문 208쪽)
뒷표지 이미지 구겐하임 미술관, 프랭크 게리, 1992~1997, 빌바오, 스페인 ⓒ Michael Bracey/Alamy Stock Photo. (본문 215쪽)

우리를 매혹하는 도시의 랜드마크
세상의 건축

초판 1쇄 2022년 10월 20일

지은이 수지 호지
옮긴이 김홍철

편집 이동은, 김주현, 성스레
미술 강현희, 정세라 **본문** 아울미디어
제작 박장혁 **마케팅** 사공성, 강승덕, 한은영

발행처 북커스
발행인 정의선
이사 전수현
출판등록 2018년 5월 16일 제406-2018-000054호
주소 서울시 종로구 평창30길 10
전화 02-394-5981~2(편집) 031-955-6980(영업)

ISBN 979-11-90118-44-6 (03600)

Insight Books

우리를 매혹하는 도시의 랜드마크

세상의 건축

수지 호지 지음
김홍철 옮김

BOOKERS

목차

들어가며

프랭크 게리: "건축은 시간과 장소를 이야기해야 하지만, 결국 영원함을 동경한다."

오로지 내부를 보호하려고 지은 건축물은 수많은 사람들의 다양한 요구로 오랜 시간 발전해 왔다. 고대 주거부터 시작해 현재 철과 유리로 만든 타워에 이르기까지 건축물은 형태와 기능 그리고 구조뿐만 아니라 아름다움까지 모든 균형을 이루었다. 이것은 인간이 끊임없는 노력으로 만들어낸 성과이다. 건축물은 처음에 피난처를 마련할 목적으로 지어졌지만, 곧 종교 의식을 위한 복합 시설이 더해져 인간이 살 수 있는 건축물이 되었다. 우리가 알고 있는 가장 초기 기념비 건축물은 고대 문명이 지은 메소포타미아의 벽돌로 지어진 지구라트(사원)와 이집트의 석조 마스타바(무덤)이다. 도시 계획을 일궈낸 메소포타미아인은 '건축 기술'을 신이 내린 신성한 선물로 여기며 무엇보다도 중요하게 생각했다. 기원전 30~15년에 로마의 건축가이자 기술자인 비트루비우스는 『데 아키텍투라(건축서)』라는 책을 집필했다. 이는 최초의 건축 이론 책으로 1,000년을 넘게 후대의 서양 건축가들에게 지대한 영향을 미쳤다. 인간의 욕구는 계속해서 건축에서 해결책을 만들어냈다. 이 책에서는 지난 4,000년 동안 인간이 끊임없이 만들어낸 해결책과 아이디어를 다루었고, 건축 연대와 하단의 참조 키워드를 활용해 전 세계를 통틀어 가장 중요한 건축물과 양식, 재료 그리고 건축 요소를 넘나들며 살펴볼 수 있다.

Styles 양식

프랭크 로이드 라이트: "예술의 어머니는 건축이다.
우리만의 건축이 없다면, 문명의 영혼도 없다."

일정 기간 동안 건축이 발전하면서 만들어진 특정 양식은 기술과 재료뿐만 아니라 건축가의 상상이 더해져 다양한 형태로 그만의 특성을 가졌다. 문화가 변화하면서 사람들은 고대 그리스와 로마처럼 힘을 모아 서로 배우려고 한 경우도 있었고, 그와 반대로 포스트 모더니즘이 모더니즘을 배척한 것처럼 일부러 과

거의 이념에 등을 지기도 한 경우도 있었다. 그리고 어떤 양식은 완전히 새로운 방식으로 접근하기도 했고, 또 어떤 양식은 신 고전주의나 고딕 리바이벌처럼 이전 양식을 다시 사용하기도 했다. 그러나 모든 리바이벌 양식은 그 시대가 필요한 기술을 반영한 것이기 때문에 기존 양식과는 엄연하게 다르다. 거기다가 크메르 건축이나 시카고 학파와 같이 특정 지역에서만 나타나는 양식도 있다. 양식은 대부분 혁신적인 주요 건축을 중심으로 발전했지만, 일부는 무어 건축처럼 여행이나 문화 교류에서 나타나기도 했다. 르네상스는 시간이 한참 지나고 나서야 제 이름이 생겼고, 브루탈리즘은 나타나자마자 제 이름이 붙은 것처럼 이름이 붙은 그 시기도 각자 다르다. 양식끼리도 서로 맞물리는 경우가 종종 있다. 하지만, 이런 점은 건축 역사를 보다 명확하게 하는데 도움이 된다. 이 책에서는 중요한 양식을 가능한 한 연대 순으로 다루고 있다.

The Buildings 건축물

알바 알토: "건축가의 궁극적인 목표는 파라다이스를 만드는 것이다. 집과 건축이 만들어낸 생산물은 모두 인간을 위한 파라다이스를 만드려는 노력에 집결되어야 한다."

인간은 오래전부터 자신을 보호할 은신처와 신을 숭배할 예배 장소가 필요했다. 자원과 기술을 사용해 인간이 원하는 대로 진화한 건축은 예술과 과학이 넘나드는 지식을 쌓아 다양한 문화로 발전했다. 그렇게 전통을 만들고 전파하며 건축은 비로소 정착했다. 이 책은 시간과 장소를 불문하고 핵심 아이디어, 재료, 형태, 최초의 기술 등과 함께 존경할만한 주요 건축 작품 50여 점을 소개하고 있다. 옛 건축가들의 실패와 성공으로 많은 시행착오를 거쳐서 얻은 실용 이론과 경험은 시간이 흘러 후대 건축가들에게 전해져 건축은 더욱 나은 방식으로 다양하게 발전했다. 또한 역사적으로 아주 중요한 건축물뿐만 아니라 구조물과 최신 재료(소재), 건축 이론은 물론 건축가가 사용한 혁신 기술과 건축 목표도 서술하고 있다.

Elements 요소

자하 하디드: "건축물을 단순하게 피난처라고만 생각하는 건 그냥 외벽이라고 생각하는 것과 같다. 건축은 당신을 흥분하게 하고, 차분하게 하고, 생각하게 해야 한다."

건축물은 발코니와 아치, 계단, 마당 그리고 기둥과 같은 기본 요소로 구성되어 있다. 일부 건축 요소는 특이하게 교회의 신랑이나 첨탑처럼 특정 건축물에서만 사용하기도 하고, 문이나 창문처럼 흔하게 사용하기도 한다. 모든 건축은 유행과 선호하는 지역, 구하기 쉬운 재료, 종교, 기후 조건, 현행 규정, 기술 그리고 건축가의 아이디어 등에서 영향을 받는다. 예를 들어 피렌체의 산타 마리아 델 피오레, 모스크바의 성 바실리 대성당, 아그라에 있는 타지마할 돔, 쾰른 대성당의 첨탑, 뉴욕의 크라이슬러 빌딩, 바르셀로나의 사그라다 파밀리아 등을 비교해보면 서로 몇몇 비슷한 건축 요소를 가지고 있기는 하지만, 각자 다른 해석을 가지고 있다. 건축물은 어떤 형태로 만들어졌는지, 어디서 생겨났는지, 어디로 영향을 미쳤는지, 무엇으로 만들어졌는지, 그리고 어디에서 쓰였는지 등의 복잡한 건축 요소가 조합되어 있는 것을 알 수 있다.

Materials 재료

루드비히 미스 반 데어 로에: "건축은 두 개의 벽돌이 조심스럽게 모여 자리를 잡을 때 시작된다."

진흙에서 대리석으로, 벽돌에서 대나무로, 석재에서 강철로, 콘크리트에서 탄소 섬유로 변화한 것처럼, 건축에서 사용하는 재료는 인간의 요구 사항이 변하고, 장비와 기술이 발전하면서 범위가 더 넓어졌다. 이 장에서는 석재나 목재처럼 건축에서 사용하는 필수 요소와 유리나 타일처럼 건축 일부에만 사용하는 요소를 다양하게 설명한다. 수천 년 동안 계속 사용해 온 재료가 있고, 더 이상 사용하지 않은 재료가 있는 반면, 최근에 발명한 재료도 있다. 이 장에서는 재료가 어떤 건축물에 어떻게 사용했는지 그 예를 하단의 키워드를 통해 알 수 있다.

이 책의 활용법

이 책은 양식, 건물, 요소, 재료로 4개 분야로 분류해 건축의 주요 영역을 설명한다. 연대별로 구성되어 있지만, 어떤 순서에 상관없이 읽을 수 있다. 각 페이지 하단에 있는 참조 키워드는 다른 장의 내용과 연결되며, 사진 옆 보충설명은 중요한 개발과 건축가의 배경을 설명한다.

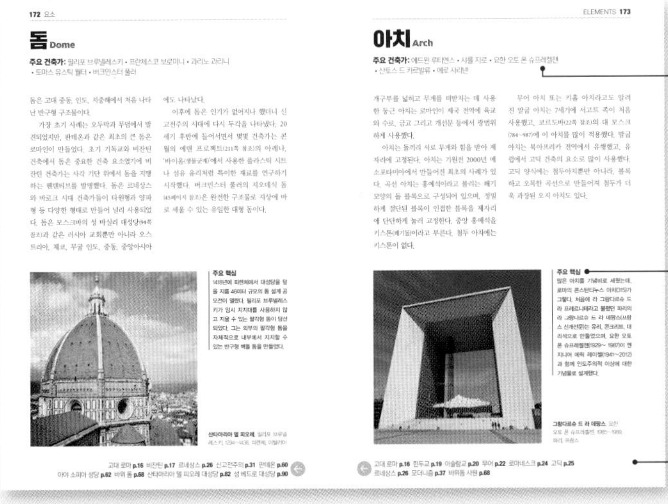

172 요소

ELEMENTS 173

돔 Dome

주요 건축가: 필리포 브루넬레스키 • 프란체스코 보로미니 • 과리노 과리니 • 토마스 유스틱 월터 • 버크민스터 풀러

돔은 고대 중동, 인도, 지중해에서 처음 나타난 반구형 구조물이다.

가장 초기 사례는 오두막과 무덤에서 발견되었지만, 판테온과 같은 최초의 큰 돔은 로마인이 만들었다. 초기 기독교와 비잔틴 건축에서 돔은 중요한 건축 요소였기에 비잔틴 건축가는 사각 기단 위에서 돔을 지탱하는 펜덴티브를 발명했다. 돔은 르네상스와 바로크 시대 건축가들이 타원형과 양파형 등 다양한 형태로 만들어 널리 사용되었다. 돔은 모스크바의 성 바실리 대성당(94쪽 참조)과 같은 러시아 교회뿐만 아니라 오스트리아, 체코, 무굴 인도, 중동, 중앙아시아에도 나타났다.

이후에 돔은 인기가 없어지나 했더니 신고전주의 시대에 다시 두각을 나타냈다. 20세기 후반에 들어서면서 몇몇 건축가는 콘월의 에덴 프로젝트(211쪽 참조)의 아레나, '바이옴(생물군계)'에서 사용한 플라스틱 시트나 섬유 유리처럼 특이한 재료를 연구하기 시작했다. 버크민스터 풀러의 지오데식 돔(45페이지 참조)은 완전한 구조물로 지상에 바로 세울 수 있는 유일한 대형 돔이다.

주요 핵심
1418년에 피렌체에서 대성당을 덮을 지름 46미터 규모의 돔 설계 공모전이 열렸다. 필리포 브루넬레스키가 임시 지지대를 사용하지 않고 지을 수 있는 팔각형 돔이 당선되었다. 그는 외부의 팔각형 돔을 자체적으로 내부에서 지지할 수 있는 반구형 벽돌 돔을 만들었다.

산타마리아 델 피오레, 필리포 브루넬레스키, 1294~1436, 피렌체, 이탈리아

고대 로마 **p.16** 비잔틴 **p.17** 르네상스 **p.26** 신고전주의 **p.31** 판테온 **p.60**
아야 소피아 성당 **p.62** 바위 돔 **p.68** 산타마리아 델 피오레 대성당 **p.82** 성 베드로 대성당 **p.90**

아치 Arch

주요 건축가: 에드윈 루티엔스 • 샤를 지로 • 요한 오토 폰 슈프레켈젠 • 산토스 드 카르발류 • 에로 사리넨

개구부를 넓히고 무게를 떠받치는 데 사용한 둥근 아치는 로마인이 제국 전역에 육교와 수로, 금고 그리고 개선문 등에서 광범위하게 사용했다.

아치는 돌끼리 서로 무게와 힘을 받아 제자리에 고정된다. 아치는 기원전 2000년 메소포타미아에서 만들어진 최초의 사례가 있다. 곡선 아치는 홍예석이라고 불리는 쐐기 모양의 돌 블록으로 구성되어 있으며, 정밀하게 절단된 블록이 인접한 블록을 제자리에 단단하게 눌러 고정한다. 중앙 홍예석을 키스톤(쐐기돌)이라고 부른다. 첨두 아치에는 키스톤이 없다.

무어 아치 또는 키홀 아치라고도 알려진 말굽 아치는 7세기에 서고트 족이 처음 사용했고, 코르도바(22쪽 참조)의 대 모스크(784~987)에 이 아치를 많이 적용했다. 말굽 아치는 북아프리카 전역에서 유행했고, 유럽에서 고딕 건축의 요소로 많이 사용했다. 고딕 양식에는 첨두아치뿐만 아니라, 볼록하고 오목한 곡선으로 만들어져 첨두가 더욱 과장된 오지 아치도 있다.

주요 핵심
많은 아치를 기념비로 세웠는데, 로마의 콘스탄티누스 아치(315)가 그렇다. 처음에 라 그랑다르슈 드 라 프레르니테라고 불렸던 파리의 라 그랑다르슈 드 라 데팡스(신개선문)는 유리, 콘크리트, 대리석으로 만들었으며, 요한 오토 폰 슈프레켈젠(1929~1987)이 엔지니어 에릭 레이첼(1941~2012)과 함께 인도주의적 이상에 대한 기념물로 설계했다.

그랑다르슈 드 라 데팡스, 요한 오토 폰 슈프레켈젠, 1985~1989, 파리, 프랑스

고대 로마 **p.16** 힌두교 **p.19** 이슬람교 **p.20** 무어 **p.22** 로마네스크 **p.24** 고딕 **p.25**
르네상스 **p.26** 모더니즘 **p.37** 바위돔 사원 **p.68**

주요 건축가

주요 핵심

양식과 재료의 참조

건축가와 건축물 위치

건축 시기

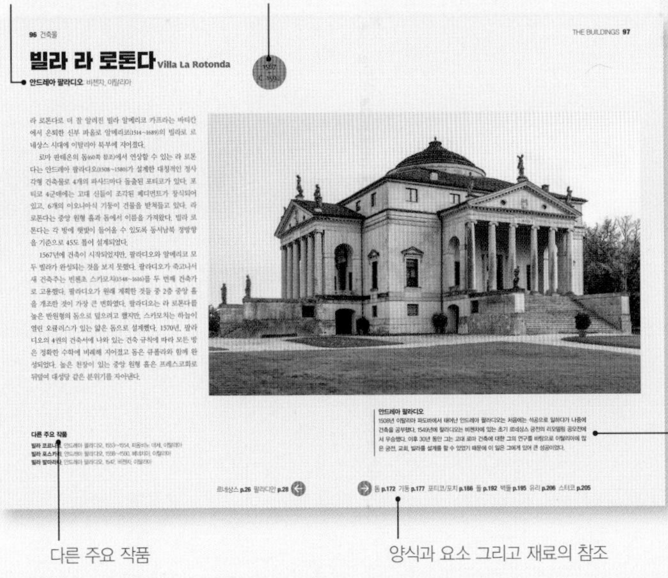

96 건축물

THE BUILDINGS 97

빌라 라 로톤다 Villa La Rotonda

안드레아 팔라디오, 비첸차, 이탈리아

1567 – C.159_

라 로톤다로 더 잘 알려진 빌라 알메리코 카프라는 바티칸에서 은퇴한 신부 파올로 알메리코(1514~1689)의 빌라로 르네상스 시대에 이탈리아 북부에 지어졌다.

로마 판테온의 돔(60쪽 참조)에서 연상할 수 있는 라 로톤다는 안드레아 팔라디오(1508~1580)가 설계한 대칭적인 정사각형 건축물로 4개의 파사드마다 돌출된 포티코가 있다. 포티코 4군데에는 고대 신들이 조각된 페디먼트가 장식되어 있고, 6개의 이오니아식 기둥이 건물을 받쳐들고 있다. 라 로톤다는 중앙 원형 홀과 돔에서 이름을 가져왔다. 빌라 로톤다는 각 방에 햇빛이 들어올 수 있도록 동서남북 정방향을 기준으로 45도 틀어 설계되었다.

1567년에 건축이 시작되었지만, 팔라디오와 알메리코 모두 빌라가 완성되는 것을 보지 못했다. 팔라디오가 죽고나서 새 건축주는 빈첸초 스카모치(1548~1616)를 두 번째 건축가로 고용했다. 팔라디오가 원래 계획한 것들 중 2층 중앙 홀을 개조한 것이 가장 큰 변화였다. 팔라디오는 라 로톤다를 높은 반원형의 돔으로 덮으려고 했지만, 스카모치는 하늘이 열린 오큘러스가 있는 얇은 돔으로 설계했다. 1570년, 팔라디오의 4권의 건축서에 나와 있는 건축 규칙에 따라 모든 방은 정확한 수학에 비례해 지어졌고 돔은 큐폴라와 함께 완성되었다. 높은 천장이 있는 중앙 원형 홀은 프레스코화로 뒤덮여 대성당 같은 분위기를 자아낸다.

안드레아 팔라디오
1508년 이탈리아 파도바에서 태어난 안드레아 팔라디오는 처음에는 석공으로 일하다가 나중에 건축을 공부했다. 1549년에 팔라디오는 비첸차에 있는 초기 르네상스 궁전의 리모델링 공모전에서 우승했다. 이후 30년 동안 그는 고대 로마 건축에 대한 그의 연구를 바탕으로 이탈리아에 많은 궁전, 교회, 빌라를 설계를 할 수 있었기 때문에 이 일은 그에게 있어 큰 성공이었다.

다른 주요 작품
빌라 코르나로, 안드레아 팔라디오, 1553~1554, 피옴비노 데세, 이탈리아
빌라 포스카리, 안드레아 팔라디오, 1558~1560, 베네치아, 이탈리아
빌라 발마라나, 안드레아 팔라디오, 1542, 비첸차, 이탈리아

르네상스 **p.26** 팔라디안 **p.28**

돔 **p.172** 기둥 **p.177** 포티코/포치 **p.186** 돌 **p.192** 벽돌 **p.195** 유리 **p.206** 스타코 **p.205**

건축가와 건축물의 배경

다른 주요 작품

양식과 요소 그리고 재료의 참조

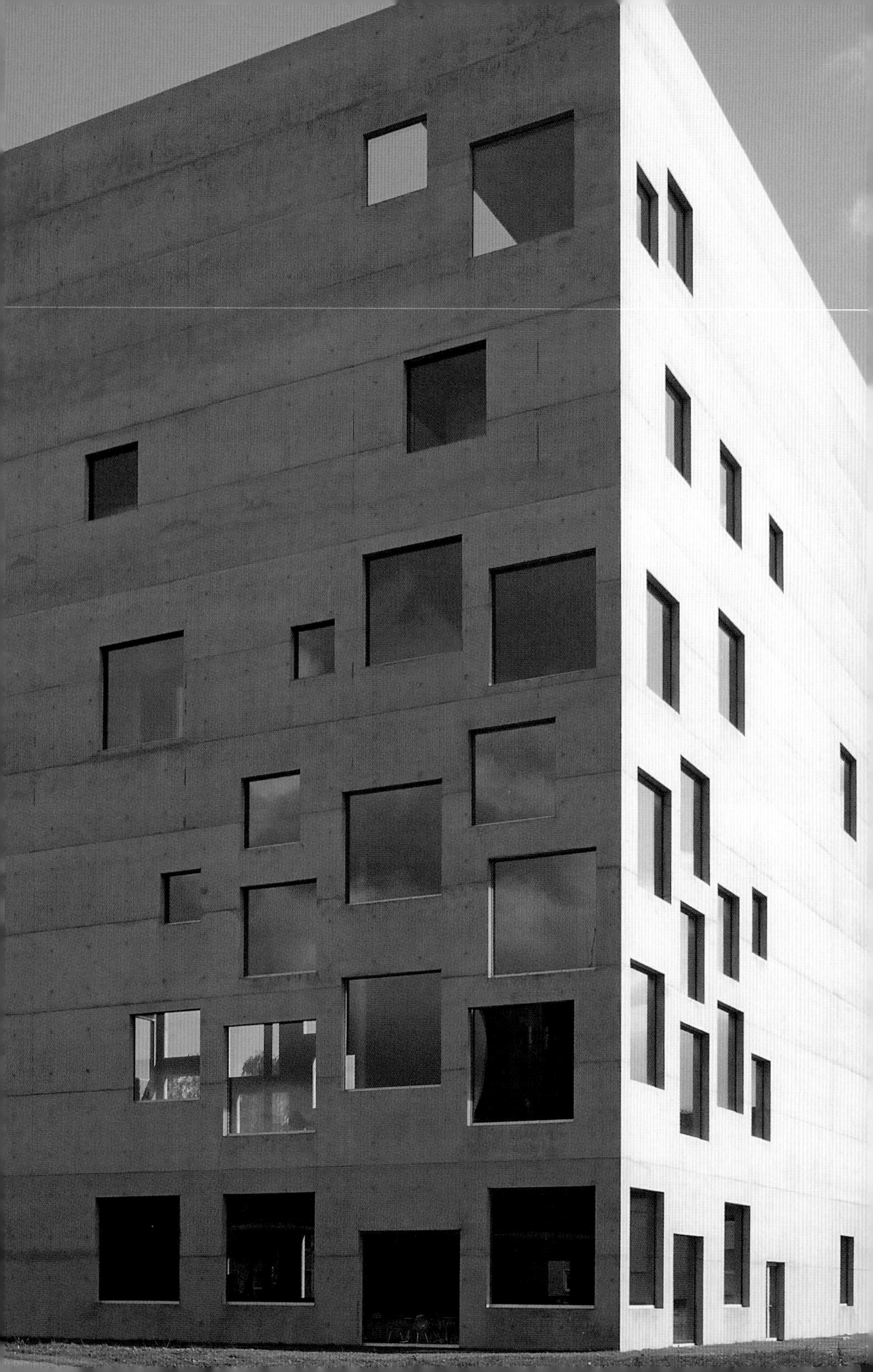

STYLES
양식

고대 이집트 Ancient Egyptian

BC 2670 ~ AD 336

주요 건축가: 이모텝 • 헤미우누 • 이네니 • 세넨무트 • 아멘호텝 하푸의 아들

고대 이집트 건축은 죽은 자와 산 자를 막론하고 누구를 위한 건축이든 상관없이 주변 풍경과 조화를 중요하게 여겼다. 고대와 중세 왕국(기원전 2600~1800) 시기에 지어진 피라미드는 파라오의 무덤이었다.

가장 인상적인 피라미드는 기원전 2589년에서 2566년 사이에 지어진 기자의 대 피라미드로, 신에게 닿아 땅을 가로지르는 위엄 있는 형상으로 파라오 쿠푸를 위한 것이었다. 이집트인은 이 거대한 건축물을 큰 돌 사이로 칼날조차 들어갈 수 없을 정도로 아주 정교하게 지었으며 하얀 석회암으로 피라미드 구조물 전체를 둘러싸고, 블록은 서로 모르타르로 고정하고, 최상단을 금으로 덮었다. 또한, 피라미드 내부에 있는 좁은 통로를 왕을 매장한 공간에 연결했다.

이집트 신전은 작은 사원에서 시작해 새로운 왕국(기원전 1550년경~1070년경)이 들어서면서 홀과 마당이 갖춰진 석조 건축물 형태의 복합 단지로 발전했다. 기원전 13세기에 람세스 2세(기원전 1303~1213년경)와 그의 왕비 네페르타리(기원전 1255년 사망)를 기념하기 위해 산중턱에 두 개의 거대한 돌로 지은 아부 심벨 바위 사원이 그렇다. 아부 심벨 바위 사원은 네페르타리와 그의 어머니 그리고 아이들의 작은 조각상이 함께 있는 4개의 거대한 람세스 2세 석상으로 유명하다.

주요 핵심

고대 이집트의 초기 기념비 건축물에는 진흙, 벽돌, 흙, 나무가 사용되었지만, 이후 기원전 2670년경에는 돌로 짓는 방식이 더 많아졌다. 거대한 요새로 지어진 성곽은 종교 건축물의 우아한 멋과 대칭을 그대로 사용해 무덤과 절을 나란히 두었다.

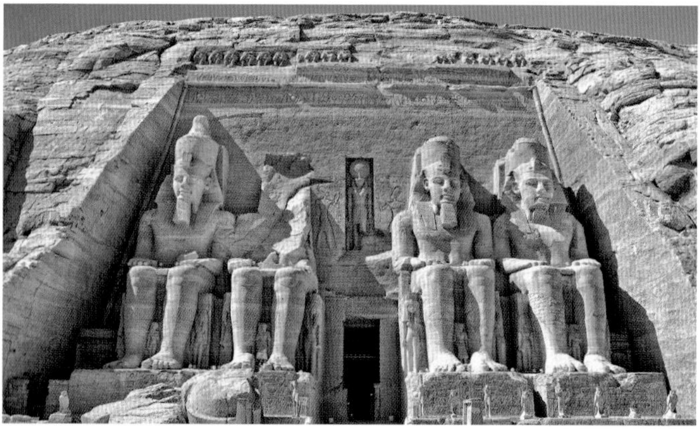

아부 심벨 사원,
건축가 미상, 기원전 1264년경, 아스완주 누비아, 이집트

대 피라미드 **p.54** 계단실 **p.176** 기둥 **p.177** 현관지붕/현관 **p.186** 돌 **p.192**
진흙, 벽돌/어도비 점토 **p.193** 벽돌 **p.195** 석고 **p.203**

콜럼버스 미대륙 발견 이전

Pre-Columbian

BC 2000 ~ AD 1519

주요 건축가: 미상

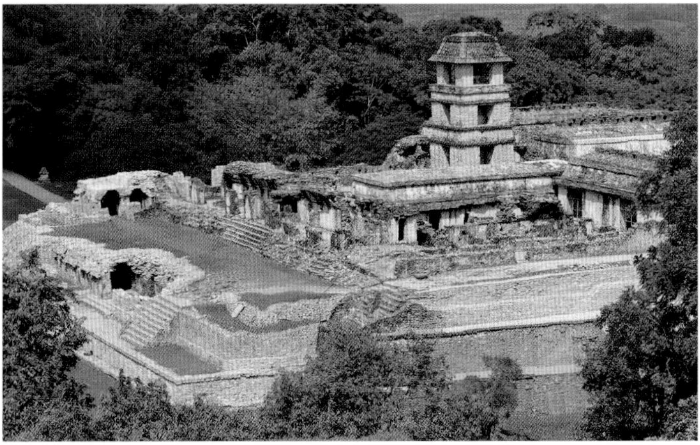

팔렝케 궁전, 건축가 미상, 7~8세기, 치아파스, 멕시코

유럽인이 미대륙을 발견하기 전에도 이미 3,000년이 넘게 북아메리카, 중앙아메리카, 남아메리카 모든 전역에는 복잡한 사회를 형성하고 있었다.

16세기 스페인 정복기 한참 전, 콜럼버스가 미대륙을 발견하기 이전 시기에는 이미 수많은 문명에 의해 다양한 목적으로 메소아메리카 건축물을 지었다. 비록 천문학과 공학 지식은 한계가 있었지만, 구조와 건축에서 종종 천문학적 특징이나 방위와 일치하는 모습도 보였다. 아즈텍이 고대 마야 건축 문화를 보고 배웠던 것처럼 그들은 문화적인 교류를 하면서 건축을 많이 발전해 나갔다.

그들은 돌로 만든 사원과 동물, 신 그리고 왕이 장식으로 조각한 피라미드와 같은 문화를 도시 전역에 건설했다. 이 도시들의 배치는 신화와 상징으로 의미가 있다. 정부 청사와 사원이 있는 중앙 광장이 있었고, 위치가 높은 곳에 틀라츠틀리(tlachtli, 의식을 가지기 전에 행하는 공놀이)등의 놀이를 할 수 있는 장소가 있었다. 피라미드의 두드러진 특징 중에서도 계단 형태로 만든 것으로 봐서는 아마도 그들은 피라미드를 무덤으로 사용하지 않고, 꼭대기에 중요한 종교 장소를 두고 사용한 것으로 보인다. 멕시코에서 가장 잘 알려진 피라미드는 테오티우아칸의 '태양의 피라미드'와 '달의 피라미드'(모두 서기 200~250년경), 치첸이트사의 '엘 카스티요'(서기 600~1000년경), 그리고 가장 큰 피라미드인 촐룰라의 '대 피라미드'(기원전 300~서기 900년경)이다.

주요 핵심

여러 세대에 걸쳐 지은 왕의 거주지와 행정 중심지인 팔렝케 궁전은 건물과 마당을 이은 복합 건축물이다. 이곳에는 12채의 집과 2개의 중정 그리고 4층 규모의 사각형 모양으로 지은 타워가 있다. 뒤편에 있는 작은 시냇물은 아치형 수로교와 연결되어 있다.

비문 사원 **p.64** 지붕 **p.168** 아치 **p.173** 타워 **p.174** 계단 **p.176** 돌 **p.192**
진흙 벽돌/어도비 **p.193** 스터코 **p.205**

고대 그리스 Ancient Greek

BC 850 ~ AD 600

주요 건축가: 익티누스 • 칼리크라테스 • 카르피온 • 파르메니온 • 파이악스 • 피디아스 • 아일리우스 니코리본 • 사티로스

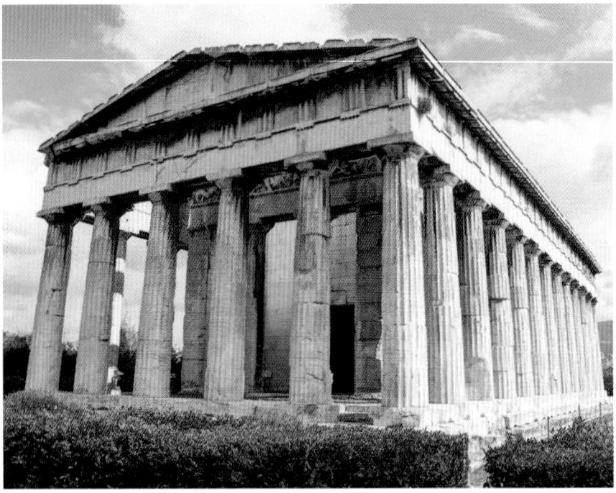

주요 핵심
도시 계획의 '아버지'로 불리는 밀레투스의 히포다무스(서기전 498~408)는 평행 거리, 중앙 공공 공간 그리고 기능과 활동을 한 곳에 묶은 격자형 도시를 계획했다. 고대 그리스 건축가는 공적 공간과 사적 공간뿐만 아니라 신성한 공간에도 건축적으로 폭넓게 기둥을 사용했다.

아고라이오스 콜로노스언덕의 헤파이토스 신전, 건축가 미상, 기원전 449년경부터, 아테네, 그리스

고대 그리스 문화는 기원전 850년경부터 서기 600년경까지 그리스 본토, 펠로폰네소스 그리고 에게해 섬에서 번성했다.

기원전 4세기경, 기둥 양식이라고 알려진 모든 건축물의 규칙 체계를 건축가와 석공이 만들었다. 기둥은 세 가지 유형으로 아주 쉽게 알 수 있다. 도리아식 기둥은 비교적 튼튼하고 평범하며, 이오니아식 기둥은 주두 모서리에 4개의 소용돌이 문양이 있고, 코린트식 기둥은 조각된 아칸서스 잎이나 연꽃 혹은 야자수 잎 4개가 말려있는 형태로 기둥 양식 중 가장 화려하다.

건축물은 전체적으로 평범해 보이지만, 주두와 페디먼트, 프리즈, 메토프, 트리글리프 그리고 조각상 등으로 정교하게 장식되어 있는데, 이들은 모두 색이 밝다.

사원과 극장은 착시와 균형 그리고 비율을 모두 사용한 가장 중요한 건축물이다. 기원전 550년부터 404년까지, 그리스인은 아테네의 바위 언덕 위에 아크로폴리스를 세웠다. 이곳에 파르테논 신전, 프로필레아 신전, 에레크테이온 신전, 아테나 니케 신전을 지었는데, 이 시기는 그리스 건축 업적에서 가장 정점을 찍었던 시기였다. 기원전 432년에 지은 파르테논 신전은 9 : 4의 도리아 비율을 따르면서, 이오니아의 특징도 가지고 있다. 대부분의 그리스 신전은 정면에 6개의 대리석 기둥이 있는 반면에 파르테논 신전은 8개의 대리석 기둥이 있다. 기둥은 각 10m가 넘는 높이로 된 총 47개로 위에서 물을 흘러내릴 수 있는 완만한 포물선 형태로 건물을 보강하고, 지진에 대비한다.

파르테논 **p.56** 지붕 **p.168** 기둥 **p.177** 포티코/포치 **p.186** 돌 **p.192** 대리석 **p.200**

불교 Buddhist

BC 507 ~

주요 건축가: 미상

불교 건축은 기원전 4세기에서 기원전 2세기 사이에 인도를 중심으로 한 남부아시아 지역에서 먼저 시작되었고, 처음으로 중국에 전파된 후에 아시아 전역으로 퍼져나갔다. 인도 황제 아쇼카(재위 기원전 265~236)는 자신의 광대한 지역을 통합하는 방법으로 불교를 선택했고, 그 이유로 도처에 스투파(부도, 사리탑)를 세웠다. 스투파(산스크리트어로 돌무더기)는 부처의 사리를 담은 돔 형태의 구조물로 부처님을 추모하며 명상하는 장소이다. 돔은 하늘의 무한한 공간을 상징한다. 아쇼카가 불교를 전파하려고 지은 스투파는 순례자들의 성지다. 스투파 근처에 비하라 수도원을 지었고, 부처의 삶을 담은 주요 행사 장소에도 지었다.

현존하는 것 중 가장 오래된 스투파는 인도 산치에 있는데, 네 방위에 자리한 정교한 석조 아치에 둘러싸여 있다. 현재 남아있는 가장 기념비적인 스투파는 자바 보로부두르(서기 9세기)에 있다. 이는 아홉 개의 테라스 위에 조그만 스투파가 많이 서있고, 중앙에 큰 스투파가 서있는 형태이다. 불교가 네팔, 티베트, 일본, 스리랑카, 태국, 한국, 중국, 미얀마 등지에 전파되면서 불교 건축은 부분적으로 초기 인도의 특징과 다양한 지역 특성이 갖춰졌다. 그렇게 만들어진 것이 파고다(동양의 탑 모양 종교 건축물)인데, 이 건축물은 사실 그저 인도의 스투파가 진화한 것에 불과하다.

주요 핵심

불교 건축은 스투파, 비하라, 차이티야 또는 차이티야 그리하스(신사 또는 기도당, 나중에 절로 불림)의 세 가지 형태가 있다. 가장 중요한 사찰은 한국 경상도의 해인사, 태국 방콕의 왓 아룬, 티베트의 족항 사원이다.

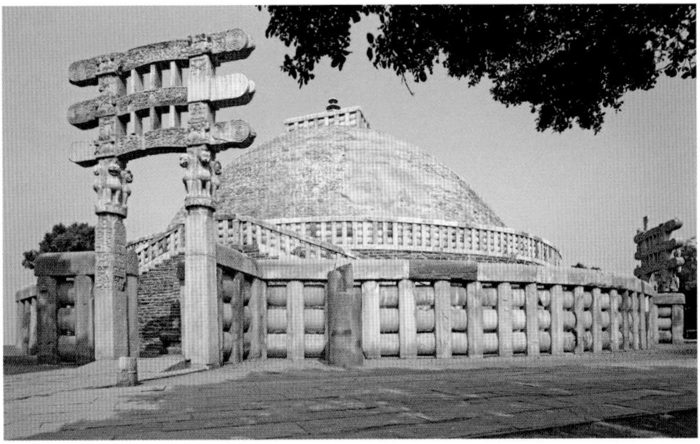

산치 스투파,
건축가 미상,
기원전 3세기 ~ 기원전 100년경,
마디아 프라데시,
인도

산치 스투파 **p.58** 지붕 **p.168** 돔 **p.172** 아치 **p.173** 기둥 **p.177** 첨탑 **p.184**
돌 **p.192** 벽돌 **p.195** 나무 **p.196**

고대 로마 Ancient Roman

BC 484 ~ AD 608

주요 건축가: 살라미스의 헤르모도루스 • 다마스쿠스의 라비리우스 폴로도루스 • 비트루비우스 • 세베루스 • 데크리아누스

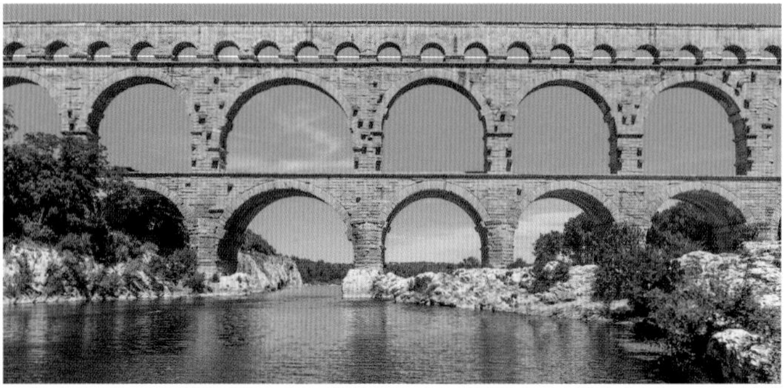

퐁뒤 가르, 1세기, 건축가 미상, 베흐 퐁뒤 가르, 프랑스

로마인은 공학과 건축 기술 이외에도 새로운 재료를 개발하면서, 당대 문명들을 뛰어넘어 가장 넓은 국가를 건설했다.

그들은 더욱 야심차게 사원과 수도교, 원형 경기장 그리고 개선문 등을 지었다. 로마인은 독립형 기둥과 돌로 만든 둥근 아치와 시멘트를 입힌 통로인 아케이드와 물을 운반하는 수로교를 개발했다. 그들은 또한 교차 볼트(반원형 천장)와 돔을 개발했다. 기원전 30년에서 15년 사이에 건축가이자 토목 기술자이면서 군사 기술자였던 마르쿠스 비트루비우스 폴리오는 수 세기 동안 전 세계 건축가들에게 큰 영향을 준 주요 논문 『데 아키텍투라』를 출간했다.

서기 72년에서 80년 사이에 로마인은 로마에 콘크리트, 석회암, 그리고 응회암을 사용해 원형 경기장을 지었는데, 이 건축물이 콜로세움이다. 역사상 가장 큰 원형 경기장인 타원형의 콜로세움은 약 5만 명의 관중을 수용할 수 있었다. 로마의 정밀성을 입증하는 또 다른 큰 업적은 현존하는 고대 로마의 수도교 중 가장 높게 지은 건축물인 프랑스 남부의 퐁뒤 가르(가르교)이다. 로마 군대는 정복하는 곳마다 마을과 도시를 세웠고, 확장 중인 그들의 제국과 진보적인 건축 그리고 공학적인 업적을 사람들에게 전파했다. 서기 1세기에 샘에서 로마의 식민지인 님으로 물을 보내기 위해 땅 아래에 구불구불하고 긴 수로를 건설했지만, 거대한 가르동 강을 건너기 위해 3개 층으로 만든 아치 형태의 수로교를 지었다.

주요 핵심

로마 건축물 중 가장 많은 것은 사원, 목욕탕, 별장, 궁전, 무덤 등의 건축물을 두꺼운 벽으로 지지하는 돔이다. 서기 114년, 로마인은 트라야누스 황제가 위탁한 로마의 판테온을 아그리파 목욕탕의 일부로 지었다. 판테온은 현존하는 가장 큰 로마식 돔이며 건축물 천장 중앙에 큰 오큘러스가 있다.

판테온 **p.60** 돔 **p.172** 아치 **p.173** 기둥 **p.177** 돌 **p.192** 벽돌 **p.195** 나무 **p.196** 타일 **p.198** 콘크리트 **p.201**

비잔틴 Byzantine

AD 330 ~ 1453

주요 건축가: 안테미우스 • 이시도르 • 트르닷 • 칼리니쿠스 • 루피누스 • 페트로나스 카마테로스 • 페랄타 • 아스트라스

서기 330년, 콘스탄티누스 황제는 제국의 수도 로마를 비잔티움으로 옮기고 이름을 콘스탄티노플로 지었다. 현재는 이스탄불로 불린다.

콘스탄티노플은 수많은 교역로에서 중요한 자리를 차지하고 있었다. 비잔틴 건축가는 로마 건축 요소와 동양에서 영향 받은 것을 서로 융합했다. 이 건축 사상은 돔 지붕, 아치, 첨탑이 있는 교회에서 주로 나타났으며, 이탈리아와 시리아, 그리스, 러시아 그리고 소아시아까지 퍼져나가 발전했다.

그중에서도 비잔틴이 가지고 있는 가장 독특한 건축 요소는 네모난 기초 위에 설치된 돔인데, 이는 두 가지 방식으로 만들어졌다. 하나는 스퀸치로 돔 아래에 대각선으로 교차하는 기초의 각 모서리에 있는 아치이다. 다른 하나는 비잔틴에 의해 발명된 펜덴티브로 각 모서리마다 휘어진 삼각형 모양으로 된 아치이다. 비잔틴 건축은 대리석 기둥과 격자 천장, 그리고 모자이크가 넓게 사용된 호화로운 장식이 특징이다. 이후에 그리스 십자형 평면(네 개의 같은 팔을 가진 십자가)은 비잔틴 교회에서 중요한 부분을 차지했다.

시간이 지나 비잔틴 건축에 구운 벽돌과 회반죽을 사용했을 뿐만 아니라 창문에 설화석고를 사용하면서 더욱 복잡해졌다. 이 방식은 1453년 콘스탄티노플이 투르크를 함락할 때까지 사용되었지만, 이후 수 세기 동안 유럽 건설업자들에게 많은 영향을 주었다.

주요 핵심

유스티니아누스 황제의 의뢰로 지어진 아야 소피아 대성당은 비잔틴 건축에 엄청난 영향을 미쳤다. 라벤나의 산 비탈레 성당(서기 527~547, 204쪽 참조)과 베네치아의 성 마르코 성당(1093) 그리고 모스크바의 성 바실리 대성당(1555~1561)과 같은 종교 건축물에 있는 큰 중앙 돔은 낮고 작은 돔에 둘러싸여 있다.

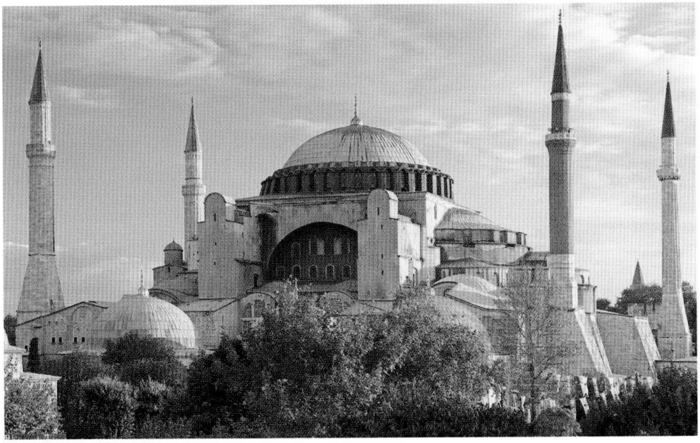

아야 소피아
이시도르와 안테미우스,
서기 532~537년, 이스탄불, 터키

아야 소피아 **p.62** 아케이드 **p.171** 돔 **p.172** 아치 **p.173** 기둥 **p.177** 첨탑 **p.184** 돌 **p.192** 벽돌 **p.195** 나무 **p.196** 대리석 **p.200** 모자이크 **p.204**

일본 양식 Japanese

AD 538 ~

주요 건축가: 다케다 아야사부로 • 아라타 엔도 • 다쓰노 킨고 • 소네 다쓰조 • 단게 겐조 • 후미히코 마키

전통적으로 일본 건축에서는 벽 대신에 나무로 만든 후스마(미닫이문)를 사용해서 내부 공간을 다른 목적에 맞게 개조할 수 있다.

초기에 일본인은 주로 편백나무로 일본 건축물을 곡물 창고처럼 지었는데, 이세신도 신사(3세기 이후)가 그렇다. 6세기 불교가 일본에 들어오면서 지은 대형 목조 사찰은 단순함이 강조되었고, 중국과 다른 아시아 건축 문화의 많은 부분이 적용됐다.

일본 전통 건축은 서양 건축과 달리 기초 등의 특정 요소를 제외하고는 석재를 거의 사용하지 않는다. 나무 기둥과 상인방은 베란다 위에 걸쳐있는 처마와 완만한 곡선의 큰 지붕을 지지한다. 벽은 가볍고 얇은 데다가 건축 무게를 전혀 받고 있지 않아 쉽게 이동할 수 있다. 초기 사찰은 넓은 마당과 대칭으로 지은 중국 사찰과 유사하다.

아즈치 모모야마 시대(1568~1600)에는 성을 많이 지었다. 대부분의 중앙탑과 덴슈(천수각)는 육중한 돌담과 해자로 요새화된 건축물과 정원에 둘러싸여 있다. 내부는 바이오부(병풍)와 여닫이 문인 후스마로 공간이 분리된다.

일본 건축은 19세기 후반에 전통 서양 건축 양식을 받아들였지만, 1920년대부터 모더니즘에서 영향을 받은 것이 보이기도 한다. 1960년대에는 메타볼리즘 혹은 잿더미 학파라고 불렸던 급진적인 건축 운동으로 발전했다. 이 건축 운동의 추종자들은 회복과 재생을 촉진하는 거대 구조 프로젝트를 설계했다.

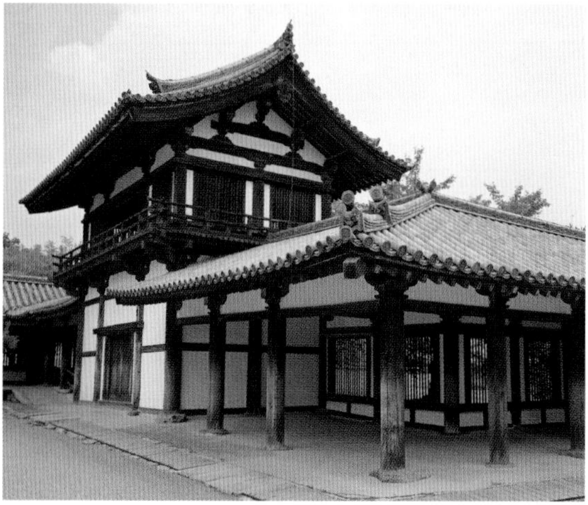

주요 핵심
쇼토쿠 왕세자(서기 574~622)의 개인 사찰로 7세기 초에 지어진 호류지는 지붕으로 덮은 회랑과 카이로로 둘러싸인 공터 가운데에 본당과 곤도(금당) 그리고 5층 탑 등 총 41개의 독립 건축물로 이루어져 있다. 곤도는 도자기로 된 이리모야 지붕을 덮은 건축물이다.

호류지, 건축가 미상, 서기 607~710, 나라 현 이카루가 정, 일본

린슌카쿠 p.100 문 p.166 탑 p.174 기둥 p.177 포티코/포치 p.186 나무 p.196 종이 p.197 콘크리트 p.201

힌두교 Hindu

주요 건축가: 미상

AD 500 ~ C. 1910

인도 아대륙 전역에 걸쳐 분포하고 있는 힌두교 건축은 단순한 암석 동굴 사원에서 시작해 기념비적인 사원으로 진화했다.

4~5세기에 다른 신과 지역 신앙 숭배를 허용했던 힌두교 사원은 6~7세기에 벽돌과 돌을 사용해 5개의 높은 봉우리가 있는 신성한 메루산을 상징하는 건축물로 진화했다. 초기 불교 스투파의 영향을 받은 힌두교 사원은 집단 예배를 목적으로 설계되지는 않았지만, 신도가 제물을 바치거나 종교 의식을 할 수 있는 공간이 있었다. 힌두교 문화는 창의적인 독립 건축을 장려했지만, 건축가는 높은 탑에 정밀하고 조화로운 기하학을 사용해서 신과 신도 그리고 에로틱한 장면, 동물, 꽃 그리고 기하학적 패턴 등으로 조각해야 하는 특정한 '규칙'을 준수해야만 했다.

대부분의 힌두교 사원은 아디스타나(조각된 연단) 위에 지어졌으며, 각 사원에는 주요 신의 이미지를 보관한 내부 성소인 가르바그리하(모태실)가 있다. 가르비그리하 위에는 탑처럼 생긴 시카라(비마나 라고도 알려짐)와 파리크라마(순환통로)가 있다. 또 다른 특징으로는 신도가 사용하는 홀과 대기실 그리고 반쯤 열려있는 아르다만다파와 포티코가 있다. 사방에 고푸람이라고 하는 거대하고 화려한 문이 있는 벽이 모든 사원을 둘러싸고 있다.

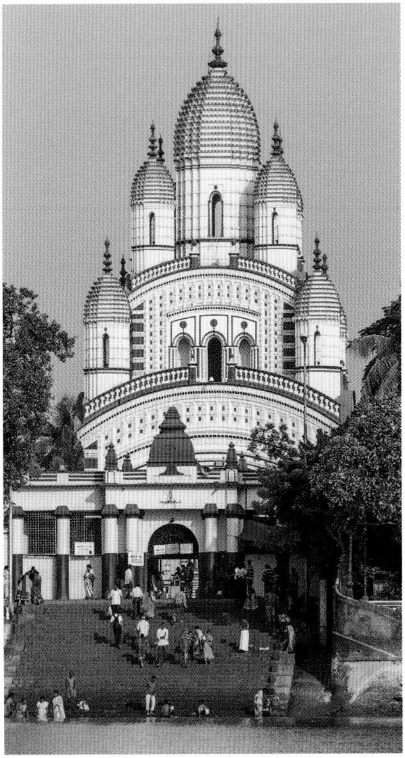

주요 핵심

19세기에 전통적인 벵갈 건축 방식으로 3층 규모의 9개 첨탑으로 지어진 닥시네스와르 칼리 사원은 기둥 베란다가 있는 아디스타나 위에 서 있다. 사원은 칼리 여신상이 보관된 가르바그리하와 벽 둘레를 따라 배치된 방들 그리고 시바에게 헌정된 12개의 신사가 있는 넓은 정원이 있다.

닥시네스와르 칼리 사원, 건축가 미상, 1855, 콜카타, 인도

프람바난 p.70 돔 p.172 타워(탑) p.174 돌 p.192 벽돌 p.195

이슬람교 Islamic

AD 650 ~

주요 건축가: 미마르 시난 • 세드프카르 메흐메드 아가 • 우스타드 이사 시라지 • 아틱 시난

주요 핵심

아바스 왕조(750~1258)는 이슬람 수도를 다마스쿠스에서 바그다드로, 그리고 다시 사마라로 옮겼다. 사마라의 거대한 직사각형의 알무타와킬 대 모스크(848~851)는 말위야(달팽이 껍데기) 미나레트로 유명한 거대 나선형 첨탑과 하이포스타일 건축(기둥으로 지지된 지붕)이 결합된 건축물이다.

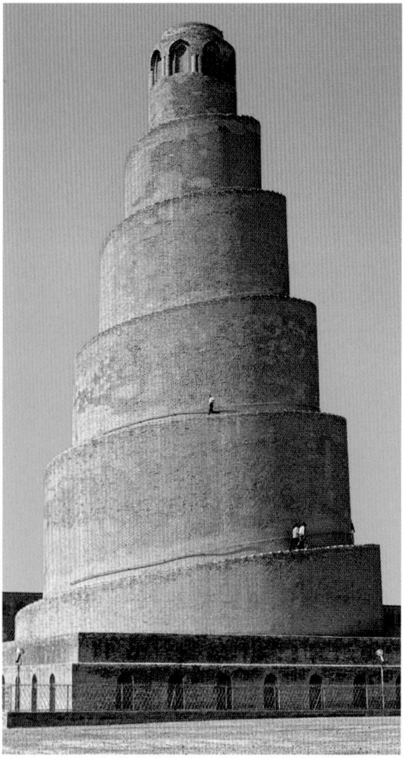

이슬람 창시자인 마호메드가 서기 632년에 사망한 뒤에 이슬람 제국은 빠르게 성장했다.

서기 750년에는 이슬람 제국은 서쪽 스페인과 모로코에서부터 동쪽 중앙아시아와 아프가니스탄까지 뻗어 있었다. 모스크와 무덤, 궁전 그리고 요새로 이루어진 이슬람 건축물은 페르시아와 로마, 비잔틴, 중국 그리고 인도 건축의 영향을 받았지만, 그만의 독특함으로 발전했다. 이슬람 건축은 반복된 패턴과 캘리그라피, 정교한 기하학, 돔, 아치 그리고 미나레트 등이 특징이다.

돔은 서기 691년 예루살렘에 있는 바위돔 사원(쿠밧알사크라)에서 처음 등장했는데, 인근 성묘교회(335)에 기반해 지어졌다. 가장 일반적인 돔은 원통 형태이지만, 타지마할(98쪽 참조)처럼 뾰족하게 생긴 독특한 돔도 있다. 아치는 주목할 만한 또 다른 건축 요소로 말굽 아치와 무어 아치, 반원형 아치 그리고 로마식 아치가 있으며, 무어 건축물(22쪽 참조) 특유의 콜로네이드를 만드는데 종종 사용했던 부채꼴 형태의 트레포일과 쿼트레포일, 싱케포일 그리고 멀티포일 아치가 있다. 1453년에 오스만 제국이 콘스탄티노플을 점령한 뒤에 그들은 아야 소피아 성당(62쪽 참조)을 모스크로 개조했다. 이후에 아야 소피아 성당은 이스탄불의 쉴리마니예 모스크(1558)와 같이 많은 오스만 모스크들의 롤모델이 되었다.

알무타와킬 대 모스크, 건축가 미상, 서기 848~851, 사마라, 이라크

바위돔 사원 **p.68** 젠네 모스크 **p.126** 돔 **p.172** 아치 **p.173** 타워(탑) **p.174** 기둥 **p.177** 돌 **p.192** 벽돌 **p.195**

칼링가 Kalinga

주요 건축가: 미상

AD 650 ~ C. 1550

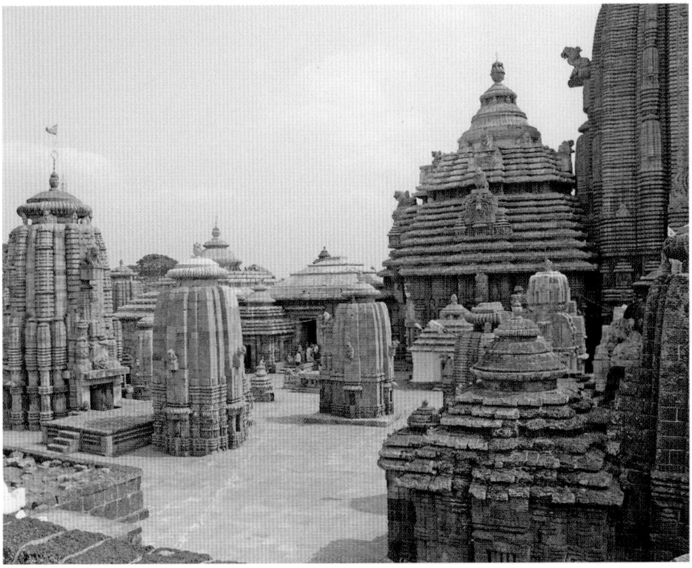

링가라자 사원,
건축가 미상,
1060년경,
부바네슈와르
오디샤, 인도

고대 칼링가 지역은 오늘날 동부 인도의 오디샤와 웨스트 벵골 그리고 북부 안드라 프라데시 지역에 해당한다.

칼링가 건축은 오디샤의 소마밤시 왕조 후원으로 9세기에서 12세기 사이에 절정에 달했다. 수백 개의 인물로 화려하게 조각된 칼링가 사원은 반복적인 말굽 형태 장식이 특징이다. 사원 단지 방호벽 내에는 들 또는 들라라고 불리는 독특하게 휘어있는 탑과 자그모한이라고 하는 예배당으로 이루어진 세 개의 주요 건축물이 있다. 레카 들라는 끝이 뾰족한 둥근 탑이 있는 성소이고, 피다 들라는 피라미드 모양의 지붕이 있는 정사각형 홀이며, 카카라 들라는 피라미드 모양의 지붕이 있는 직사각형 건축물이다. 카카라 들라는 일반적으로 레카 들라보다 높이가 낮지만, 피다 들라보다는 높다. 이곳은 기도하거나 제물을 바치는 중요한 곳이다. 카카라는 마치 호박처럼 생겨서 호박이나 박을 뜻하는 카카루(Khakharu)에서 이름이 유래했다.

주요 핵심

오디샤 주의 주도인 부바네스와르에서 가장 오래된 링가라자 사원은 사암과 라테라이트를 사용해 동쪽 방향으로 지어졌다. 두꺼운 벽에 둘러싸인 사원 내부에는 150개의 작은 사당이 있다. 45미터 높이의 메인 탑은 종교를 주제로 한 수많은 조각으로 화려하게 장식되었다.

→ 태양의 사원 p.88 탑 p.174 첨탑 p.184 돌 p.192 진흙 벽돌/어도비 p.193 벽돌 p.195 유리 p.206

무어 Moorish

주요 건축가: 미상

AD 711 ~ 1492

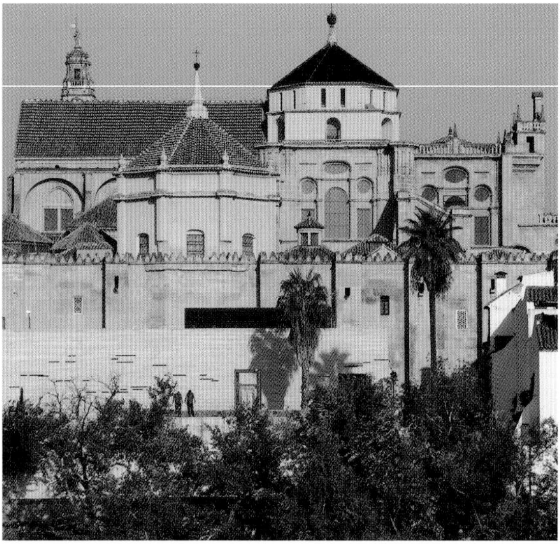

주요 핵심
무어인은 모스크, 궁전, 요새뿐만 아니라 분수, 콜로네이드, 회랑이 있는 중정과 정원을 꽤 정성들여서 지었다. 건축가는 아랍의 젤리지 패턴 타일을 디자인한 아줄레주(포르투갈어 장식 타일) 공예가와 함께 일했다. 이 장식 타일은 종교 건축물이나 일반 건축물 할 것 없이 잘 어울렸다.

대 모스크, 서기 784~987, 건축가 미상, 코르도바, 스페인

대략 711년에서 1492년까지 아랍인은 남유럽과 북아프리카의 많은 지역을 점령했다.

유럽인은 새롭게 정착한 아랍인을 무어인라고 불렀다. 그곳을 지배했던 무어인의 종교 건축물은 새로운 환경에 들어서면서 뚜렷한 이슬람 건축 요소가 나타났는데, 그라나다의 알함브라 궁전과 헤네랄리페(1302~1319), 그리고 784년부터 987년까지 네 단계로 지은 코르도바의 대 모스크가 그렇다. 850개의 기둥과 이중 아치가 대 모스크를 이루고, 크고 정교한 기도실은 붉은 색과 크림 색 돌로 서로 대조를 이루고 있다.

무어 양식의 건축은 주로 크레넬레이트, 오지, 린셋 아치를 사용했지만, 드라마틱하게 구부러진 말굽 아치가 특히 유명하다. 대형 돔인 무하르나스는 벌집 아치 천장이라고 하기도 하고, 종유석 아치 천장이라고도 한다. 내부의 연속 장식 패턴은 무어 양식 건축가가 공간에서 더 큰 효과를 얻으려고 개조한 것으로 나중에 이슬람 건축의 특징이 되었다. 천장의 화려한 장식은 펜덴티브, 알코브, 아치, 돔 그리고 하프 돔을 꾸미는 데에도 사용되었다. 게다가 이 양식의 기술자는 그들이 개발한 복잡한 관개 시스템과 배관 시스템을 주요 건축물에 적용했다.

알함브라 p.80 돔 p.172 아치 p.173 기둥 p.177 돌 p.192 벽돌 p.195 타일 p.198 대리석 p.200 유리 p.206

크메르 Khmer

AD 825 ~ c.1450

주요 건축가: 미상

9세기부터 15세기 초까지 크메르 왕들은 동남 아시아의 광대한 힌두교-불교 제국을 다스렸다.

캄보디아 수도였던 앙코르에 남아있는 건축물 대부분은 동쪽을 바라보고 있는 석조 사원이다. 사원의 대부분은 힌두교, 자인교 그리고 불교 교리의 신성한 메루산의 다섯 봉우리를 상징하는 다섯 개의 네모난 탑이나 프라사트(탑당)가 피라미드 형태의 계단식 구조물로 되어있다. 이 종교들에 따르면, 신들은 우주 중심에 있는 산에서 살고, 다른 신들은 또 다른 단계에서 살고 있다고 한다. 이곳은 예배를 보는 곳이 아니라 신이 사는 집으로 지었기 때문에 각 성소끼리 서로 몇 미터 정도 밖에 떨어져 있지 않다. 중앙에 위치한 프라사트는 높이와 위치에 따라 신의 가치를 비교할 수 있다. 신전을 둘러싼 해자(건축물의 주위를 파 경계로 삼은 구덩이)는 우주의 바다를 상징한다.

신이 사는 곳은 사암과 벽돌 그리고 라테라이트로 지어져 굳게 마르는 성질을 가진 점토처럼 내구성이 강하다. 메루산은 천상의 수호자들이 사방에서 지키고 있다고 여겨져서 크메르 사원 동서남북에 각각 기념비적인 고푸라 문이 장식되어 있다.

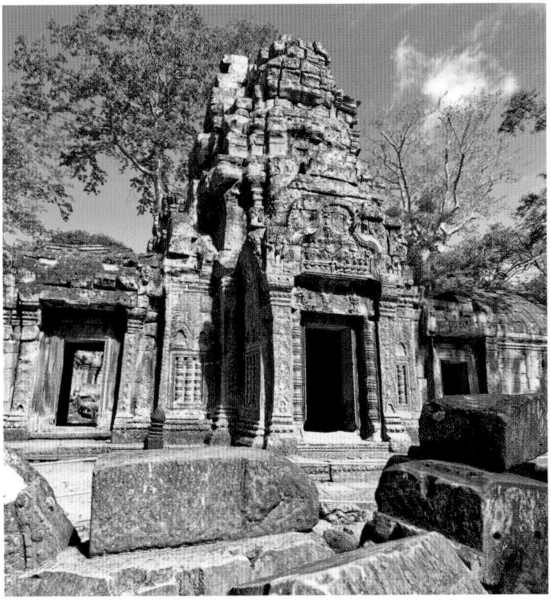

주요 핵심

불교 사원은 대체로 힌두교 사원보다 화려하지는 않지만, 종교 이미지와 크메르 역사에서 복잡하게 얽힌 중요한 사건들로 조각되어 있다. 크메르 건축가는 도시 내에 큰 저수지를 건설해서 폭우가 쏟아지는 몬순 시즌마다 물을 저장했고, 주변 강에서 흘러 들어오는 물을 받아 주민에게 공급했다.

타 프롬 사원, 건축가 미상, 1186년, 시엠립 주 앙코르, 캄보디아

앙코르 와트 **p.74** 지붕 **p.168** 타워(탑) **p.174** 기둥 **p.177** 돌 **p.192** 벽돌 **p.195** 타일 **p.198**

로마네스크 Romanesque

주요 건축가: 마스터 마테오 • 베네데토 안테라미 • 란프란코 • 디오티살비

1000 ~ 1150

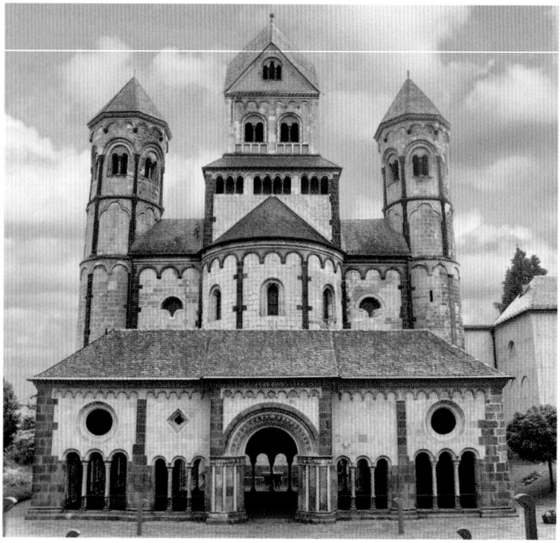

주요 핵심
고대 로마네스크 건축 중에서도 독일 라인란트의 베네딕트 회 마리아 라흐 수도원이 가장 훌륭하다. 이 수도원은 두 개의 원형 탑과 네 개의 정사각형 탑으로 총 여섯 개의 탑을 이루고, 사방이 막힌 아트리움과 교각 기둥, 아치 모양과 둥근 모양의 창문 그리고 화려한 조각이 있는 주두가 특징인 건축물이다.

마리아 라흐 수도원, 건축가 미상, 1093~1230, 라인란트팔츠주, 독일

둥근 아치, 배럴 볼트, 그로인 볼트 그리고 거대한 기둥으로 지어진 석조 교회는 대략 1000년에서 1150년 사이에 유럽에서 굉장히 많이 지어졌다.

로마네스크라는 용어는 19세기에 이르러 네모난 타워와 넓은 신랑, 그리고 둥글게 조각한 아치로 건축물을 묘사하는데 사용했다. 고대 로마 양식에서 가져온 로마네스크 양식은 카롤링거, 비잔틴, 이슬람 건축에서도 영향을 받았다. 로마네스크 양식이 어떻게 변화해 왔는지 명확하게 밝혀진 바는 없지만, 로마 제국 이래 유럽 전역에서 발전한 최초의 양식이었다.

로마네스크 건축은 스페인과 프랑스 순례길을 따라 새 교회들이 지어졌던 1000년경에 성숙기에 이르렀다. 교회는 한 번에 많은 순례자를 수용할 수 있을 만큼 큰 규모로 지어져야만 했다. 그래서 건축가는 과거 로마의 건축 양식인 볼트를 다시 받아들여 교회 내부 천장을 넓고 높게 만들었다. 그들은 또한 개인이 기도할 수 있도록 교회 양쪽으로 방사형 소성당(chapels)을 지었고, 교회 내외부에 정교한 돌 조각으로 성경 이야기를 장식했다. 독일 로마네스크의 직립 아치와 노르망디의 쌍둥이 빌딩처럼 많은 국가들 사이에서 로마네스크 건축을 변형된 형태로 사용하고 있다.

마리아 라흐 수도원 **p.72** 지붕 **p.168** 아치 **p.173** 타워(탑) **p.174** 아트리움 **p.180** 신랑 **p.182**
스톤 **p.192** 벽돌 **p.195** 타일 **p.198** 유리 **p.206**

고딕 Gothic

1140 ~ 1525

주요 건축가: 마테우스 페르난데스 • 아르놀포 디 캄비오 • 아라스의 마티아스 • 장 드 셸르 • 하인리히 파를러 • 콘라드 플뤼거

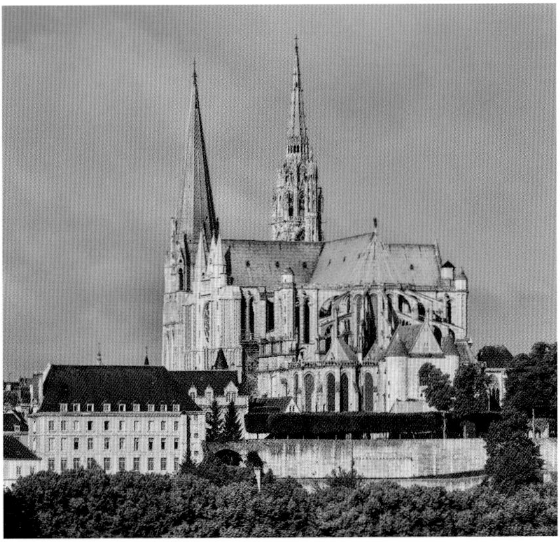

주요 핵심
16세기까지 고딕 건축은 오푸스 프랑키제눔(프랑스 작품)이라고 불렸다. 고딕 건축은 국가 변혁이 일어나기 전에 영국의 수직 양식이나 프랑스와 스페인의 플랑부아양 양식과 같이 초기 고딕(1140~1250)과 하이 고딕(1250~1300) 양식으로 초기 단계를 분류했다. 고딕 건축에서는 특히 매우 정교한 창문 트레이서리(장식 격자)가 특징이다.

샤르트르 대성당, 건축가 미상, 1194~1250, 샤르트르, 프랑스

고딕 양식의 시작은 1140년, 수도원장 쉬제르(1081년경~1151)가 생드니 수도원에 새로운 성가대를 구성하면서다.

쉬제르는 새로운 교회에서 미사 참례자로 하여금 경외심을 불러일으킬 수 있는 빛에 대한 글을 썼다. 그는 이러한 건축물을 지으려고 뾰족한 아치와 교차 리브 볼트 그리고 거대한 스테인드글라스 창문을 의뢰해서 새로운 건축 양식을 만들었다.

플라잉 버트레스는 고딕 양식으로 만든 큰 공학 업적 중 하나였다. 건물 외부에 있는 이 거대한 아치형 구조물은 높은 천장 무게를 지지하고 분산했다. 보석 빛깔 창문은 교회를 빛과 색으로 넘쳐나게 했다. 이런 여러가지 건축 요소의 조합으로 3세기가 넘게 교회 건축에 영향을 미쳤다. 십자형 평면으로 지은 최초의 고딕 양식 성당인 샤르트르 대성당은 대조적인 두 첨탑과 플라잉 버트레스 그리고 성서의 내용을 새긴 파사드가 주를 이룬다.

고딕 양식 교회에서 대규모로 사용하는 높고 뾰족한 첨탑은 신도를 평안하게 하고 믿음을 주는 동시에 신을 우러러 보게끔 강력한 인상을 전달하는 여러 역할을 한다. 내부를 보면 스테인드글라스 창에서 들어오는 다양한 색뿐만 아니라, 여러 기둥이 신도 머리 위로 높이 솟아있어 아치형 볼트를 높이 떠받들고 있다. 이런 고딕 양식 교회의 모습은 지상의 천국을 상징하는 것이다.

샤르트르 대성당 **p.78** 도제의 궁전 **p.86** 아치 **p.173** 타워(탑) **p.174** 첨탑 **p.184** 버트레스 **p.178**
신랑 **p.182** 볼트 **p.183** 돌 **p.192** 벽돌 **p.195** 스테인드 글라스 **p.207**

르네상스 Renaissance

C. 1452 ~ 1580

주요 건축가: 필리포 브루넬레스키 • 레온 바티스타 알베르티 • 안드레아 팔라디오 • 도나토 브라만테 • 미켈란젤로 부오나로티

르네상스 시기에 이탈리아는 도시 국가들끼리 집합체를 이루고 있어 서로 치열한 경쟁으로 기술과 예술이 크게 발전할 수 있었다.

건축가이자 인문학자였던 레온 바티스타 알베르티(1404~1472)는 고대 로마 유적과 비트루비우스의 『데 아키텍투라(건축서)』를 연구한 뒤에 그의 논문을 완성했다. 그 시기가 1452년 즈음이었는데 르네상스가 그때 시작되었다. 그는 역사, 도시 계획, 공학을 비롯해 신성 기하학, 인본주의, 미학 등 많은 주제로 건축의 주요 요소와 이상적인 비율 등을 논문에서 다루었다. 그 이후로 고대 건축물과 유적뿐 아니라 특히 콜로세움과 판테온(60쪽 참조)을 연구하려고 로마를 방문하는 건축도가 늘어났다. 곧이어 파치 예배당(1441~1478)과 피티 궁전(1458~1464)처럼 새로운 양식으로 만들어진 웅장한 건물이 피렌체에 우후죽순 지어졌다.

산타 마리아 델 피오레(1294~1436) 피렌체 대성당의 거대한 돔은 선 원근법을 만들어 낸 필리포 브루넬레스키의 상세한 건축 드로잉에서부터 시작되었다. 산타 마리아 델 피오레 대성당은 르네상스 이전에도 그 사상을 받아들였다. 르네상스는 이탈리아에서 시작했지만, 다양한 해석을 가지고 유럽의 각 지역으로 천천히 퍼져나갔다.

주요 핵심

도나토 브라만테는 고대 신전의 건축 요소를 결합해 새로운 양식의 교회를 만들어냈다. 그는 이 건축 양식을 정사각형, 원, 팔각형 등의 기하학 문양을 기초로 만들었다. 그가 지은 로마의 원형 템피에토는 클래시컬한 앤틱 요소에다가 새로운 아이디어를 덧붙여 만든 작은 성전이다. 돔과 기둥 그리고 엔타블러처는 로마 양식에서 유래했지만, 발코니의 난간과 기독교 심볼은 새롭게 만들어졌다.

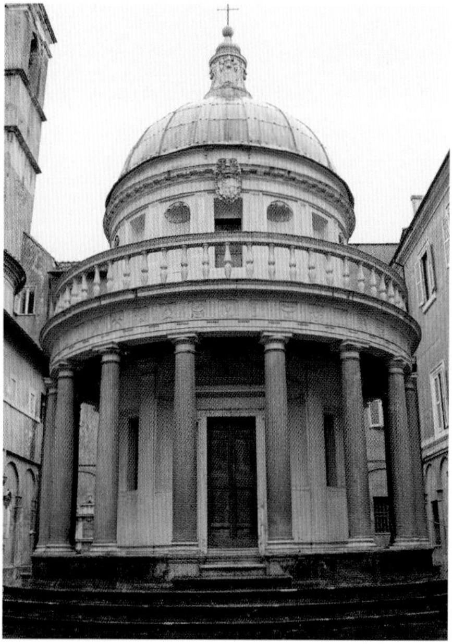

템피에토 디 산 피에트로, 도나토 브라만테, 1502년, 로마 산 피에트로, 이탈리아

산타 마리아 델 피오레 대성당 **p.82** 돔 **p.172** 아치 **p.173** 탑 **p.174** 기둥 **p.177** 신랑 **p.182**
돌 **p.192** 벽돌 **p.195** 대리석 **p.200** 스테인드 글래스 **p.207**

무굴 Mughal

1526 ~ 1857

주요 건축가: 미락 미르자 기야스 • 미르 압둘 카림 • 마크라맛 칸 • 우스타드 아마드 라호리 • 우스타드 이사 시라지

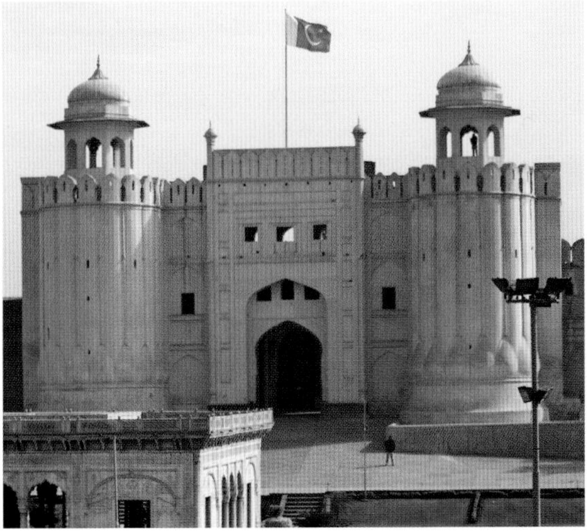

라호르 요새, 여러 건축가들, 1566~18세기, 라호르, 파키스탄

주요 핵심

파키스탄 라호르의 성벽 도시 북쪽 끝에 위치한 이 거대한 요새는 악바르 통치 기간인 1566년에 완전하게 재건했다. 이후에 피에트라 두라 기법으로 알려진 굉장히 세련된 색의 돌 모자이크와 거울, 대리석 그리고 상감한 무늬 장식이 더해진 알람기리 문은 1658년부터 1707년까지 통치했던 황제 아우랑제브 기간에 만들어졌다.

무굴 시대(1526~1857)에 인도와 페르시아에서 들어온 힌두교와 이슬람교의 건축 요소가 섞였는데, 북인도와 중앙인도에서 진화한 과정을 볼 수 있다.

이중으로 겹친 돔과 오목하게 들어간 아치 입구 그리고 섬세한 대칭 장식의 무굴 양식은 악바르 대왕(1542~1605)이 통치하던 시기에 델리에 있는 후마윤 황제(1508~1556) 무덤에서 처음 나타났다. 1565년에 후마윤의 첫 번째 부인인 베가 베굼 황후(1522년경~1582)가 무덤 건축을 의뢰했다. 페르시아 건축가 미락 미르자 기야스가 설계한 이 건축물은 붉은 사암을 대량으로 사용한 첫 구조물이자, 페르시아 이중 돔으로 만든 첫 인도 건축물이다.

무굴 건축은 1628년부터 1658년까지 샤 자한 황제 통치 기간에 절정에 달했는데, 아그라에 있는 흰 대리석 영묘인 타지마할을 그 시기였던 1632년에 지었다. 큰 사각형 주춧돌 위에 서 있는 이 건축물은 각각 동일한 4개의 파사드에 높은 아치형 출입구가 있으며, 건축물 상부에는 이슬람과 힌두교의 상징이 섞인 거대한 이중 돔이 있다. 건축물 네 모서리 주춧돌마다 높은 첨탑이 서있고, 외부에는 캘리그라피와 추상 형태, 코란 문장 그리고 식물을 본뜬 무늬 장식이 있으며, 내부에 상감한 보석과 준보석이 있다.

→ 타지마할 **p.98** 돔 **p.172** 아치 **p.173** 탑 **p.174** 벽돌 **p.195** 타일 **p.198** 대리석 **p.200** 유리 **p.206**

팔라디안 Palladian

1556
~
1736

주요 건축가: 안드레아 팔라디오 • 윌리엄 켄트 • 헨리 플리트크로프트 • 이니고 존스 • 빈센초 스카모치 • 코렌 캠벨 • 리처드 보일

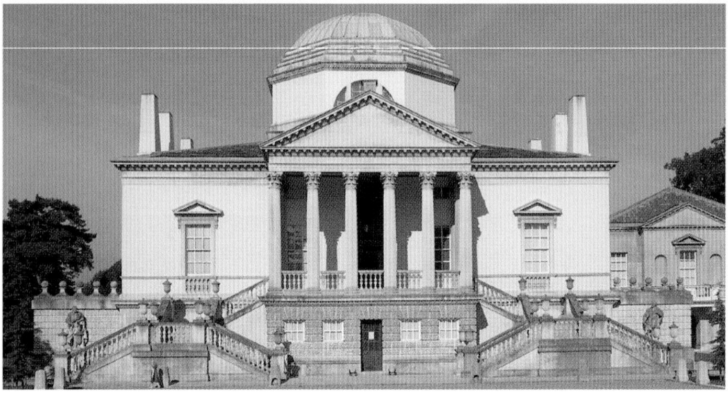

치스윅 하우스, 리처드 보일 (벌링턴 경), 윌리엄 켄트, 1726~1729, 런던 치스윅, 영국

이탈리아 르네상스 건축가 안드레아 팔라디오의 이름에서 가져온 팔라디안 건축 양식은 17세기부터 19세기까지 유럽과 미국에서 유행했다.

팔라디오와 그의 조수 빈센초 스카모치는 비트루비우스의 이론을 바탕으로 로마 건축을 재해석했다. 1570년에 팔라디오는 대칭과 비율, 그리고 전통 기둥 양식의 개인 해석을 팔라디오가 쓴 『건축사서』에서 그의 작품을 빗대어 방법을 설명했다. 이니고 존스는 영국에서 팔라디오의 아이디어를 다른 르네상스 건축가의 요소와 결합하여 적용했다. 런던에 있는 화이트홀의 연회장과 그리니치의 퀸스 하우스가 그의 팔라디안 작품이다. 나라마다 조금씩 다르게 표현된 팔라디안 양식은 교회와 궁전, 교외 주택, 그리고 도시 건축물에서도 나타났다. 특히 주택 건축에 큰 영향을 주었는데, 포티코에서 그 형태가 두드러지고, 고전 형태의 파사드에서 넓은 뷰를 조망할 수 있다. 빈 공간과 가득 찬 구조의 조화를 강조하고, 큰 계단이 있는 단 위에 집을 짓는 팔라디안 양식은 1930년대까지 미국 공공 건축물에서 지배적으로 나타났고, 심지어 요즘에도 많은 건축물이 팔라디오의 계획과 비례를 따르고 있다.

주요 핵심

16세기 팔라디오의 빌라 라 로톤다에서 영감을 받은 치스윅 하우스는 건물 앞 포티코와 코린트식 기둥에서 팔라디안 양식 특유의 대칭이 보인다. 건축물 위 얇은 계단식 돔은 판테온의 팔각형 천장에서 가져왔고, 굴뚝은 오벨리스크로 위장하고 있다. 건축물 뒷편에 팔라디오가 대중화한 세리안 창문이 세 군데 있다.

빌라 라 로톤다 **p.96** 돔 **p.172** 계단 **p.176** 기둥 **p.177**
돌 **p.192** 벽돌 **p.195** 대리석 **p.200** 콘크리트 **p.201** 스터코 **p.205** 유리 **p.206**

바로크 Baroque

1624 ~ 1746

주요 건축가: 잔 로렌초 베르니니 • 카를로 마데르노 • 요한 베르하르트 피셔 본 에어라흐 • 프란체스코 보로미니

최초의 국제 건축 운동인 바로크는 다양한 해석과 함께 유럽과 라틴 아메리카 전역으로 퍼져나갔다.

바로크는 신의 힘과 기품을 강조했던 로마 가톨릭 교회가 반종교 개혁을 뒤늦게 시도하면서 등장했다. 바로크는 포르투갈어로 찌그러진 진주라는 의미인 '바로코(barroco)'에서 유래된 것으로 화려하고 극적이며 불규칙한 예술과 디자인을 지칭하는 양식의 이름으로 17세기 초부터 18세기 중반까지 쓰였다.

최초의 바로크 건축물은 대성당과 교회 그리고 수도원이었고, 곧 일반 건축물과 저택 그리고 궁전까지 퍼져나갔다. 최초로 벽과 파사드뿐만 아니라 내부에도 복잡하고 역동적인 파도와 나선형의 곡선을 적용했고, 빛과 그림자의 대비로 공간을 강조했다. 아치형 천장과 화려하게 채색된 트롱프뢰유 천장은 평범했다. 잔 로렌초 베르니니(1598~1680)가 1623년 로마의 성 베드로 대성당 발다키노의 기둥을 나선형으로 만든 것은 바로크 양식의 또 다른 혁신이었다. 그의 경쟁자 중 한 명인 프란체스코 보로미니(1599~1667)는 상징주의를 사용해 고전 형태를 교묘하게 조작해서 독특하고 기발한 디자인으로 만들었고, 다른 한 명인 피에트로 코르토나(1596~1669)는 로마에 있는 산티 루카의 마르티나(1635~1664) 교회에 곡선 파사드를 최초로 만들었다.

주요 핵심

극적이고 균형적이면서 안정적인 면까지 보이는 산타 마리아 델라 살루테 성당은 베니스에서 가장 먼저 지어진 바로크 교회 중 하나로 발다사레 롱게나(1598~1682)가 설계했다. 이 건축물은 목조 기단 위에 지어진 거대한 팔각형의 건축물로 각각 두 개의 돔과 캄파닐레(종탑)가 있다. 거대한 소용돌이 모양 장식물인 볼리트는 메인 돔의 허리인 원통형 벽체에서 버트레스(지지대) 역할을 한다.

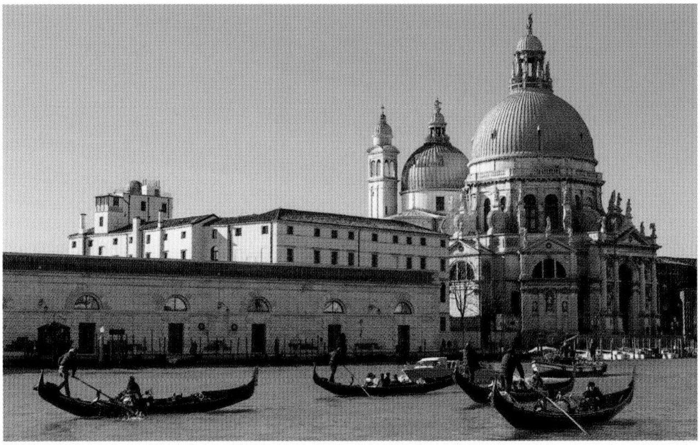

산타 마리아 델라 살루테 성당, 발다사레 롱헤나, 1631~1687, 베네치아, 이탈리아

성 베드로 대성당 **p.90** 베르사유 궁전 **p.102** 돔 **p.172** 아치 **p.173** 타워(탑) **p.174**
기둥 **p.177** 볼트 **p.183** 돌 **p.192** 벽돌 **p.19** 대리석 **p.200** 유리 **p.206**

로코코 Rococo

1717 ~ 1766

주요 건축가: 프란체스코 바르톨로메오 라스트렐리 • 마테우스 빈센테 • 데 올리비에라 • 요한 미셸 피셔 • 쥐스트 오렐 메소니에

베르사유 궁전처럼 육중한 규모를 가진 바로크 외관과는 반대로 로코코 실내는 가볍지만 생동감이 넘친다.

로코코라는 이름은 프랑스어로 조개 껍데기로 덮인 바위를 의미하는 로카이유(rocaille)와 조개 껍데기를 의미하는 코키유(coquille)에서 유래했다. 로코코 건축은 소용돌이 문양의 곡선을 사용해 활발해 보이고, 금박 장식이 많아 화려하며, 대칭이 없어 형태가 자유롭다. 변덕스러운 데다가 사치스럽기까지 한 이 양식은 18세기에 유럽을 지배한 엘리트 계층에게 큰 인기를 얻었지만, 유행은 오래가지 않았다.

로코코 건축은 프랑스에서 실내 장식의 새로운 유행으로 시작해 유럽 전역으로 퍼져나갔다. 건축물의 섬세한 장식, 금, 부드러운 색 그리고 때로는 중국의 영향을 나타낸다. 가장 유명한 로코코 건축 작품 중 하나는 독일 슈타인가덴의 비스키르헤(비스순례교회, 1745~1754)이다. 도미니쿠스와 요한 밥티스트 짐머만 형제는 이 건축물을 기둥, 코니스, 나무 아치 천장이 있는 타원형 건축물을 설계했고, 그곳을 정교하게 금박을 입힌 스터코와 색이 화려한 트롱프뢰유 그림으로 가득 채웠다.

또 다른 중요한 로코코 건축물 중에는 마테우스 비센테 데 올리베이라(1706~1786)가 설계한 포르투갈의 국립 켈루스 궁전(1747~1792)이 있고, 요한 고트프리드 뷔링(1723~1788)이 설계한 독일 포츠담의 차이니즈 하우스(1754~1764)가 있다. 차이니즈 하우스는 외부 기둥과 시누아즈리를 도금한 클로버 형태의 건축물이다.

주요 핵심
러시아 군주제의 절대적인 힘을 보여주는 예카테리나 궁전은 상트페테르부르크의 겨울 궁전(1754)이나 베르사유 궁전만큼이나 거대하고 눈부시게 빛난다. 엘리자베타 여왕(1709~1762)을 위해 그녀의 어머니의 이름을 따서 만든 플랑브아양 양식의 스터코 파사드는 도금으로 장식되었고, 정교한 발코니는 페디먼트 베이로 분리되었다.

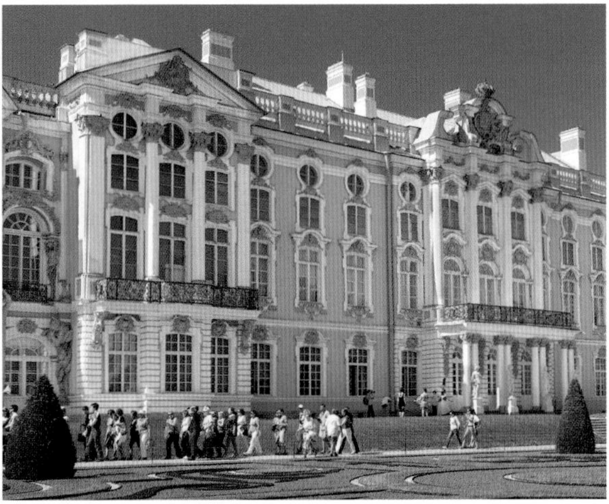

예카테리나 궁전, 프란체스코 바르톨로메오 라스트렐리, 1752~1756, 차르스코예 셀로(러시아 황제의 별궁), 러시아

베르사유 궁전 **p.102** 비스순례교회 **p.108** 돔 **p.172** 탑 **p.174** 아치천장 **p.183** 마당 **p.175**
기둥 **p.177** 돌 **p.192** 벽돌 **p.195** 대리석 **p.200** 스터코 **p.205** 유리 **p.206**

신고전주의 Neoclassical

1748 ~ 1850

주요 건축가: 자크 제르맹 수플로 • 존 소앤 • 존 내시 • 칼 고트하르트 랑한스 • 로버트 애덤 • 지아코모 쿠아렝기

신고전주의 건축은 그리스 로마의 디테일과 깔끔한 흰 벽 그리고 웅장한 규모에 중점을 두고 있다.

서기 79년 베수비오 화산의 폭발로 화산재 아래에 묻힌 폼페이와 헤르쿨라네움 두 곳을 18세기에 발굴하면서 사람들은 건축의 질서와 합리성이 곧 회복될 것이라는 기대를 가졌다.

최초의 신고전주의 양식 건물 중 하나인 자크 제르맹 수플로(1713~1780)가 설계한 파리의 성 주느비에브 교회(1756~1797)는 1791년에 대중적인 신전 판테온이 되었다. 같은 시기에 클로드 니콜라 르두(1736~1806)는 그의 건축물과 도시 계획으로 순수한 건축 형태를 연구했다. 카를 프리드리히 싱켈(1781~1841)은 로마의 판테온에 기초를 둔 베를린 알테스 무제움(1823~1830)을 설계했고, 칼 고트하르트 랑한스(1732~1808)는 아테네의 프로필레아에서 영감을 받아 브란덴부르크 문(1793)을 설계했다. 영국에서는 존 내시(1752~1835)와 존 우드(1728~1781)가 신고전주의 거리와 크레센트(초승달 형태의 거리) 그리고 공원을 계획하면서 런던과 바스의 도시 형태를 바꿨고, 러시아에서는 찰스 카메론(1745~1812)이 상트페테르부르크의 파블로프스크 궁전(1782~1786)을 설계했다.

신고전주의 양식은 워싱턴 D.C.에서 윌리엄 손튼과 토마스 유스틱 월터가 지은 국회의사당 건물과 제임스 호번(1758~1831)이 지은 백악관(1792~1829, 177쪽 참조)이 새롭게 독립한 미국에서 굉장히 인기를 얻었다. 신고전주의의 깔끔한 선과 균형 그리고 비율은 큰 건축물뿐만 아니라 작은 구조물에도 모두 잘 어울렸다.

주요 핵심

미국의 3대 대통령인 토마스 제퍼슨은 리치먼드의 버지니아주 의사당(1788)과 샬러츠빌의 버지니아 대학교 로툰다(1822~1826)에 팔라디안과 고전 양식을 적용했다. 그는 판테온의 비율을 로툰다에 직접 적용했으며, 팔라디오의 원칙도 따랐다.

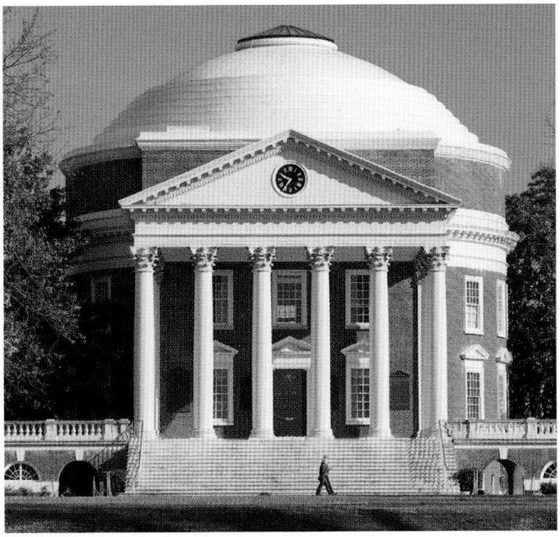

로툰다, 토마스 제퍼슨, 1822~1826, 버지니아주 샬러츠빌, 미국

미국 국회의사당 **p.112** 돔 **p.172** 아치 **p.173** 기둥 **p.177** 볼트 **p.183** 벽돌 **p.195** 나무 **p.196** 스터코 **p.205** 유리 **p.206** 철 **p.208**

고딕 리바이벌 Gothic Revival

1740s ~ c. 1920

주요 건축가: 아우구스투스 푸긴 • 외젠 엠마뉴엘레 비올레 르 뒤크 • 데이비드 브라이스 • 엠마뉴엘레 루이지 갈리치아 • 루이 들라센세리

이탈리아 예술가이자 건축가이면서, 작가였던 조르지오 바사리(1511~1574)가 르네상스 시대 고딕 양식을 조롱하고나서 중세 건축의 입지는 무너져갔다.

고딕 양식의 명예 회복은 1740년대 초반에 영국에서 작가 호레이스 월폴(1717~1797)이 설계한 트위크넘의 스트로베리 힐(1749~1766)과 함께 시작했다. 1830년대까지 신고전주의를 이교도로 취급한 많은 건축가들은 뾰족 아치를 비롯해서 경사가 가파른 지붕, 마감, 랜싯 창 그리고 장식용 트레이서리를 통합하고, 때로는 벽돌과 무쇠와 같은 다른 재료를 사용해서 고딕 양식이 더욱 경건하게 보일 수 있게 설계했다. 고딕 리바이벌은 유럽뿐만 아니라 인도네시아, 필리핀, 캐나다 그리고 미국 전역으로 퍼져 20세기까지 지속했다. 프랑스에서는 빅토르 위고(1802~1885)가 노트르담의 꼽추(1831)를 출간하자 덩달아 기존 고딕 건축이 주목을 받아 고딕과 비슷한 유행이 나타났다. 1844년에서 1850년 사이에 외젠 엠마누엘레 비올레 르 뒤크(1814~1879)가 설계한 노트르담 대성당과 아미앵 대성당을 복원한 계기가 고딕 리바이벌 양식이 시작하는 기폭제가 되었다.

런던에서 찰스 배리와 아우구스투스 푸긴은 웨스트민스터 궁전을 설계했고, 조지 길버트 스콧(1811~1878)이 세인트 판크라스 역을 설계했다. 뉴욕에서는 카스 길버트(1859~1934)가 울워스 빌딩을 고딕 양식으로 설계해 20년 동안 세계에서 가장 높은 빌딩이 되었다.

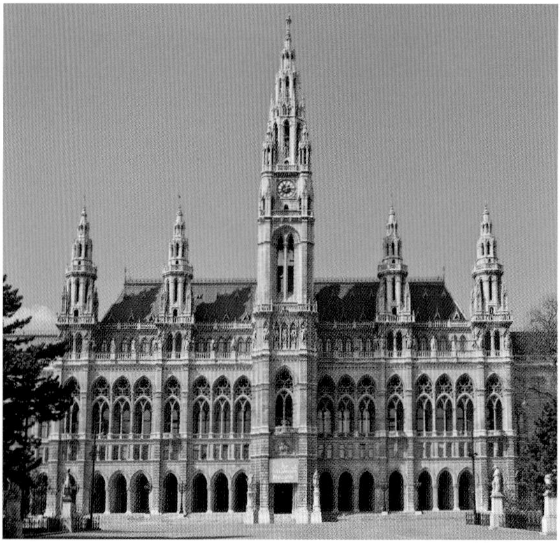

주요 핵심

프리드리히 슈미트(1825~1891)가 지은 비엔나 시청은 바로크 양식을 기반으로 한 고딕 리바이벌 양식이다. 거대한 라임스톤 벽돌로 지어진 6층 규모의 건물을 7개로 둘러져 있는 중정 주변에 배치했는데, 98m의 중앙 탑을 중심으로 다섯 개의 탑이 하늘을 찌를 듯 솟아있다.

빈 시청사, 프리드리히 슈미트, 1872~1883, 비엔나, 오스트리아

웨스트민스터 궁전 **p.114** 아치 **p.173** 탑 **p.174** 아치 천장 **p.183** 첨탑 **p.184** 돔 **p.192**
벽돌 **p.195** 나무 **p.196** 스테인드 글래스 **p.207** 철 **p.208**

셰이커 Shaker

1774 ~ 1900

주요 건축가: 모제스 존슨 • 미카야 버넷 • 다니엘 굿리치

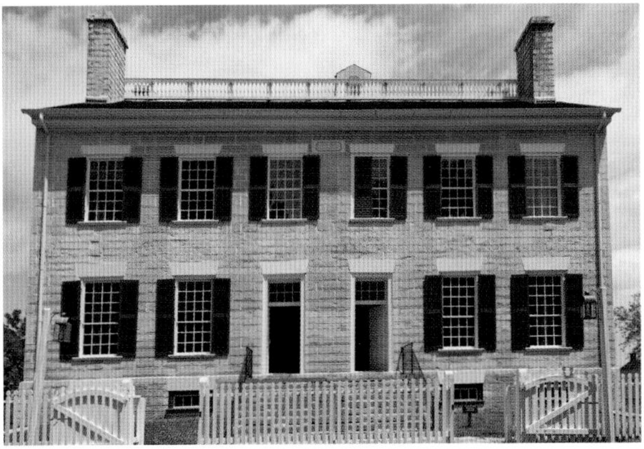

센터 패밀리 드웰링 하우스,
미카야 버넷, 1824~1834,
켄터키 프레전트 힐, 미국

1774년에 미국으로 건너가 종파를 만들었던 영국 태생의 앤 리(1736~1784)가 셰이커스(그리스도의 재림 신도 연합회)를 설립하였다.

셰이커 단체는 미국 동부 마을에서 시작으로 점차 확장해 서쪽으로 퍼져나갔다. 19세 중반까지 셰이커는 주로 뉴잉글랜드, 뉴욕 그리고 켄터키에 19개의 정착지를 가지고, 약 6,000명이 거주할 수 있을 정도 규모의 마을을 만들었다. 1821년에 처음 쓰인 셰이커 경전에서 밀레니얼 법의 엄격한 건축 규칙을 설명하고 있다. 셰이커 교도는 공동생활을 하면서 장인 정신과 질서를 가장 중요하게 여겼고, 악마는 가볍고 깨끗한 것을 피해간다는 단순성과 효율성을 강조하는 믿음으로 몰딩과 코니스와 같은 장식을 배제했다. 그래서 그들은 수많은 형태의 창문을 하나로 통일했다. 시간이 한참 지난 후에 일부 모더니즘 건축가가 이런 형태를 좇았다.

셰이커 건축물은 규모가 상당했다. 건축물 중에서 예배당이 가장 중요했고, 각 주거지마다 '원무' 의식을 행할 수 있는 둥글고 넓은 건축물이 있었다. 초기 셰이커 건축은 엄격하고 단순한 것이 특징이었지만, 19세기 말이 되면서 돌출된 내닫이 창과 탑 그리고 포치(현관)와 같은 조금 더 정교한 요소가 등장하기 시작했다.

주요 핵심

미카야 버넷(1791~1879)과 모제스 존슨(1752~1842)이 설계한 프레전트 힐의 셰이커 빌리지를 1805년에서 1910년 동안 사용했다. 이 건축물은 셰이커 지침을 따를 뿐만 아니라, 연방 건축 양식의 영향도 받았다. 이 마을에는 급수탑이 있어서 세대의 부엌과 지하실 그리고 세탁장에 물을 공급했다.

→ 핸콕 셰이커 빌리지 **p.110** 벽돌 **p.195** 나무 **p.196** 유리 **p.206**

시카고 학파 Chicago School

1879
~
1910

주요 건축가: 댄크마 애들러 • 다니엘 번햄 • 마틴 로슈 • 윌리엄 홀러버드 • 윌리엄 르 바론 제니 • 루이스 설리번

주요 핵심
루이스 설리번이 지은 칼슨 피리 스콧 앤 컴퍼니 빌딩은 햇빛이 실내로 쏟아져 들어올 만큼 큰 창문이 들어갈 수 있는 철골 구조로 설계했다. 창문 사이에 있는 둥근 타워를 보호하고 장식하기 위해 가벼운 테라코타와 청동을 덮은 주철로 가볍게 띠를 둘렀다. 청동과 테라코타는 그 당시에는 흔치 않은 선택이었지만, 불에 잘 견딜 뿐만 아니라 가격마저 저렴했다.

시카고 학파는 일관성 있게 활동한 그룹은 아니었지만, 20세기 초에 시카고에서 활동한 몇 명의 건축가가 이를 대표한다.

19세기 후기에 여러 건축가와 기술자는 도시에서 10층 이상의 높이로 정의된 초고층 건물을 개발했다. 이 양식을 정의하는 사람은 없었지만, 이 건축가들은 큰 창과 제한적인 외부 장식을 사용한 철근 구조의 새로운 공법으로 처음 건축한 사람들이었다. 시카고 학파의 고층 건물은 고전 형식 기둥의 세 단계와 같다. 가장 낮은 층은 주초(기둥 기초)이고, 중간 층은 수직 주신(기둥 몸통)이며, 최상 층의 코니스는 주두(기둥 머리)에서 비롯된다.

흔히 세계 최초의 마천루로 회자되는 홈 인슈어런스 빌딩은 1884년 '미국 마천루의 아버지'로 유명한 윌리엄 르 바론 제니(1832~1907)가 지었다. 시카고는 습지대라서 전통적인 방식으로는 높은 구조물을 지탱할 수 없기에 건축가 댄크마 애들러는 자신이 군사 기술자였었던 경험으로 목재와 강철 빔 그리고 I 빔의 기초인 '래프트'를 고안했다.

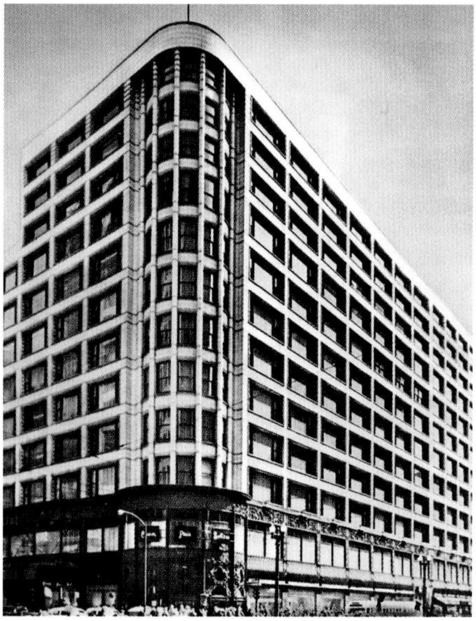

칼슨 파이리 스콧 앤 컴퍼니 빌딩,
루이스 설리번, 1899, 시카고, 미국

웨인라이트 빌딩 **p.122** 탑 **p.174** 벽돌 **p.195** 나무 **p.196** 콘크리트 **p.201**
유리 **p.206** 철 **p.208** 강철 **p.209**

미술공예운동 Arts and Crafts

1880
~
1920

주요 건축가: 리처드 노먼 쇼 • 윌리엄 리처드 레더비 • C.F.A. 보이시 • M.H. 베일리 스콧 • C.R. 애시비 • 필립 웹

산업화의 부정적인 영향에서 벗어나기로 결심한 몇몇 영국 건축가와 디자이너는 19세기 말에 장인 정신을 되살리려고 노력했다.

미술공예운동은 영국의 디자이너이자 작가, 예술가, 제조업자이기도 하고 사회 개혁가인 윌리엄 모리스가 시작했는데, 그는 원래 건축 전공이었다. 과도한 빅토리아 양식 건축과 디자인에 피로감을 느낀 데다가 기계와 대량 생산이 삶의 질을 떨어뜨린다고 생각한 모리스와 그의 추종자는 산업화 이전 사회로 돌아가는 것을 목표로 삼았다. 그들은 전통 재료를 사용하면서 화려한 장식과 강제적이고 인위적인 양식에서 벗어나 개별적인 구조와 협력적인 작업을 능숙하게 하는 중세 방법을 되살리고 싶어했다. 그들은 좋은 디자인이 행복한 사회를 만든다는 생각을 가지고 있었다. 비록 미술공예운동에서 나온 대부분의 장식품은 복잡하고 화려했지만, 건축은 있는 그대로이며 아무런 장식이 없었다.

또한 예술 후원자이자 비평가였던 존 러스킨(1819~1900)은 산업혁명의 노동 분업이 건강에 좋지 않다고 믿었다. 1900년 이후에 이 운동은 독일에서 1907년 독일공작연맹을 창설하면서 유럽 전역으로 확산하다가 『더 크래프트 맨』매거진을 창간한 가구 제조업자 구스타프 스티클리(1858~1942)가 이끌어 미국까지 확산했다.

주요 핵심

런던 벡슬리히스에 있는 레드하우스는 1859년 건축가 필립 웹과 윌리엄 모리스가 설계했다. 각 시선에 따라 다르게 보이는 붉은 벽돌 파사드와 창문 아치, 뾰족 지붕, 큰 벽난로 그리고 비대칭적인 평면으로 지어진 레드 하우스는 정직하고 숨김없이 표현된 토속적인 재료를 사용했는데, 이 건축물은 초기 미술공예운동 양식의 대표적인 건축물이다.

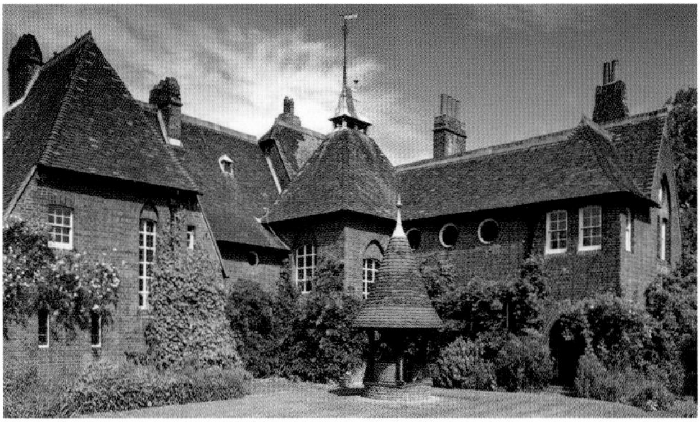

레드 하우스, 필립 웹, 윌리엄 모리스, 1859~1860, 런던 벡슬리히스, 영국

레드 하우스 **p.116** 아치 **p.173** 돌 **p.192** 벽돌 **p.195** 나무 **p.19** 타일 **p.198** 스테인드 글라스 **p.207**

아르 누보 Art Nouveau

1883 ~ 1914

주요 건축가: 엑토르 기마르 • 헨리 반 데어 벨데 • 빅토르 오르타 • 오토 바그너 • 조세프 호프먼 • 안토니 가우디

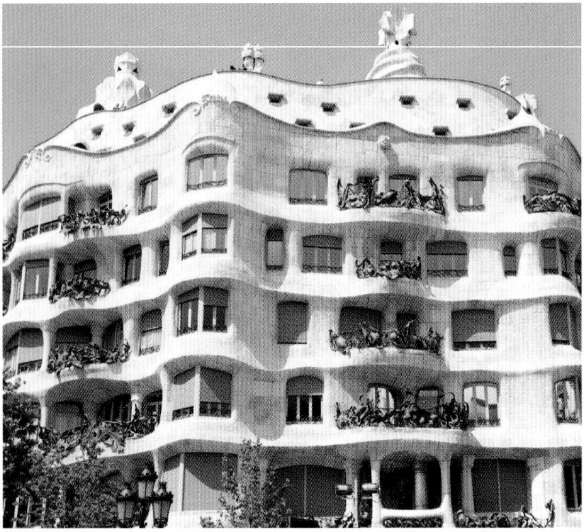

주요 핵심
안토니 가우디는 카탈루냐 모더니즘을 가장 잘 아는 전문가이다. 그의 유기적인 건축은 일본 디자인과 고딕 리바이벌에서 영향을 받아 조각, 스테인드글라스, 연철공예, 목공예, 트렌카디스 기법(모자이크 같은 세라믹을 사용) 등을 건축에 사용했다. 가우디는 종종 여러 프로젝트를 동시에 진행하기도 했는데, 1904년과 1912년 사이에 카사 바트요와 카사 밀라를 지었다.

카사 밀라, 안토니 가우디, 1906~1912, 바르셀로나, 스페인

1890년대 초반부터 1914년 제1차 세계대전이 일어나기 전까지 많은 나라에서 인기를 누렸던 아르 누보는 비록 짧은 시간이었지만, 예술과 디자인 운동 그리고 철학에 영향을 주었다.

유니크하고 모던한 아르 누보는 동시다발로 유럽과 미국 전역에서 퍼졌다. 자연 형태, 비대칭, 휘어진 물결 선을 주로 사용하는 건축가와 디자이너는 빅토리아 시대의 지나치게 현란한 장식과 역사적으로 대중적인 복제품에서 벗어나려고 애를 썼다. 그들은 미술공예운동, 켈트 미술, 고딕 리바이벌, 로코코, 유미주의 운동, 상징주의 예술 그리고 철과 유리와 같은 재료를 사용한 일본 디자인 등 넓은 범위에서 예술적 영향을 받아들였다. 금방 식별할 수 있겠지만, 아르 누보는 많은 지역과 국가에서 각기 다른 해석을 보여주었다.

1900년 파리 만국박람회를 개최하면서 아르 누보는 순식간에 세계적으로 유명세를 탔다. 박람회에서 신기술과 새로운 아이디어를 과시하려고 지은 구조물 중에는 르네 비네(1866~1911)가 디자인한 돔 모양의 포르테 모뉴멘탈 입구와 외젠 에나르(1849~1923)가 디자인한 찬란한 빛의 팔레 데 일렉트리시티 그리고 구스타브 세뤼리에보비가 디자인한 에펠탑 발치에 있는 웅장한 레스토랑 파빌론 블루(1858~1910)가 있다. 그리고 엑토르 기마르(1867~1942)가 철과 유리로 설계한 지하철 역 입구가 있다.

사그라다 파밀리아 **p.120** 칼츠플라츠 지하철 역 **p.124** 돔 **p.172** 아치 **p.173**
탑 **p.174** 첨탑 **p.184** 벽돌 **p.195** 타일 **p.198** 콘크리트 **p.201** 철 **p.208** 강철 **p.209**

모더니즘 Modernist

1900 ~

주요 건축가: 아돌프 로스 • 오귀스트 페레 • 헨리 라부르스트 • 페터 베렌스 • 아돌프 마이어 • 프랭크 로이드 라이트

장식을 거부하고 미니멀리즘과 현대 재료를 받아들인 모더니즘 건축은 20세기 초부터 전 세계에 등장했다.

미술공예운동, 아르 누보, 시카고 학파, 빈 공방(1903년 비엔나에서 설립), 그리고 독일 공작연맹(1907년 뮌헨에서 설립) 같은 운동에서 영감을 받은 모더니즘은 기능주의와 순수한 재료를 사용하고 장식을 제거하는 데에 중점을 두고 유럽에서 시작했다.

1909년 페터 베렌스가 강철, 유리, 돌을 사용해서 설계한 베를린의 AEG 터빈 홀은 모더니즘 초기에 아주 큰 영향을 주었다. 1910년 오스트리아와 체코의 건축가이자 이론가인 아돌프 로스(1870~1933)는 이후 에세이로 출판된 '장식과 범죄'를 강의했고, 이어서 로스는 빈에서 장식을 완전히 배제한 슈타이너 하우스(1910)를 디자인하며 모더니즘을 이끌었다. 비대칭과 평평한 지붕, 큰 창문, 금속, 유리, 흰 도장, 열린 평면 등이 특징인 바우하우스와 같은 국제 양식 모더니즘은 1920년대와 1930년대에 절정에 달했다.

모더니즘은 국제적으로 많은 분파가 있었다. 소비에트 러시아의 새건축가협회(ASNOVA)는 1923년에 니콜라이 라도프스키(1881~1941), 블라디미르 크린스키(1890~1971) 등 기능적인 건축을 하는 '합리주의자'로 알려져 있는 여러 사람들이 설립했다.

주요 핵심

모더니즘 건축은 기능을 분석적으로 접근하고, 합리적인 재료를 사용하며, 장식적인 것을 배제한다. 베렌스의 AEG 터빈 홀에서 영향을 받은 발터 그로피우스와 아돌프 마이어는 1911년에 독일 알펠트에서 크고 평평한 창문이 있는 수평성이 강조된 파구스 공장 파사드를 설계했다.

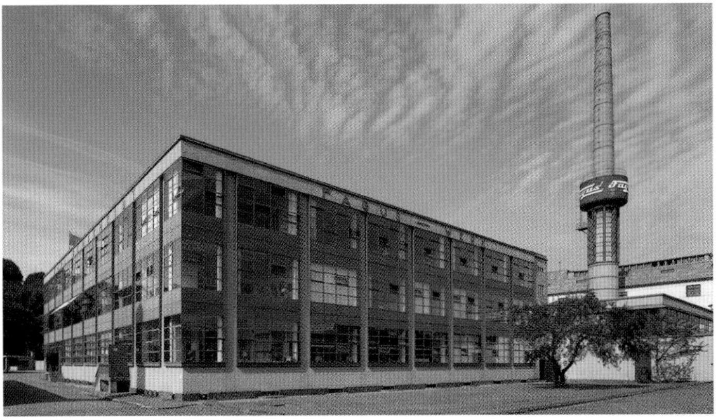

파구스 공장, 발터 그로피우스와 아돌프 마이어, 1911~1925, 알펠트 니더작슨, 독일

빌라 사보아 **p.134** 기둥 **p.177** 테라스 **p.187** 돌 **p.192** 벽돌 **p.195** 콘크리트 **p.201**
유리 **p.206** 강철 **p.209**

유기적 건축 Organic

1908 ~ 1959

주요 건축가: 프랭크 로이드 라이트 • 브루스 고프 • 휴고 해링 • 임레 마코베츠 • 루이스 칸

프랭크 로이드 라이트는 주변 환경과 조화를 이루는 건축을 유기적 건축이라고 이름을 붙였다.

그는 죽기 직전에 말하길 "나는 자유로운 건축을 하고 싶습니다. 나는 풍경 앞에서 불명예스럽지 않게 은혜로운 건축물을 여러분이 볼 수 있는 곳에 짓고 싶습니다."라고 하며, 자신이 하고자 하는 건축 방향을 이야기했다. 라이트는 건축은 장소와 시간의 산물이어야 하며, 특정 지역과 밀접하게 연결되어야 하고, 결코 강요되거나 인공적으로 창조되어서는 안 된다고 믿었다. 1908년부터 그는 자신이 애착을 가진 일본 문화와 자연을 반영한 재료와 형태, 색을 사용해 주변과 조화로운 건물을 지었다.

거기에다 라이트는 건축에 사용되는 재료는 순수해야 하며, 내부 공간은 가능한 한 열려 있어야 한다고 생각했다. 그는 새로운 기술과 기계, 재료를 받아들였다. 거기에 더해 자연과 현대를 섞었고, 건축에서 발생되는 각각의 문제를 창의적으로 해결함으로써 뛰어난 건축 작품을 만들었다. 라이트는 바르셀로나의 바크 데 로다 다리(1985~1987)와 토론토의 브룩필드 플레이스의 아트리움(1990) 설계로 인정받은 산티아고 칼라트라바(1951~)를 포함한 많은 다른 건축가에게 영향을 주었다. 요른(예른) 웃손의 시드니 오페라 하우스 또한 유기적 건축을 보여주는 하나의 좋은 건축 사례이다.

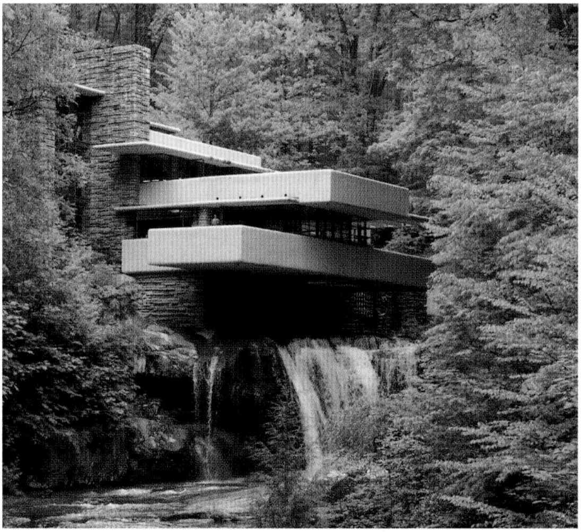

주요 핵심

폴링워터(낙수장)는 라이트의 유기적 건축의 원리로 지은 건축물이다. 폭포 아래에 있는 돌 위에 서 있는 캔틸레버 콘크리트 발코니는 자연의 구조를 반영했다. 폴링워터의 형태와 재료는 환경에 어울리게 선택했기 때문에 인위적이지 않아 주변과 조화롭다.

폴링워터, 프랭크 로이드 라이트, 1936~1939, 펜실베니아주 베어런, 미국

폴링워터 **p.138** 시드니 오페라 하우스 **p.142** 기둥 **p.177** 켄틸레버 **p.189** 돌 **p.192**
벽돌 **p.195** 나무 **p.196** 콘크리트 **p.201** 유리 **p.206**

미래주의 Futurist

1909 ~ 1933

주요 건축가: 안토니오 산텔리아 • 마리오 키아토네 • 안지올로 마조니 • 질리오 마치 • 오스카 니마이어

건축가 안토니오 산텔리아(1888~1916)는 20세기 초반에 이탈리아 미래주의 운동의 일환으로 미래 도시의 비전을 표현한 많은 그림을 그렸다.

산텔리아의 소규모 미래주의 건축은 지어지지 않아 계획이 결실을 맺지 못했지만, 그의 디자인은 기술과 기계 시대를 받아들인 미래주의 이론을 표현해 많은 영향력을 미쳤다. 미래주의는 시인 필리포 토마소 마리네티(1876~1944)가 1909년에 쓴 한 선언문에서 시작했는데, 이 선언문은 과거를 부정하고 전쟁과 기계를 찬양했다. 미래주의 건축은 비현실적인 각도와 예리한 모서리, 경사, 돔, 날렵한 선 그리고 금속 부품과 같은 재료가 특징이다. 더 나아가 선언문에서는 과거와 단절하고, 기술과 전쟁, 속도 그리고 미래를 포용할 것을 요구하는 현대의 삶을 찬양했다.

1912년에 산텔리아는 마리오 키아토네(1891~1957)와 함께 밀라노에 설계 사무실을 개설했는데, 그곳에서 그는 높은 다리와 함께 공중에 매달려있는 길로 이루어진 고층 건물인 라 치타 누오바(뉴욕)를 대담하고 생생하게 그려냈다. 1914년에 산텔리아는 미래주의 건축 선언문을 추가적으로 발표했다. 선언문에서는 "우리 미래주의 도시는 떠들썩한 거대 조선소와 같이 활동적이고 기동성이 있으며, 역동적인 모든 장소에 거대한 기계와 같은 미래주의 주택을 발명하고 재건해야 한다."는 내용으로 크고 활기찬 도시와 국가를 위한 신세계에 대해 설명을 했다.

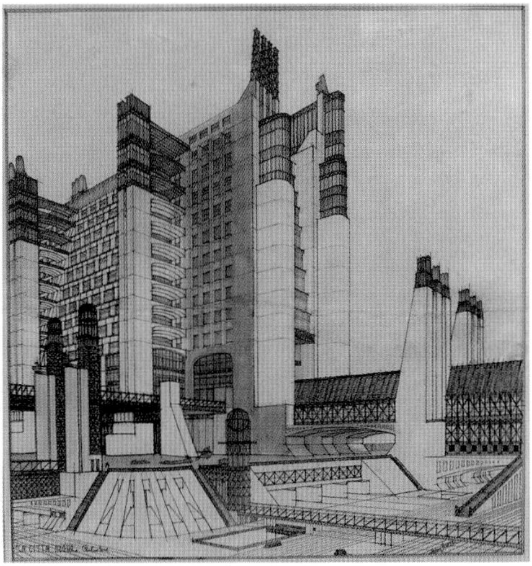

주요 핵심

산텔리아가 말하는 현대 도시의 미래상은 유리와 금속으로 만든 거대한 기계 형태로 되어있는 길, 도로, 철도가 있는 곳으로 다양한 높이에서 여러 방향으로 갈 수 있다. 그의 디자인은 과거를 완전히 버리고, 역동적인 사선과 타원을 조합한 형태로 장식 없이 새로운 재료로 만들었다.

라 치타 누오바: 4층 엘리베이터가 있는 계단식 주택. 안토니오 산텔리아, 1914

브라질리아 대성당 **p.144** 아치 **p. 173** 탑 **p.174** 기둥 **p.177** 캔틸레버 **p.189**
돌 **p.192** 벽돌 **p.195** 콘크리트 **p.201** 유리 **p.206** 철 **p.208** 강철 **p.209**

표현주의 Expressionist

1910 ~ 1933

주요 건축가: 에리히 멘델손 • 프리츠 회거 • 미셸 드 클레르크 브루노 타우트 • 한스 펠치히 헤르만 핀스테를린 • 파리보즈 사바

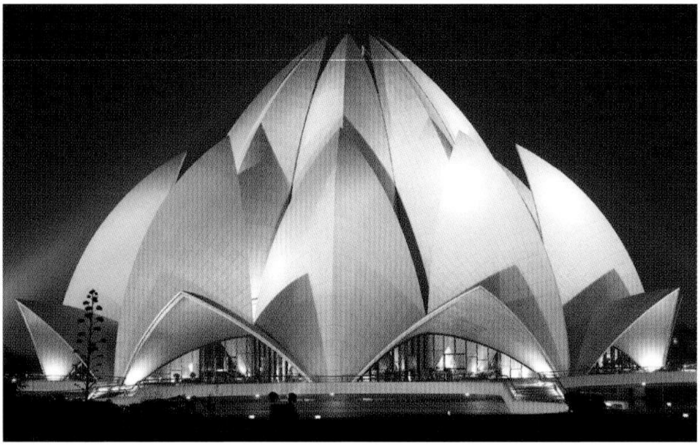

로터스 템플(연꽃 사원), 파리보즈 사바, 1986, 뉴델리, 인도

1910년과 1924년 사이에 독일과 오스트리아, 덴마크 그리고 다른 여러 지역에서 인간의 감정을 탐구하는 건축 운동인 표현주의가 유행했다.

표현주의는 제1차 세계대전에 참전했던 많은 표현주의 건축가의 힘들었던 경험이 촉매제가 되어 그들의 작품으로 승화했다. 그리고 과거의 전통 양식을 피하고 혁신적인 기술과 재료를 사용해 주관적이고, 개인적이며, 별나기까지 했다. 표현주의는 또한 지적인 반응보다는 건축가의 느낌과 감정을 이끌어 내려고 했다.

표현주의는 매우 독특했기 때문에 대부분 건축물은 일시적으로 그림으로만 그치고 지어지지 못했다. 대표적인 표현주의 건축은 에리히 멘델손(1887~1953)이 설계한 독일 포츠담의 아인슈타인 타워로 알버트 아인슈타인의 상대성 이론을 반영한 건축물이다.

표현주의는 전통적인 디자인 기준과는 멀어서 사람들의 건축 사고 방식을 바꿔 놓았다. 건축가는 기계보다 그림과 조각에서 얻은 아이디어를 예술 작품 디자인에 적용했다. 1950년대와 1960년대의 새로운 예술운동이었던 신표현주의는 표현주의와 비슷하게 감정적이고 주관적인 이상으로 성장했다.

주요 핵심

연꽃 사원은 신표현주의 건축의 대표 작품이다. 바하이 신앙 창시자의 아들인 압둘-바하(1844~1921)는 예배당은 9면을 가진 원형 건물이어야 한다고 규정했다. 건축가 파리보즈 사바(1948~)는 연꽃에서 영감을 받은 27개의 대리석 꽃잎을 9개씩 3묶음으로 설계했다.

시드니 오페라 하우스 **p.142** 돔 **p.172** 기둥 **p.177** 벽돌 **p.195** 대리석 **p.200**
콘크리트 **p.201** 회반죽 **p.203** 유리 **p.206** 강철 **p.209**

데 스틸 De Stijl

1917 ~ 1931

주요 건축가: 게리트 리트펠트 • 로베르트 판트 호프 • 야코부스 • J.J.P 오우트 • 코르넬리스 반 에스테렌 • 얀 윌스 • 테오 반 되스버그

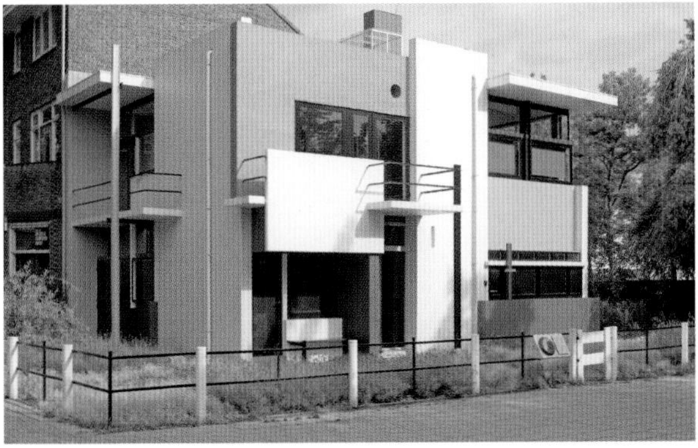

리트벨트 슈뢰더 하우스, 게리트 리트벨트, 1924~1925, 위트레흐트, 네덜란드

단순과 조화 그리고 질서를 표현한 데 스틸은 현대 양식에 발맞춰 누구나 다 이해할 수 있는 시각적인 언어로 시작했다.

화가이자 건축가인 테오 반 되스버그(1883~1931)와 화가 피에트 몬드리안(1872~1944)이 이끌었던 데 스틸은 1917년에 화가 빌모스 후사르(1884~1960)와 바르트 반 데어 레크(1876~1958) 그리고 건축가 로베르트 판트 호프(1887~1979)와 함께 미술 디자인 운동과 저널로 시작했다. J.J.P.오우트(1890~1963)와 건축가 게리트 리트벨드는 1918년에 합류했다.

이 운동은 오로지 수직선, 수평선과 검은색, 흰색 그리고 회색 등 원색 요소를 사용한 가장 기본적인 형태와 색상만으로 기능을 이상적으로 표현하려고 했다. 입체파에서 발전한 이 운동은 기하학을 중심으로 균형과 조화를 중요하게 생각했다. 데 스틸의 건축 아이디어는 네덜란드 건축가 헨드리크 배를라헤(1856~1934)와 특히 프랭크 로이드 라이트의 영향을 받았다.

건축은 평평한 지붕과 단순한 창문, 명확한 수직면과 수평면, 그리고 흰색이나 회색 바탕에 파란색, 노란색, 빨간색으로 강조한 것이 특징이다. 데 스틸은 모든 구성원이 함께 조화로운 형태를 만드는 것이 목적이었기에 바우하우스와 같은 국제 양식 건축을 이끌어나갈 중요한 선구자가 되어 빠르게 확장해 나갔다.

주요 핵심

데 스틸의 이상을 추구한 게리트 리트벨트가 지은 리트벨트 슈뢰더 하우스는 과거의 모든 건축 양식과 완전한 단절을 뜻했다. '웅장함과 개방' 원했던 트루스 슈뢰더-슈레더의 의뢰로 지어진 이 집은 수직과 수평으로 된 비대칭적인 평면에 거의 모든 내부 벽체를 움직여 열 수 있는 집이다.

리트벨트 슈뢰더 하우스 **p.128** 창문 **p.167** 테라스 **p.187** 벽돌 **p.195** 콘크리트 **p.201**
회반죽 **p.203** 유리 **p.206** 강철 **p.209**

국제주의 양식 International Style

1918 ~ 1939

주요 건축가: 르 코르뷔지에 • 리처드 노이트라 • 필립 존슨 • 샬로트 페리앙 • 아일린 그레이 • 루돌프 쉰들러

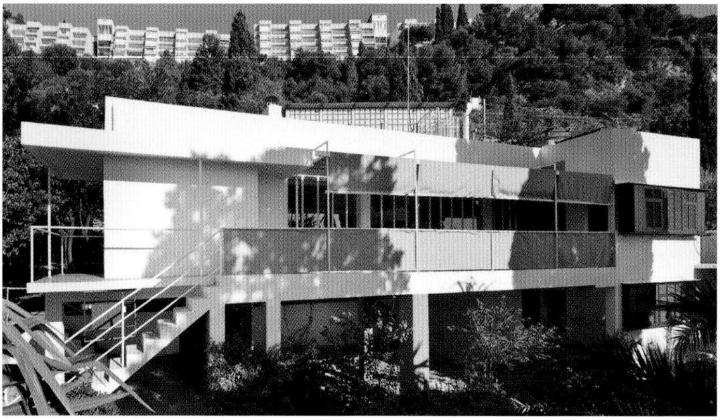

빌라 E-1027, 에일린 그레이, 1926~1929, 로크브룬 카프 마르탱, 프랑스

국제주의 양식은 제1차 세계대전 이후에 유럽에서 유행한 데 스틸, 스트림라인 모던 등 당시 최신 운동에 영향을 받아 등장했으며 바우하우스와 밀접한 관련이 있다.

이전의 거의 모든 건축 운동과는 반대로 국제주의 양식은 불필요한 장식을 없애고, 강철, 유리, 철근 콘크리트 그리고 크롬과 같은 현대산업 재료를 사용했다. 직선과 평평한 지붕, 비대칭성 그리고 흰색은 범세계적으로 현대의 상징이 되었다. 국제주의 양식은 전쟁의 아픔을 겪고나서 맑고 깨끗한 미래를 추구하는 것처럼 보였다.

1932년에 건축가 필립 존슨과 역사학자 헨리 러셀 히치콕(1903~1987)이 이름을 붙인 이 운동은 샤를 에두아르 잔느레, 즉 르 코르뷔지에가 '집은 삶을 위한 기계'라고 명확하게 표현하면서 본보기가 되었다. 1914년, 그는 강화 콘크리트 구조로 만들어진 건축을 필로티로 지지하는 실험 건축물 특허를 냈는데, 이를 '돔-이노 하우스'라고 불렀다. 그리고 1923년에 그는 '건축의 5형식'을 설명하는『건축을 향하여』를 출간했다. 건축의 5형식은 수평으로 긴 창문, 자유롭게 움직일 수 있는 벽, 필로티, 평평한 지붕 그리고 옥상 정원이 있어야 한다는 르 코르뷔지에의 신념이 담겨있다. 그는 1920년대 빌라 사보아를 포함해 파리 주변에서 이 이론을 적용한 여러 빌라를 설계했다.

주요 핵심

여성들이 진입하기 어려웠던 당시 남성 중심의 건축 세계에 건축가이자 가구 디자이너인 에일린 그레이(1878~1976)는 흰색의 L자 모양의 빌라 E-1027를 설계했는데, 이 건축물은 꾸미지 않은 큰 창문에 최소한의 장식으로 열린 실내 공간을 가지고 있다. 그레이는 또한 이 집의 가구도 디자인했다.

빌라 사보아 **p.134** 포티코/포치 **p.186** 필로티 **p.188** 캔틸레버 **p.189** 벽돌 **p.195**
콘크리트 **p.201** 스터코 **p.205** 유리 **p.206** 강철 **p.209**

바우하우스 Bauhaus

1919 ~ 1933

주요 건축가: 발터 그로피우스 • 하네스 마이어 • 한스 비트버 • 루트비히 미스 반 데어 로에 • 마트 스탐 • 마르셀 브루이어

1919년에 발터 그로피우스가 설립한 바우하우스는 예술과 디자인뿐만 아니라 산업 생산 방법에 있어서 광범위하게 기술을 가르친 독일에서 매우 영향력 있는 디자인 학교였다.

바우하우스 학생들은 건축은 물론이고 그림, 도자기, 가구 디자인, 타이포그래피 그리고 직물 디자인 등에 이르기까지 모든 것을 망라한 총체적인 디자인 접근법을 배웠다. 바우하우스는 발터 그로피우스가 창립한 이래 1919년부터 1925년까지 바이마르에 있었다가 1925년부터 1932년 사이에 데사우로 옮기면서 1928년 하네스 마이어(1889~1954)가 2대 교장 자리를 이어 받았고, 바우하우스가 베를린으로 옮기는 것을 감독한 루트비히 미스 반 데어 로에는 1930년에 바우하우스의 3대 교장을 지냈다. 이렇게 바우하우스는 세 명의 건축가 아래에서 세 도시에 존재했다.

비록 건축은 1927년 이후로는 가르치지 않았고 1933년 나치 정권이 바우하우스를 폐쇄했지만, 교직원과 학생은 전 세계로 건너가 그들의 경험을 토대로 모더니즘을 만드는데 일조하면서 이상주의적인 가르침을 계속 실천했다. 형식과 재료를 연구한 학생들은 표현을 절제할 수 있는 전문가가 되어 기능과 효율을 강조해 깨끗한 선으로 불필요한 장식이 없는 건축물을 만들었다. 대부분의 바우하우스 건축물은 평평한 지붕과 금속 프레임 창문 그리고 최소한의 배색과 기하학을 기반으로 한 콘크리트 건축물이다.

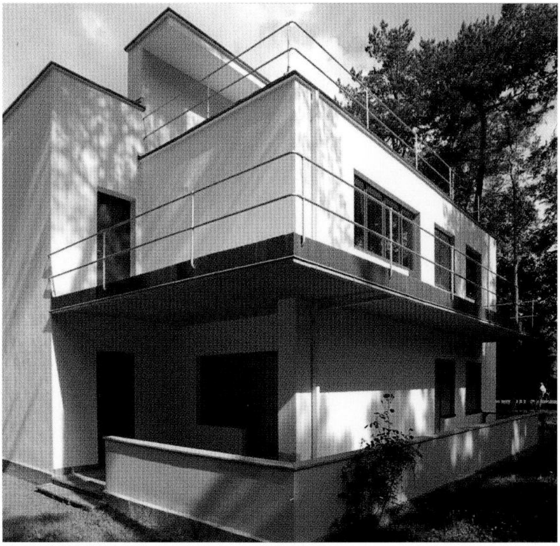

주요 핵심

그로피우스는 데사우의 바우하우스에서 반쯤 분리된 세 쌍의 바우하우스 마스터가 사는 복합 주택 건축물을 설계했다. 다른 높이로 연결된 주택은 부분적으로 밋밋한 창문과 발코니, 큰 창문과 유색이나 회색을 포인트로 한 조립식 부품으로 구성되어 있다. 이 사진은 라슬로 모홀로 나기(1895~1946)의 집이다.

라슬로 모홀리 나기의 집, 발터 그로피우스, 1925~1926, 데사우, 독일

바우하우스 빌딩 **p.130** 시그램 빌딩 **p.140** 유리 **p.167** 테라스 **p.187**
캔틸레버 **p.189** 콘크리트 **p.201** 유리 **p.206** 강철 **p.209**

아르 데코 Art Deco

1925 ~ 1940

주요 건축가: 월터 티그 • 하워드 로버트슨 • 윌리엄 F.램 • 야쓰오 마츠이 • 윌리엄 반 앨런 • 토마스 윌리스

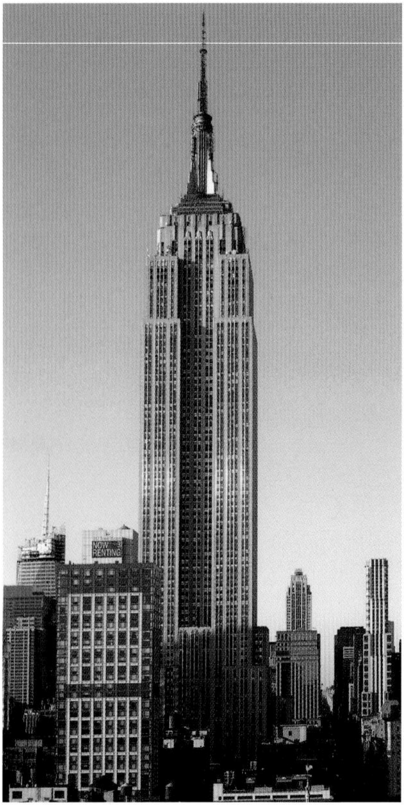

엠파이어 스테이트 빌딩, 슈리브, 램 앤 하먼, 1929~1931, 뉴욕, 미국

주요 핵심

슈리브, 램 앤 하먼 건축 회사가 설계한 뉴욕시의 엠파이어 스테이트 빌딩은 103층짜리 석회암 옷을 입은 아트 데코 고층 건물이다. 1931년에 완공한 443미터 높이의 이 건물은 고대 지구라트를 닮아 건축물 꼭대기가 계단 모양으로 생겼다. 40년이 넘게 이 건축물은 세계에서 가장 높은 건축물이었다.

세계적인 예술 양식인 아르 데코는 가구, 직물, 도자기, 장식품, 회화, 조각, 건축 할 것 없이 디자인에 관련된 모든 것을 포함했다. 아르 데코라는 이름은 1925년 파리에서 열린 전시회 이후 회고되었다.

아르 데코는 비록 제2차 세계대전이 시작됨과 동시에 끝이 났지만, 그 매력은 여전했다. 이 양식은 고대 이집트와 그리스, 로마, 아프리카, 아즈텍, 일본뿐만 아니라 미래주의, 큐비즘, 바우하우스에서도 영향을 받았다. 화려하고, 에너지가 넘치며, 모던함이 느껴지는 아르 데코의 건축 특징은 기하학을 강조한 기둥과 페디먼트, 아치 그리고 첨탑에 있다. 갈매기 모양, 지구라트, 태양 광선으로 된 얕은 부조와 각진 패턴과 같은 장식으로 대담한 색상을 종종 적용했다. 아르 데코의 두드러진 재료는 크롬과 황동, 강철, 알루미늄, 무늬 목재, 돌 그리고 스테인드글라스 등이 있다.

공공 건축물과 상업용 건축물에서 처음 사용한 이 양식은 곡선형 벽과 아치, 밝은 색의 스테인드글라스, 유리 타일, 큰 창문을 쓰는 주택 건축으로 확산했다. 아르 데코는 유람선의 화려한 스타일과 기계의 세련된 효율성에서 발전한 깨끗한 선과 최소한의 장식으로 스트림라인 모던 또는 아트 모던으로 진화해 절제된 미학을 강조했다.

크라이슬러 빌딩 **p.132** 아치 **p.173** 탑 **p.174** 기둥 **p.177** 아트리움 **p.180** 첨탑 **p.184**
대리석 **p.200** 콘크리트 **p.201** 유리 **p.206** 철 **p.208** 강철 **p.209** 알루미늄 **p.210**

지오데식 Geodesic

1926 ~

주요 건축가: 리처드 버크민스터 풀러 • 발더 바우에르스펠트 • 토마스 C. 하워드

지오데식 돔은 일반적으로 삼각형 격자 형태의 직선 그물망으로 구성된 얇은 껍질 모양의 반구형 구조이다.

무거운 하중을 버틸 수 있는 가볍고 강한 뼈대로 돔을 만들었다. 비록 지오데식 건축물은 더 일찍 발명되었지만, 건축의 미국인 공학자이자 건축가인 리처드 버크민스터 풀러가 그 가능성을 1940년대부터 활발하게 홍보했다. 최초의 지오데식 돔은 1912년 독일 기술자 발더 바우에르스펠트(1879~1959)가 칼 자이스 광학 회사에서 일하던 때 처음 천문관 설계를 시작하면서 지었다. 1923년에 예나에 있는 본사에 돔을 설치했는데, 제1차 세계대전으로 설계를 중단했다가 이내 재개했다.

전쟁 중에 바우에르스펠트는 독일과 미국에서 더 많은 샘플을 개발했지만, 1940년대에 이르러서야 버크민스터 풀러가 지오데식 돔이라고 이름을 지었다. 버크민스터 풀러는 1954년 6월에 미국 특허를 받았고, 미해병대에서 헬리콥터로 운반이 가능한 지오데식 돔을 실험하기 시작했다.

지오데식 돔은 가볍고 튼튼한 데다가 빨리 지을 수 있어서 강당, 기상 관측소, 저장 시설과 같이 특별한 목적으로 많이 사용했다. 1964년 뉴욕 세계 박람회에서 시너제틱스의 토마스 C. 하워드(1931~)는 지오데식 돔으로 파빌리온을 지었다. 건축가 버크민스터 풀러의 가장 유명한 지오데식 돔은 1982년 10월에 지어진 플로리다 월트 디즈니 월드의 EPCOT 센터에 있는 스페이스쉽 어스이다.

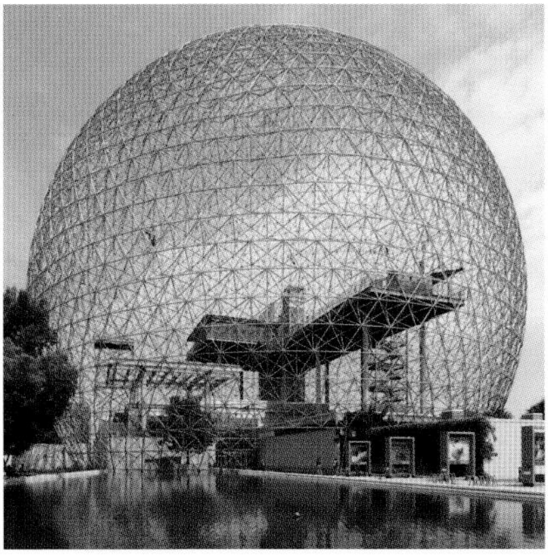

몬트리올 바이오스피어, 리처드 버크민스터 풀러, 쇼지 사다오, 1967년, 몬트리올, 캐나다

주요 핵심

1967년 캐나다 몬트리올에서 열린 세계 박람회의 전 미국관은 버크민스터 풀러와 쇼지 사다오(1927~)가 설계한 지오데식 돔이다. 현재 몬트리올 바이오스피어라고 알려져 있는 환경 박물관은 강철 막대기가 겹쳐진 삼각형과 육각형 구조물로 만들어 겉을 아크릴 판으로 덮었다.

→ 몬트리올 바이오스피어 **p.148** 돔 **p.172** 아트리움 **p.180** 콘크리트 **p.201** 강철 **p.209** 알루미늄 **p.210** 플라스틱 **p.211**

브루탈리즘 Brutalist architecture

1952 ~ 1975

주요 건축가: 폴 루돌프 • 에르노 골드핑거 • 앨리슨 스미스슨 • 피터 스미스슨 • 로드니 고든 클로린도 테스타 • 한스 아스플룬드

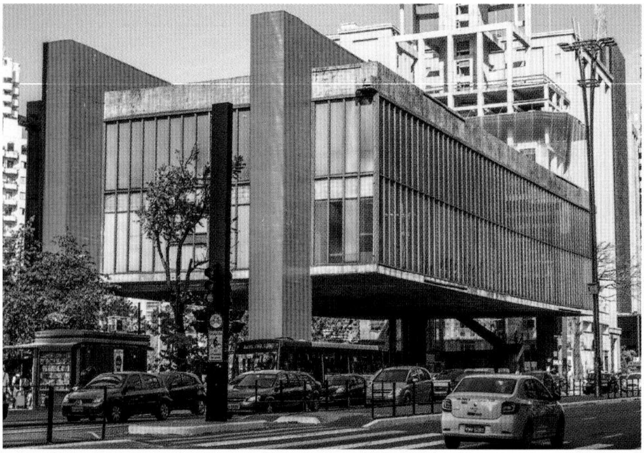

상파울루 미술관, 리나 보 바르디, 1956~1968, 상파울루, 브라질

사회적 평등에 기반을 둔 브루탈리즘은 르 코르뷔지에가 지은 마르세유의 건축물 유니테 다비타시옹(1947~1952)에서 영감을 받았다.

이 용어는 원래 스웨덴 건축가 한스 아스플룬드(1921~1994)가 만든 것으로 보이지만, 르 코르뷔지에가 유니테 다비타시옹에서 사용했던 재료인 노출 콘크리트를 의미하는 베통 브뤼라고 사용하면서 만든 것이 더 유력해 보인다. 건축가 앨리슨 스미슨(1928~1993)과 피터 스미슨(1923~2003)이 곧바로 이 용어를 사용했고, 건축 비평가 레이너 벤험(1922~1988)이 1966년에 『신부르탈리즘』이라는 책을 출판하고 나서야 많은 사람들이 사용했다.

콘크리트를 주로 사용한 브루탈리즘은 1950년대부터 1970년대 중반까지 번창했다. 콘크리트 자체는 별로 새로울 게 없었지만, 이것이 파사드에 노출되었을 때는 굉장한 파격이었다. 브루탈리즘 이전에 콘크리트는 보통 다른 재료 뒤에 숨어 있었다. 브루탈리즘에서 콘크리트를 노출한다는 것은 아무 것도 숨기거나 꾸미지 않는, 장식 자체를 부정한다는 것이다.

반복적인 모듈러 요소가 특징인 대부분의 브루탈리즘 건축은 타워 블록, 대학 건물, 쇼핑 센터 그리고 정부 청사와 같이 부피가 크고 튼튼해 보이는 건축물에서 나타난다. 전 세계의 많은 나라에서 브루탈리즘이 나타나면서 스미스슨과 에르노 골드핑거(1902~1987)는 이 양식을 초기에 지지했다.

주요 핵심

리나 보 바르디(1914~1992)는 브라질의 현대 건축 랜드마크인 상파울루 미술관을 건물이 경치를 방해해서는 안 된다는 조건으로 설계했다. 그녀는 거대한 콘크리트와 유리 구조를 공중에 띄워 아래에 있는 땅을 열어 놓는 간단하고 강력한 해결책을 만들어냈다.

해비타트 67 **p.146** 기둥 **p.177** 테라스 **p.187** 벽돌 **p.195** 콘크리트 **p.201** 글라스 **p.206** 강철 **p.209**

포스트모더니즘 Postmodern

1964 ~ 1999

주요 건축가: 로버트 벤추리 • 데니스 스콧 브라운 • 마이클 그레이브스 • 필립 존슨 • 한스 홀라인 • 알도 로시 • 찰스 무어

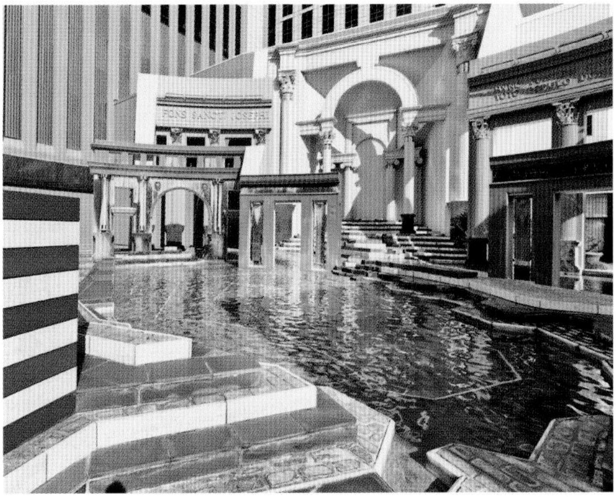

피아자 디탈리아, 찰스 무어, 1978, 뉴올리언스, 미국

주요 핵심

누구나 즐길 수 있는 '인클루시브(inclusive)' 건축 아이디어는 찰스 무어(1925~1993)가 최고 권위자였다. 그는 뉴올리언스에 거주하는 이탈리아 시민을 기리기 위해 피아자 디탈리아 광장을 설계하면서 밝은 색의 열주와 아치를 만들었고, 네온과 금속 장식으로 종탑을 만들어 이국적인 분수 주변에 굽어 배치했다.

아무도 정의할 수 없는 양식인 포스트모더니즘은 단조롭고 보수적인 모더니즘에 대항하여 20세기 말에 절충적으로 혼합한 접근법으로 나타났다.

기존의 많은 예술 운동과 마찬가지로 포스트모더니즘은 모더니즘과 완전히 상반된 양상을 보였다. 1966년에 매너리즘과 로마 바로크 건축의 독창성과 창의성을 칭송하면서 현대 디자인에 더 많은 모호함과 복잡함을 권장했던 건축가 로버트 벤추리(1925~2018)는 『건축의 복잡성과 대립성』을 출판했다. 이 책에서 그는 부드러운 강철과 유리로 만든 모더니즘 건축물은 엄격하고 지루한 것이라고 지적했다. 그는 유명한 모더니스트의 명언인 '적을수록 더 풍부하다(Less is more)'를 고의적으로 비난하면서, '적을수록 지루하다(Less is a bore)'라고 비꼬았다. 그의 이론은 포스트모더니즘의 발전에 지대한 영향을 미쳤다. 깔끔한 선을 가진 모더니즘에서 해방감을 느낀 포스트모던 건축가는 대담하고 재치있지만, 불경스럽기까지 한 디자인을 비슷한 시기에 전 세계 여러 곳에서 만들어냈다.

로버트 벤추리와 데니스 스콧 브라운은 예상하지 못한 기술과 최신 재료를 사용해서 최초의 포스트모더니즘 건축물인 바나 벤추리 하우스(1964)를 지었고, 제임스 스털링은 런던에서 가장 중요한 포스트모더니즘 건물로 유명한 No. 1 폴트리(1926~1992)를 지었지만, 그가 죽고 나서 건축물을 완공했다. 이 건축물 모두 개성있고 놀라운 건축물임에는 틀림이 없다.

→ 포틀랜드 빌딩 **p.152** 창문 **p.167** 굴뚝 **p.169** 아치 **p.173** 타워(탑) **p.174** 기둥 **p.177** 버트레스 **p.178** 박공 **p.179** 벽돌 **p.195** 콘크리트 **p.201** 유리 **p.206** 강철 **p.209**

미니멀리즘 Minimalist

1960
~

주요 건축가: 안도 다다오 • 루이스 바라간 • 존 파슨 • 류에 니시자와 • 가즈요 세지마 • 알베르토 캄포 바에자 • 클라우디오 실베스트린

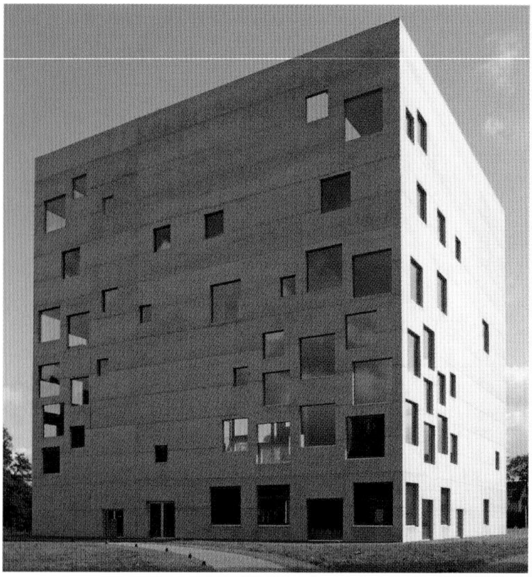

주요 핵심
독일 에센의 산업유산 지역에 지어진 경영디자인스쿨은 SANAA의 세지마 가즈요와 니시자와 류에가 설계했다. 이 건축물은 단순히 거대한 콘크리트 육면체로 된 단순한 외관에도 불구하고 내부 공간은 다양한 천장 높이를 가져 매우 다채로운 형태를 가진다.

졸버레인 경영디자인 대학원,
SANAA, 2005~2006, 에센, 독일

기능성과 명확성으로 똘똘 뭉친 미니멀리즘 건축은 데 스틸, 바우하우스 그리고 국제 양식의 계보를 이었다.

1960년대 후반과 1970년대에 절정에 달했을 때, 미니멀리즘은 형태만 단순화하는 것뿐만 아니라 모든 요소에 적용하는 것이 목표였다. 미니멀리즘 건축은 장식적인 요소처럼 불필요한 것을 배제하는 전통 일본 건축에 크게 영향을 받았고, 단순한 형태와 공간 그리고 재료로 디자인 요소를 최소화하고, 장식을 제거했다. 이런 방식으로 모든 요소를 단순화하다보면, 미니멀리즘 건축에서 남는 것은 '본질'뿐이다.

많은 건축가들은 건물과 환경의 조화를 생각하지만, 미니멀리리스트에게 있어서 단순하게 만드는 작업은 그들의 시작점이자 주요 시사점이다. 이런 방식으로 개인의 표현과 기하학 그리고 자연을 결합해서 전통적인 일본 건축 개념에 섞은 사람이 안도 다다오(1941~)이다. 그는 보통 콘크리트와 나무 그리고 단순하고 기하학적인 형태를 사용해 공간과 빛을 극대화했다. 또 다른 일본인 건축가 세지마 가즈요는 독립적으로 일을 하거나 SANAA에서 니시자와 류에와 함께 일한다. 그녀의 설계는 얇은 단면과 투명한 요소가 특징이다.

모리야마 하우스 **p.156** 아트리움 **p.180** 캔틸레버 **p.189** 돌 **p.192** 유리 **p.206** 강철 **p.209**
알루미늄 **p.210** 티타늄 **p.215**

하이테크 High-tech

1970~

주요 건축가: 노먼 포스터 • 리처드 로저스 • 렌조 피아노 • 마이클 홉킨스 • 장 누벨 • 산티아고 칼라트라바

공학과 신기술 그리고 기계의 영향을 받은 하이테크 건축은 구조를 상징적으로 노출한다.

바웰리즘 또는 구조적 표현주의라고도 불리는 이 운동은 1970년대 초에 시작되었는데, 일부 건축가가 최신 산업에 사용되는 강철, 알루미늄, 유리와 같은 가볍고 부드러운 재료를 건물 외부에 적용했다.

하이테크는 모더니즘에서 발전했지만, 이에 대한 반작용으로 파이프, 덕트, 에스컬레이터, 승강기, 그리고 내부 구조에 숨어있던 설비 요소가 장식적인 가능성으로 받아들여졌다. 노먼 포스터를 비롯해 하이테크 초기 건축가인 렌조 피아노와 리처드 로저스가 설계한 파리의 퐁피두 센터(1970~1977)가 하이테크 양식의 대표적인 건축물이다.

이와 같이 산업 시설의 외관을 표현하는데 그치지 않고, 예상하지 못한 색상으로 자유롭게 변형이 가능한 인테리어에도 하이테크 건축을 사용한다. 캔틸레버와 긴 창, 콘크리트 타워, 휘어진 벽, 노출 강철 구조물과 에어컨 덕트, 서비스 모듈, 이동식 부품, 이온 및 플러그인 서비스 포드같은 기술적인 특징에 주목해 구조적인 요소를 탐구하면 이 양식에서 쓰이는 기술이 어떻게 보다 나은 세상을 드라마틱하게 만들 수 있는지 알 수 있다.

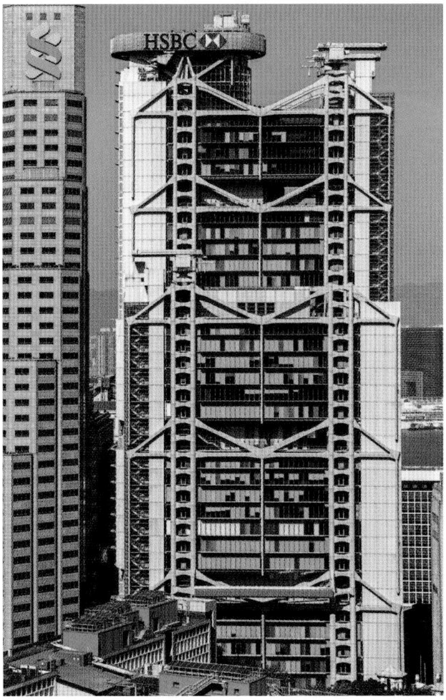

주요 핵심
노먼 포스터의 홍콩 HSBC 빌딩은 내부 지지 구조가 없어 매우 혁신적이었을 뿐만 아니라, 완공했을 때 세계에서 가장 비싼 건물이었다. 센트럴 선스쿱에 반사된 햇빛이 10층 규모의 아주 큰 아트리움으로 유입해 내부가 아주 밝다. 햇빛이 가장 중요한 조명인 것이다. 또한 외부에서 햇빛을 가리기도 해 에너지를 절약할 수 있다.

HSBC 빌딩, 포스터 앤 파트너스, 1983~1986, 홍콩

→ 퐁피두 센터 **p.150** 창 **p.167** 탑 **p.174** 아트리움 **p.180** 현관지붕/현관 **p.186** 테라스 **p.187** 캔틸레버 **p.189** 유리 **p.206** 강철 **p.209** 알루미늄 **p.210**

지속 가능한 건축 Sustainable

1970 ~

주요 건축가: 켄 양 • 에릭 코리 프리드 • 윌리엄 맥도너 • 롤프 디시 • 유진 판달라 • 글렌 머컷 • 스테파노 보에리

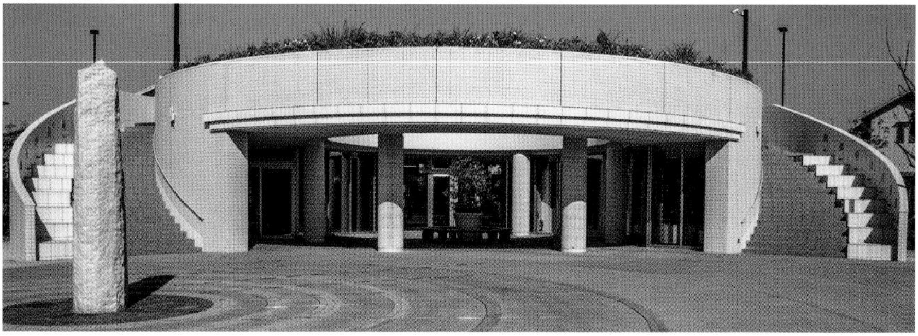

후지사와 서스테이너블 스마트 타운, 여러 건축가, 2010~2014, 후지사와시 가나가와현, 일본

지속 가능한 건축은 친환경 기술과 재료만을 사용해서 건물이 환경에 미치는 부정적인 영향을 최소화하고자 한다.

이러한 건축물은 흔히 '녹색 건축'이라 하는데 1960년대 후반 인간이 생태계를 피해를 끼치고 있다는 인식이 널리 퍼지면서 처음 나타났다. 이러한 문제를 해결하려고 일부 건축가는 여러 가지 접근 방식으로 연구하기 시작했다. 지속 가능한 건축은 효율적인 재료로 에너지 소비를 조율하면서 건축이 환경에 미치는 영향을 최소화하고자 한다. 건축물의 전체 수명 주기에 걸쳐 효율적인 에너지를 사용하는 것이 가장 중요한 목표이다. 이 건축 양식은 윤리적으로 맞는 재활용 천연 재료과 대체가능 재생 에너지원을 사용하고, 효율적인 단열로 열을 절약하며, 수동형 태양열 난방과 환기로 에어컨 사용을 줄여 화석 연료 의존에서 많이 벗어났다.

지속 가능한 건축은 형태보다 내용과 기능에 관한 것이지만 재료가 사용되는 과정을 보면 일반적이지 않다. 예를 들면, 대나무, 목재, 암석 및 탄소 섬유와 같이 하노버 엑스포 2000에서 MVRDV가 만든 네덜란드관이 그렇듯이 결과적으로 보면, 지속 가능한 건물은 대개 외관이 매우 혁신적이고 독특하다.

주요 핵심

도쿄 근처에 있는 후지사와 서스테이너블 스마트 타운은 지진 지역에서 완전 지속 가능한 도시를 만드는 것이 목표이다. 태양 전지판과 연료 개질기가 있는 모든 가정은 스마트 그리드와 연결된 지속 가능한 기술을 가지고 있다. 나뭇잎에서 영감을 받아 지은 도로는 모든 거리를 따라 공기 순환이 가능해 에어컨 사용을 줄인다.

보스코 베르티칼레 **p.158** 창 **p.167** 지붕 **p.168** 마당 **p.175** 포티코/포치 **p.186** 나무 **p.196**
대나무 **p.199** 유리 **p.206** 탄소 섬유 **p.212** 재활용 재료 **p.213**

해체주의 Deconstructivist

1980 ~ 2005

주요 건축가: 프랭크 게리 • 다니엘 리베스킨트 • 렘 콜하스 • 피터 아이젠만 • 자하 하디드 • 베르나르 추미 • 울프 D. 프릭스

구조와 표면 그리고 형태로 특징지어지는 해체주의는, 기능을 제약하기보다 형태를 자유롭게 하는데 중점을 뒀다.

1970년대 후반부터 21세기 초까지 세계 여러 지역에 등장한 해체주의 건축물은 어떤 건축이 되어야 할 것이라는 일반적인 기대를 무너뜨렸다. 많은 부분이 파괴된 것처럼 보이지만, 이것은 정밀하게 계획한 것이다. 일부 해체주의 건축물은 논리적이지 않고 일관성이 없어 보이는 반면에 또 다른 건축물은 조화롭고 유연하다. 대칭이 아니고 대부분 부서진 것처럼 보여 예측이 불가능하다. 포스트모더니즘에서 부분적으로 영향을 받은 이 양식은 구성주의와 미래주의에서도 영향을 받았다. "부드러움이 있기에 딱딱함이 존재하는 것처럼 관계가 있기에 의미가 존재한다." 주장한 프랑스 철학자 자크 데리다(1930~2004)의 이론에서 영감을 받았다. 즉, 우리는 무엇이 아닌지를 알기 때문에 사물이 무엇인지 알고 있고, 사물의 의미는 시간이 지남에 따라 변하는 것을 말한다.

그렇게 결국 해체주의는 대각선을 넣는 등 생각하지도 못한 형태로 예상과는 다르게 건축물을 짓는다. 해체주의의 대표적인 작품은 프랭크 게리(1929~)가 설계한 빌바오 구겐하임 미술관(1992~1997, 215쪽 참조)이다. 그리고 프랭크 게리와 블라도 밀루니치(1941~)와 함께 설계한 댄싱 하우스(1992~1996)도 프라하의 역사적인 환경과 극명하게 대조되는 해체주의 대표 건축물이다.

주요 핵심

1988년에 다니엘 리베스킨트(1946~)는 베를린 유대인 박물관 증축 설계를 맡았다. 그는 베를린과 그 너머에 있는 유대인 대학살의 영향을 결핍과 공허 그리고 눈에 보이지 않은 어떤 감정을 투영한 급진적인 아이디어로 설계했다. 지그재그 모양의 건물은 외부에 문이 없고, 출입구는 지하 복도에 있다.

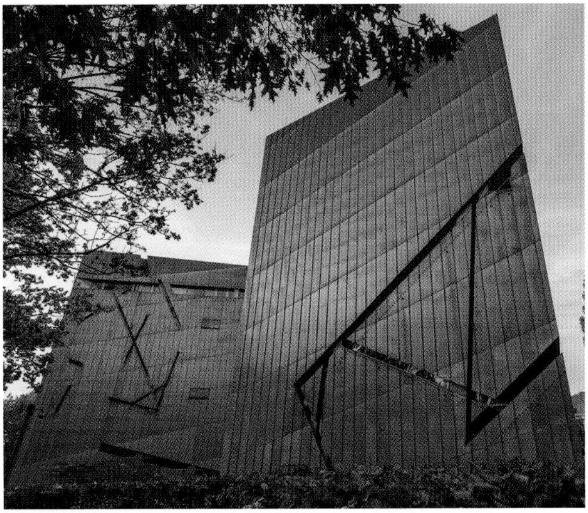

베를린 유대인 박물관, 다니엘 리베스킨트, 1992~1999, 베를린, 독일

비트라 소방서 **p.154** 아트리움 **p.180** 캔틸레버 **p.189** 돌 **p.192** 유리**p.206** 강철 **p.209**
알루미늄 **p.210** 티타늄 **p.215**

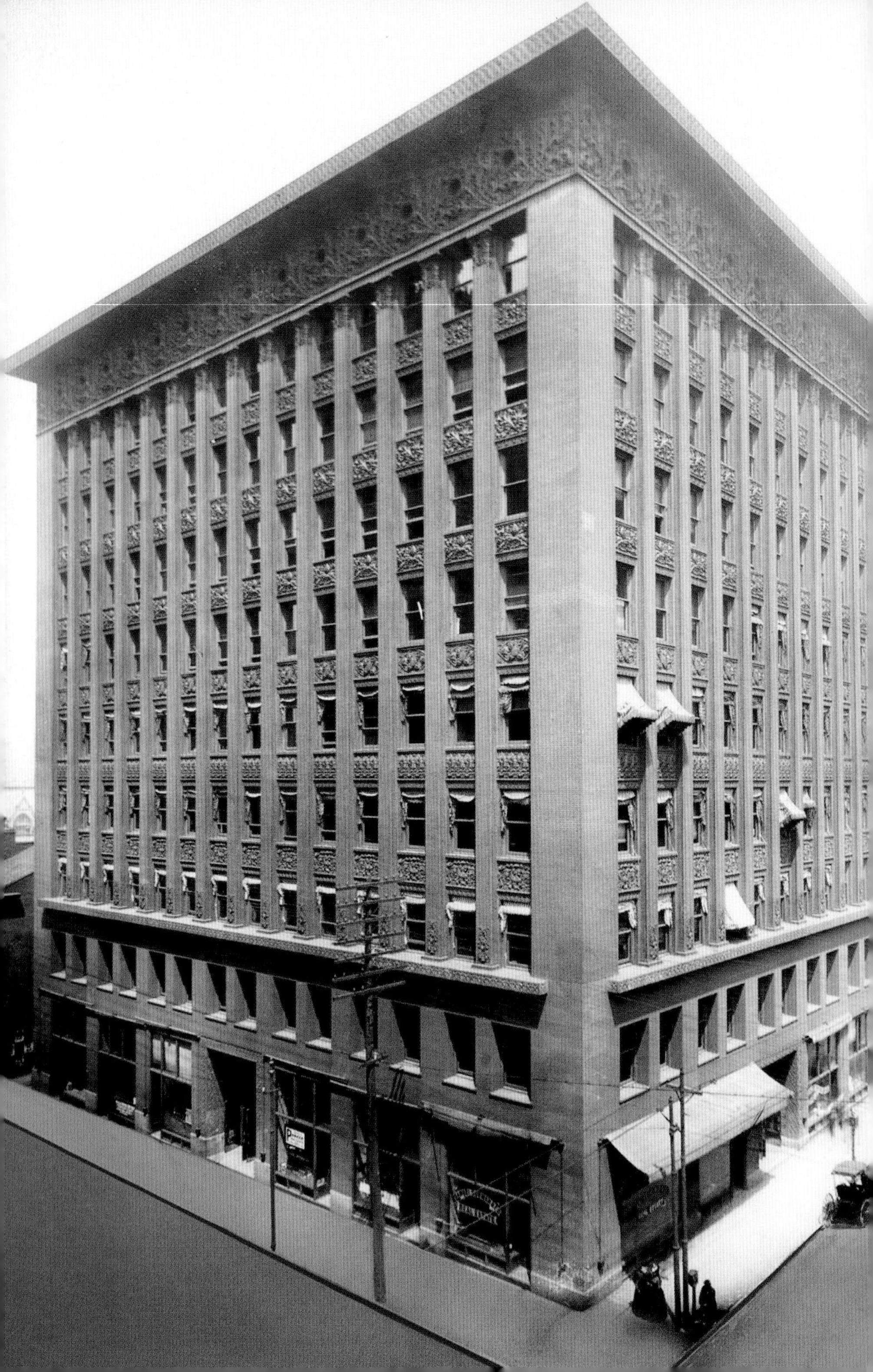

THE BUILDINGS
건축물

대 피라미드 54 • **파르테논** 익티누스, 칼리크라테스, 피디아스 56 • **산치 스투파** 58 • **판테온** 60 • **아야 소피아 성당** 이시도르, 안테미우스 62 • **비문 사원** 64 • **바위돔 사원** 라자 이븐 헤이와, 야지드 이븐 살람 68 • **프람바난** 70 • **마리아 라흐 수도원** 72 • **앙코르 와트** 74 • **크라크 데 슈발리에** 76 • **샤르트르 대성당** 78 • **알함브라** 80 • **산타 마리아 델 피오레 대성당** 아르놀포 디 캄비오, 필리포 브루넬레스키 82 • **도제의 궁전** 필리포 칼렌다리오 86 • **태양의 신전** 88 • **성 베드로 대성당** 도나토 브라만테, 미켈란젤로 부오나로티 90 • **시밤** 92 • **성 바실리 대성당** 바르마, 포스트니크 야코블레프 94 • **빌라 라 로톤다** 안드레아 팔라디오 96 • **타지마할** 우스타드 아마드 라호리 98 • **린슌카쿠** 100 • **베르사유 궁전** 루이 르 보, 쥘 아르두앙 망사르 102 • **세인트 폴 대성당** 크리스토퍼 렌 106 • **비스키르헤** 도미니쿠스 짐머만, 요한 밥티스트 짐머만 108 • **핸콕 셰이커 빌리지** 110 • **미국 국회의사당** 윌리엄 손튼, 토마스 유스틱 월터 112 • **웨스트민스터 궁전** 찰스 배리, 아우구스투스 푸긴 114 • **레드 하우스** 필립 웹, 윌리엄 모리스 116 • **노이슈반슈타인 성** 에두아르트 리델, 게오르크 폰 돌만 118 • **사그라다 파밀리아** 안토니 가우디 120 • **웨인라이트 빌딩** 루이스 설리번, 댄크마 애들러 122 • **칼츠플라츠 지하철 역** 오토 바그너 124 • **젠네 모스크** 이스마일라 트라오레 126 • **리트벨트 슈뢰더 하우스** 게리트 리트벨트 128 • **바우하우스 빌딩** 발터 그로피우스 130 • **크라이슬러 빌딩** 윌리엄 밴 앨런 132 • **빌라 사보아** 르 코르뷔지에, 피에르 잔느레 134 • **폴링워터** 프랭크 로이드 라이트 138 • **시그램 빌딩** 루트비히 미스 반 데어 로에 140 • **시드니 오페라 하우스** 요른 웃손 142 • **브라질리아 대성당** 오스카 니마이어 144 • **해비타트 67** 모쉐 사프디 145 • **몬트리올 바이오스피어** 버크민스터 풀러 148 • **퐁피두 센터** 리처드 로저스, 렌조 피아노 150 • **포틀랜드 빌딩** 마이클 그레이브스 152 • **비트라 소방서** 자하 하디드 154 • **모리야마 하우스** 니시자와 류에 156 • **보스코 베르티칼레** 스테파노 보에리 아키테티 158 • **엘프필하모니** 헤르조그 & 드 뫼롱 160

대 피라미드 Great Pyramid

BC. 2589 ~ C. 2566

기자, 이집트

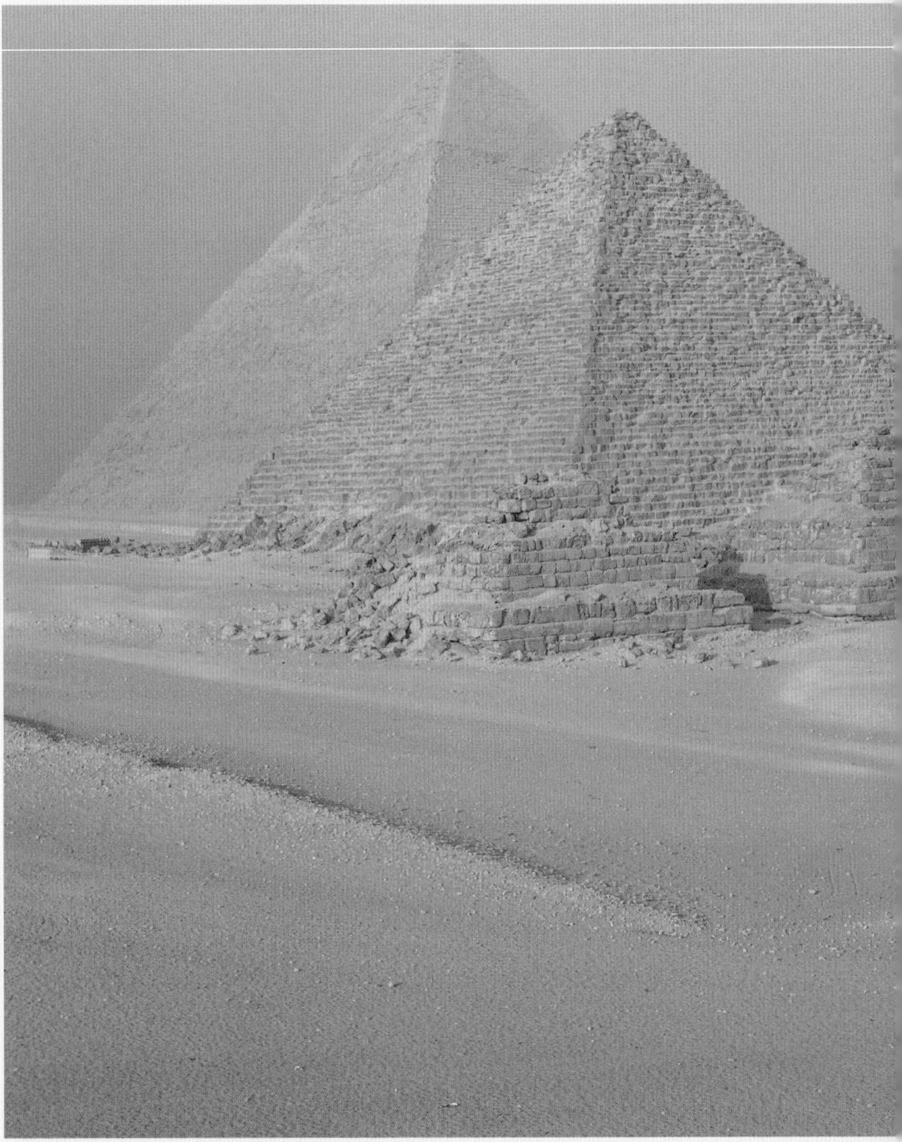

고대 이집트 p.12.

다른 주요 작품

조세르의 계단 피라미드, 건축가 미상, 기원전 2650년경, 사카라, 이집트
스네페루의 붉은 피라미드, 건축가 미상, 기원전 2600년경, 카이로, 이집트
카프레의 피라미드, 건축가 미상, 기원전 2570년경, 기자, 이집트

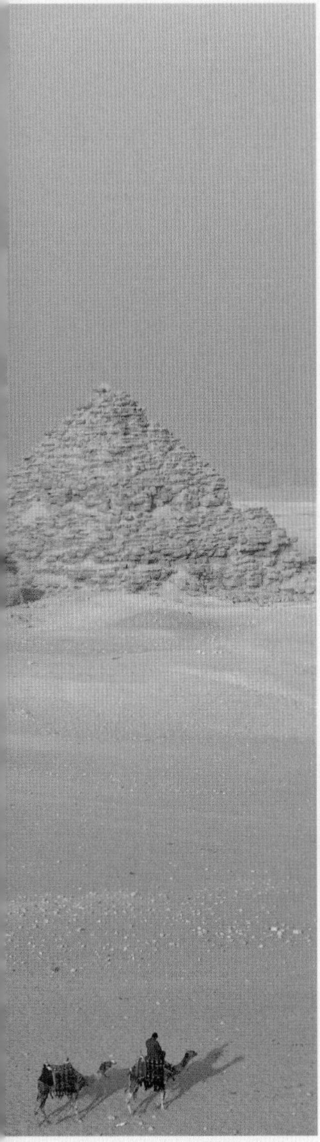

이집트 기자에 직렬로 지어진 세 개의 피라미드 중 쿠푸 또는 케옵스의 대 피라미드는 고대와 중세시대 왕국을 지배했던 왕의 가장 오래되고 큰 무덤이다.

대 피라미드는 기원전 2589년부터 2566년경까지 왕국을 통치했던 파라오 쿠푸의 무덤으로 당대의 설계에 따라 거대하고 높은 건축물로 모든 땅 위에 위엄있는 존재인 신을 우러러볼 수 있도록 건설되었다. 원래 부드러운 흰 석회암 덮개 돌로 덮은 이 건축물은 3,800년이 넘는 시간동안 세계에서 가장 높은 인공 구조물이었다. 피라미드는 높이 146.5미터, 약 230만 개 석회암으로 거대하지만 정밀하게 지어졌다. 하얀 덮개 돌은 강 건너편의 인근 채석장에서 가져왔지만, 가장 큰 화강암 돌 중 일부는 804킬로미터 이상 떨어진 아스완에서 가져왔다. 석고 모르타르를 사용해 돌을 서로 고정했으며, 피라미드의 봉우리는 아마 금으로 덮여 있었을 것이다. 이 공사는 10년에서 20년 동안 진행되었으며, 건축에 사용된 석회암은 550만 톤, 화강암 8000톤, 모르타르 50만 톤으로 추정된다. 내부에는 좁은 통로로 연결된 세 개의 방이 있다. 가장 낮은 방은 피라미드가 세워진 기반암으로 잘려있어 아직 완성되지 않은 반면에 나머지 '여왕의 방'과 '왕의 방'은 더 높은 곳에 위치해 있다.

피라미드 건축

기원전 2650년경부터 피라미드는 고대 이집트 상류층의 무덤으로 지어졌다. 첫 번째 피라미드는 계단식이었고, 종교적인 믿음에 따라 해가 지는 나일강의 서쪽 강둑에 모두 지어졌다. 피라미드를 짓기 위해 고용된 수만 명의 일꾼들은 공사가 진행되는 동안 현장 근처에 있는 큰 야영지에 머물렀다.

→ 돌 p.192 회반죽 p.203

파르테논 Parthenon

BC 447 ~ 432

익티누스 · 칼리크라테스 · 피디아스: 아테네, 그리스

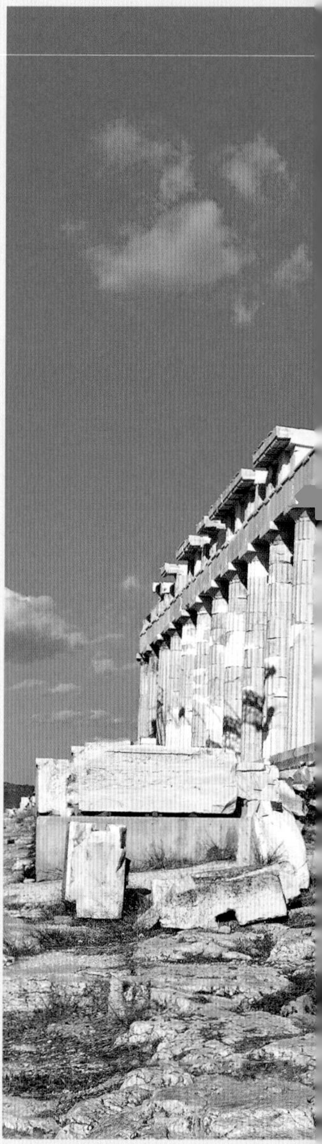

아테네에서 가장 높은 곳에 위치한 아크로폴리스의 파르테논 신전은 침략군을 물리친 업적을 선언하려고 지어졌으며, 그곳에는 아테나 여신상이 있다.

파르테논 신전은 건축가 익티누스와 칼리크라테스(둘 다 기원전 5세기 중반 활동)가 설계했고, 감독은 건축가이자 조각가인 피디아스(기원전 480~430년경)가 했다. 피디아스는 또한 아테나 파르테노스 조각상을 둘 중앙 셀라(신상 안치소, 성지)를 설계하기도 했다. 인근 펜텔리쿠스 산에서 가져온 22,000톤의 흰 대리석으로 그 어떤 그리스 신전도 이렇게 엄청난 양의 많은 조각상을 둔 적이 없을 정도로 전례없이 화려하게 신전을 장식했다.

파르테논 신전은 4 : 9의 비율로 도리아와 이오니아 두 양식이 혼합되어 지어졌다. 이 비율은 기둥의 지름과 기둥 사이의 공간, 건물의 높이와 폭, 그리고 내부 셀라의 폭과 길이 사이의 관계에서 나타난다. 그리고 기둥 가운데 배가 나오게 만든 엔타시스(배흘림 양식)는 멀리서 보면 둥글게 보이지 않고 반듯한 직선으로 보이는 착시를 의도해 완벽한 균형이 잡힌 건축물로 보이게 설계했다. 기둥은 전면에 8개, 측면에 17개로 배열되었으며, 다른 당대의 사찰 기둥 간격보다 간격이 더 가깝게 붙어 있다. 조각된 프리즈는 기존 건물 전체를 둘러싸고, 지붕은 삼나무 보와 대리석 타일로 만들었다.

익티누스, 칼리크라테스 그리고 피디아스

플루타르크 말에 따르면, 익티누스, 칼리크라테스 그리고 피디아스는 그리스 전역에서 다른 신전 여러 개를 지었다고 한다. 칼리크라테스는 정치가이자 장군인 페리클레스(기원전 494~429)가 진행한 대 건축 프로그램 기간 동안 주로 아테네에서 일했다. 피디아스는 조각으로 유명했으며, 아크로폴리스의 모든 건축과 예술 작품을 감독했다.

고대 그리스 p.14

다른 주요 작품

아파이아 신전, 건축가 미상, 기원전 490년경, 아이기나, 그리스
헤파이스토스 신전, 건축가 미상, 기원전 449년경, 아테네, 그리스
에레크테이온, 건축가 미상 기원전 406년경, 아테네, 그리스

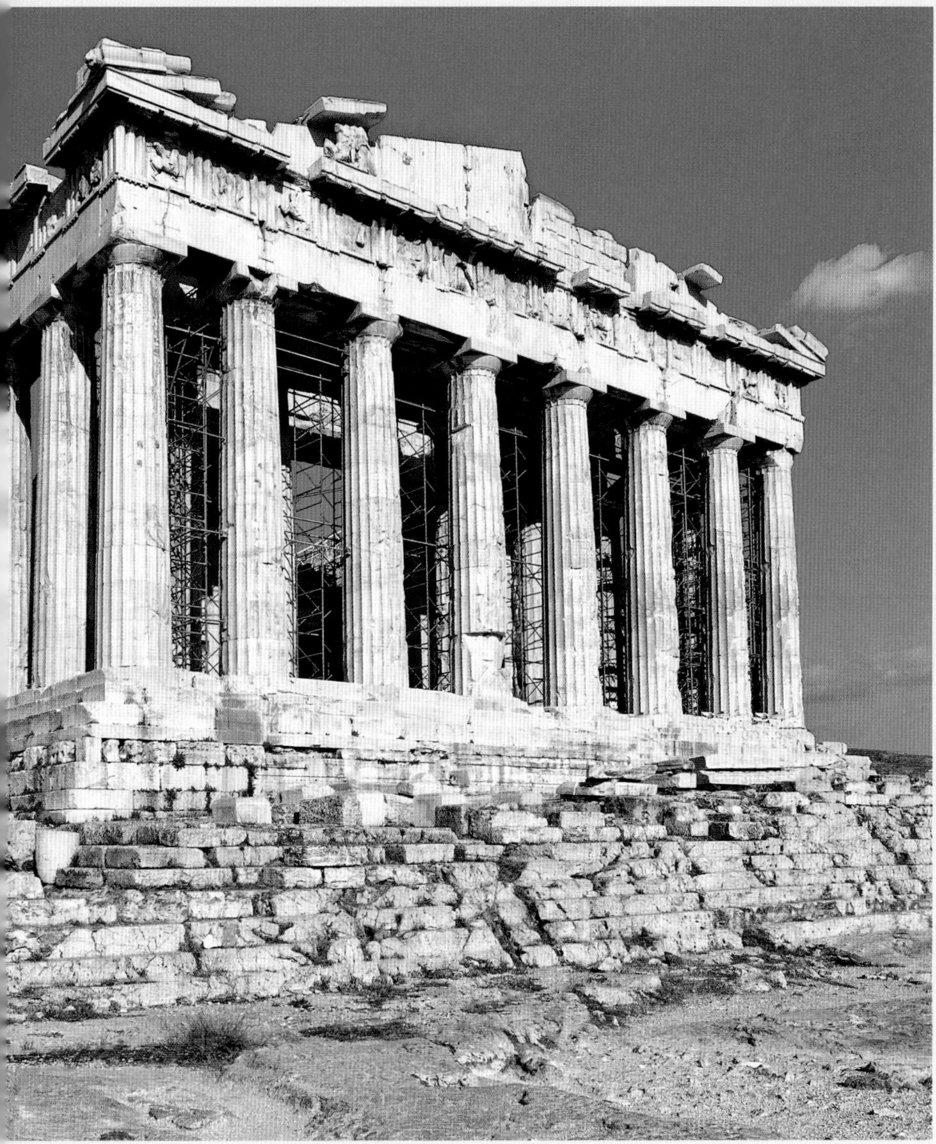

기둥 **p.177** 포티코/포치 **p.186** 나무 **p.196** 대리석 **p.200**

산치 스투파 Sanchi Stupa

마디아프라데시주, 인도

BC 300 ~ C. 100

스투파 건축

비록 지역마다 다르긴 하지만, 모든 스투파는 기본적인 세 가지 특징이 있다. 첫 번째는 단단한 코어가 있는 반구형 돔인 안다(anda)이다. 안다 내부 깊숙한 곳에는 타베나(tabena)라고 불리는 유물의 방이 있다. 두 번째는 하르미카(harmika)라는 정사각형 난간이고, 세 번째는 외부로부터 돔을 보호하는 우산 형태의 차트라(chatra)를 지지하는 중앙 기둥이다.

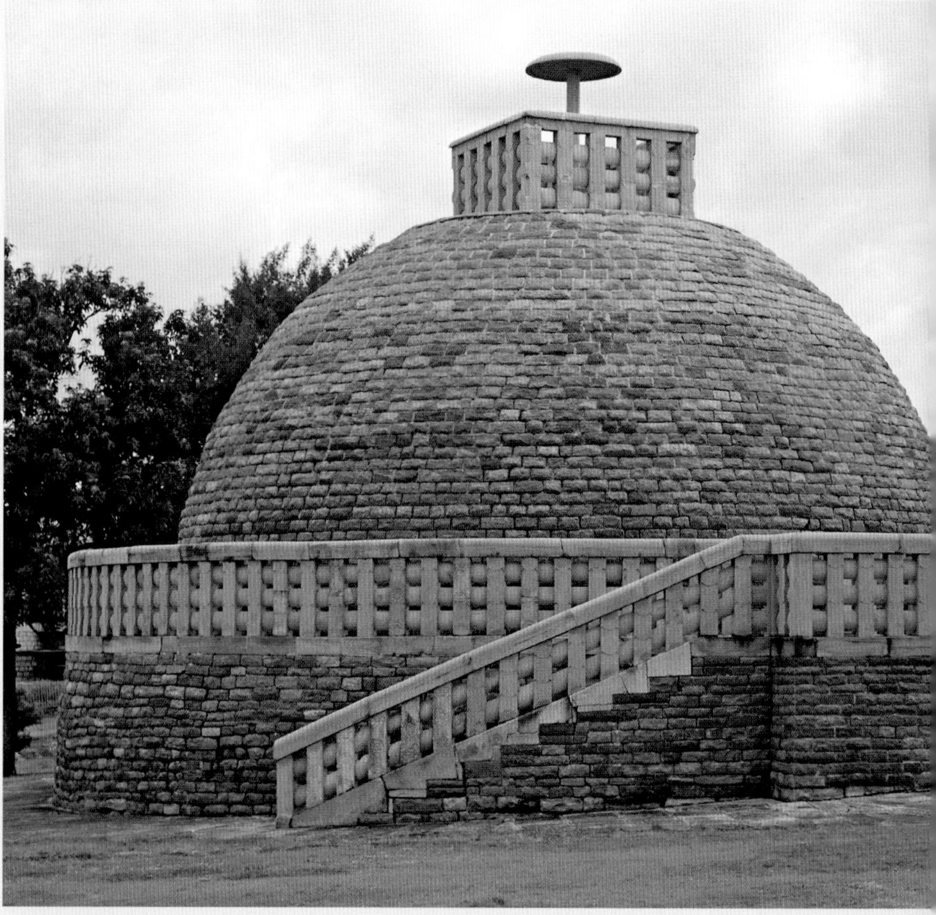

불교 p.15

인도 중부의 산치에 있는 '대 스투파'는 뒤이어 지은 다른 모든 스투파 건축의 원형이었다.

인도에서 가장 크고 오래된 석조 구조물 중 하나인 산치 스투파는 기원전 3세기에 마우리아 황제 아쇼카(기원전 304~232)가 처음 지었다가 나중에 처음 크기보다 두 배 크기로 확장했다. 오래전부터 붓다의 유적 위에 지은 것으로 믿고 있던 중앙 구조는 원래 부드러운 회반죽 층으로 덮인 석단 위에 단단한 벽돌로 만든 반구형 돔(안다)이었다. 종교적인 행사에서 보면 등불을 켤 수 있는 오목한 곳이 만들어져 있는데, 이는 지구 위를 둥글게 덮고 있는 천국을 상징하는 돔을 본 따서 만든 것이다. 돔 아래를 둘러싸고 있는 높은 난간 테라스 주변을 독실한 신도들이 시계 방향으로 맴돈다.

사방에 의식용 문(토라나, torana)이 설치된 낮은 벽(베디카)은 모든 구조물을 둘러싸고 있다. 문은 서기 1세기에 추가되었다. 동물과 난쟁이 조각상을 얹은 아키트레이브와 두 개의 사각형 기둥으로 문을 구성했다. 건물의 모든 곳을 붓다의 생애와 전생에 대한 이야기, 초기 불교 장면, 그리고 불교와 관련된 여러 상징물로 장식했다. 건축물 맨 위에는 우산처럼 생긴 구조의 차트라가 있는데, 이는 높은 지위를 상징한다.

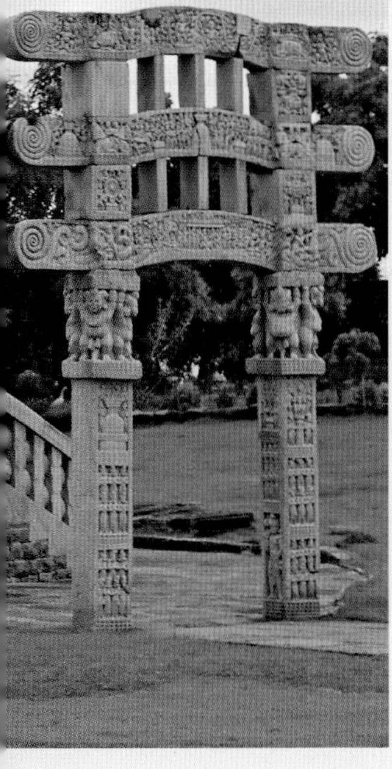

다른 주요 작품

보로부두르, 건축가 미상, 9세기, 자바 보로부두르, 인도네시아
아마라바티 스투파, 건축가 미상, 기원전 3세기 경~서기 250년경 안드라 프라데시주 아마라바티, 인도
루완웰리세야, 건축가 미상, 기원전 137년, 아누라다푸라, 스리랑카

→ 돔 **p.172** 돌 **p.192** 벽도 **p.195** 회반죽 **p.203**

판테온 Pantheon

로마, 이탈리아

AD. 114 ~ C. 124

거대한 포티코(주랑 현관) 입구와 원형 돔으로 유명한 로마의 판테온은 모든 로마 신전들 중에서도 가장 잘 보존되어 있다.

독특한 비율로 지은 세계에서 가장 큰 비보강 콘크리트 돔인 판테온은 건축 공학 업적으로 주목할 만하다. 이 건축물은 트라야누스 황제(서기 53~117) 통치 기간에 건축을 시작해서 하드리아누스 황제(서기 76~138) 통치 기간에 건축을 완공하면서 기원전 27년에 지어진 신전을 덮었다. 건물 전면에 여덟 개의 화강암 코린트식 기둥이 세 줄로 나열된 포티코는 화려하게 장식된 거대한 원형의 방인 셀라로 이어진다. 기존 사원의 셀라는 보통 직사각형 공간인데, 판테온의 셀라는 공간을 하나로 통합한 열린 아치 공간으로 공기 순환이 잘 된다.

이 돔은 지름이 44.3미터인 반구형으로 바닥에서 천장까지 높이와 정확하게 일치한다. 돔에서 움푹 들어가 있는 패널과 격자는 흥미롭기도 하지만 넓게 둘러싼 조적벽을 지탱해 하중을 줄여준다. 청동 대문이 닫히면 돔 천장 중앙에 있는 둥근 창으로 유일하게 빛이 들어온다. 판테온은 서기 609년에 가톨릭 교회로 봉헌된 최초의 신전으로 모든 신을 의미하는 곳이 되었다. 산타 마리아 아드 마르티레스로 개명된 기독교 순교자의 많은 유해는 로마 카타콤에서 옮겨져 판테온 아래에 묻혔다.

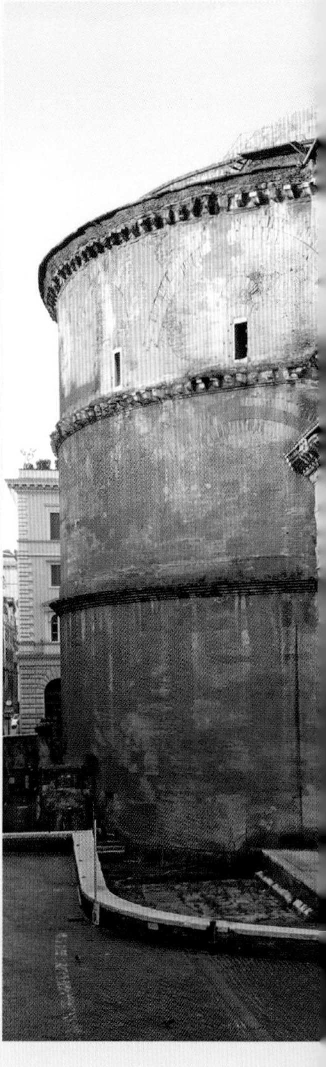

다른 주요 작품

메종 카레, 건축가 미상, 서기 2세기, 니메스, 프랑스
바쿠스 신전, 건축가 미상, 서기 150~250, 바알베크, 레바논
하드리아누스 신전, 건축가 미상, 서기 145, 로마, 이탈리아

고대 로마 **p.16**

로마 건축가

건축물을 많이 지었던 로마 건축가는 사람들에게 존경을 많이 받았다. 그들의 일은 공학, 측량, 건축을 아울렀다. 마르코 비트루비우스 폴리오(기원전 75~15)는 줄리어스 시저(기원전 100~44)를 위해 일했던 위대한 건축가였다. 그는 엄청나게 많은 건축물을 짓기도 했지만, 건축은 예술과 과학의 통일이라고 설명하고 있는 『데 아키텍투라(건축서)』를 집필해 수세기 동안 다른 후대 건축가에게 엄청난 영향을 주었다.

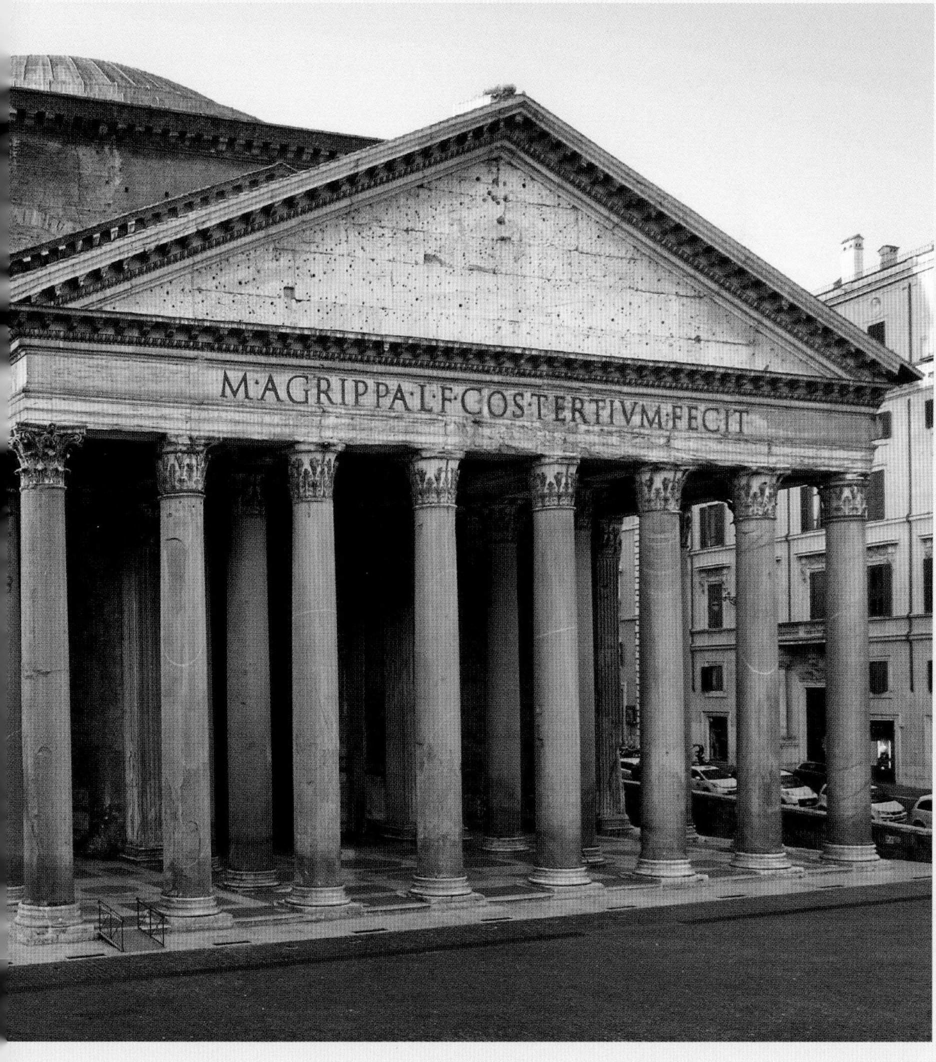

돔 **p.172** 아치 **p.173** 마당 **p.175** 기둥 **p.177** 아치천장 **p.183** 포티코/포치 **p.186**
돌 **p.192** 벽돌 **p.195** 대리석 **p.200** 콘크리트 **p.201**

아야 소피아 성당 Hagia Sophia

AD. 532 ~ C. 537

이시도르 · 안테미우스: 이스탄불, 터키

다른 주요 작품

산타 사비나 성당, 건축가 미상, 서기 422년~432년경, 로마, 이탈리아
아야 이리니 성당, 건축가 미상, 서기 548년, 이스탄불, 터키
산 아폴리나레 성당, 건축가 미상, 서기 549년, 라벤나, 이탈리아

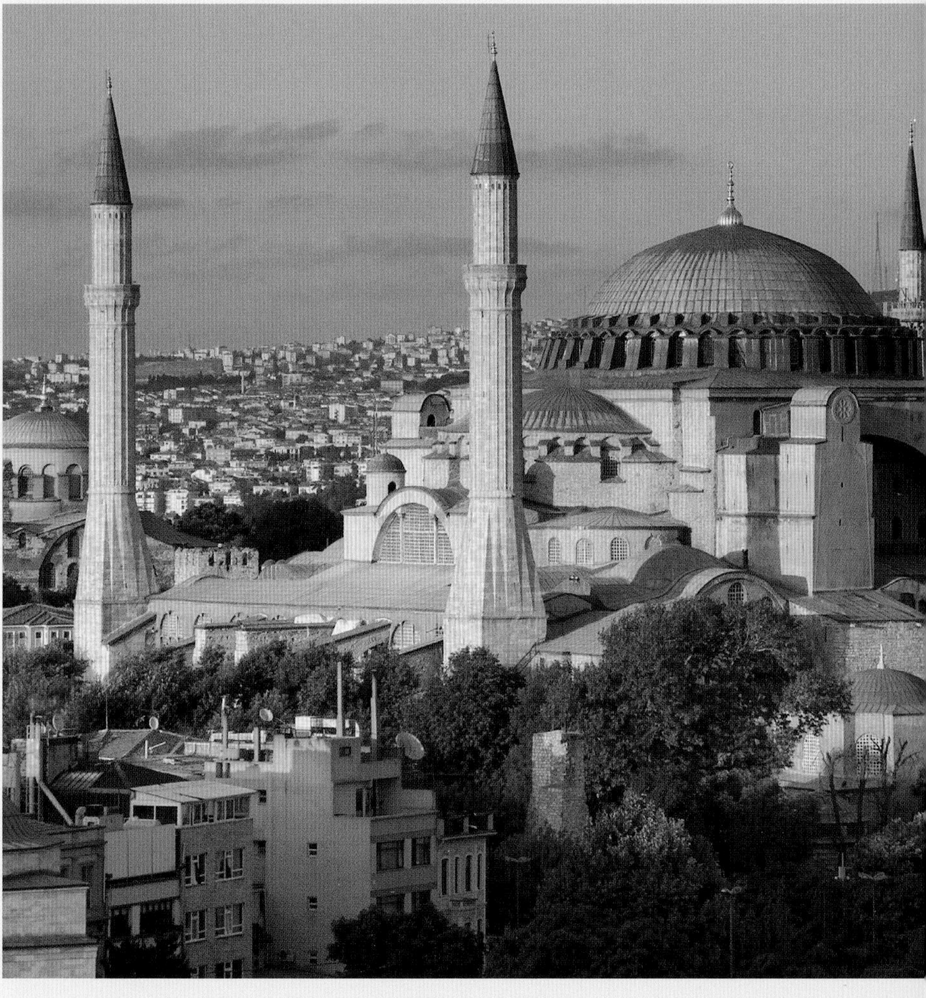

비잔틴 p.17

5세기 로마가 멸망한 후에 동로마 제국은 수도 콘스탄티노플(현재의 이스탄불) 기독교 황제들의 지배를 받으며 살아남았다.

최초의 아야 소피아 성당은 개국된 콘스탄티노플에서 콘스탄티누스 황제(272~337)가 326년에 지었지만, 나중에 유스티니아누스 황제(482~565년경)이 다시 지었다.

가로 32.5미터, 세로 56미터 크기의 거대한 돔을 가진 아야 소피아 성당은 나중에 비잔틴 건축의 원형이 되었다. 유스티니아누스 황제는 물리학자 밀레투스의 이시도르(442~537년경)와 수학자 트랄레스의 안테미우스(474~534년경)를 건축가로 선택했다. 하지만, 안테미우스는 성당이 완공되기 전에 죽었다.

완공까지 5년밖에 걸리지 않았던 이 거대한 건축물은 돔으로 만든 큰 예배 공간이 있는데, 우뚝 솟은 4개의 아치 위에서 둥근 4개의 펜덴티브 볼트(둥근 천장)가 돔을 지지하고 있다. 아야 소피아 성당은 펜덴티브 볼트로 지어진 최초의 돔이다. 벽에는 40개의 클레어스토리(고측창)가 있어 빛을 내부로 들였고, 열주에 가려진 통로는 건물을 둘러싸고 있다. 나중에 메인 돔과 지름이 같은 두 개의 세미 돔을 증축해 메인 돔을 지지했다.

16세기 들어 건축물이 교회에서 모스크로 바뀌고 나서 벽돌과 돌로 만들어진 미나레트(첨탑)가 더해졌다.

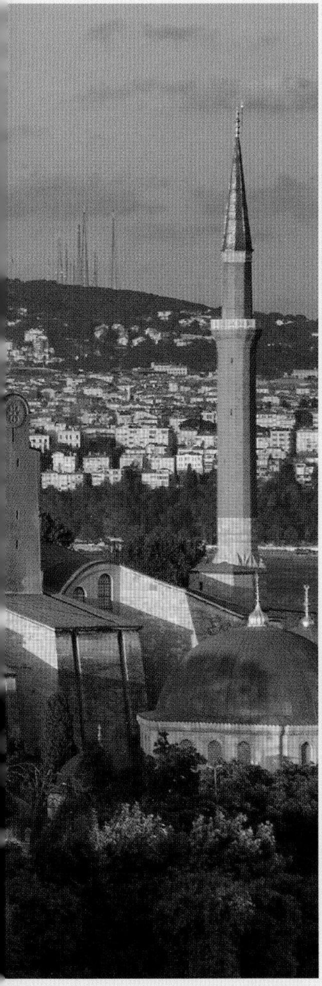

밀레투스의 이시도르, 트랄레스의 안테미우스

아야 소피아 성당을 설계하기 전에 밀레투스의 이시도르는 알렉산드리아 대학과 콘스탄티노플 대학에서 입체 기하학과 물리학을 가르쳤다. 그는 또한 그리스 물리학자이기도 하고, 발명가이기도 한 수학자 아르키메데스(기원전 287~212년경)를 연구했다. 그리고 볼트에 대한 해설을 썼다. 안테미우스는 수학자였고, 물리학자이면서 공학자였다.

→ 돔 **p.172** 아치 **p.173** 기둥 **p.177** 볼트 **p.183** 포티코/포치 **p.186** 돌 **p.192** 벽돌 **p.195** 모자이크 **p.204** 유리 **p.206**

비문 사원 Temple of Inscriptions

팔렝케, 멕시코

AD. 670 ~ C. 700

7세기 마야 유적지 팔렝케에 있는 비문 사원은 메소아메리카의 가장 큰 피라미드 구조물이다.

마야 사원 구조의 전형인 비문 사원은 7세기 팔렝케의 통치자였던 키니치 하나브 파칼(서기 603~683)의 장례 기념으로 지어졌다. 파칼은 서기 599년에 약탈당한 도시였던 팔렝케를 야심차게 재건하면서 자신의 무덤을 사원 건축에 포함했다. 비문 사원은 수백 명의 노동자와 석공 그리고 예술가를 동원해 다 짓는 데까지 수 년이 걸렸다. 파칼의 아들이자 후계자인 키니치 칸 발람 2세(서기 635~702)는 파칼의 정교한 조각 석관 작업을 이어나갔다.

9층으로 지은 피라미드는 마야의 지하 세계인 시발바의 9단계를 상징한다. 가파른 계단으로 꼭대기 단까지 올라가면 여러 개의 방이 있는 사원이 있다. 내부에는 마야 천국의 13층을 상징하는 13층 높이의 비밀 통로가 있는데, 이곳에서 파칼의 무덤으로 내려갈 수 있다. 파칼의 석관 덮개에

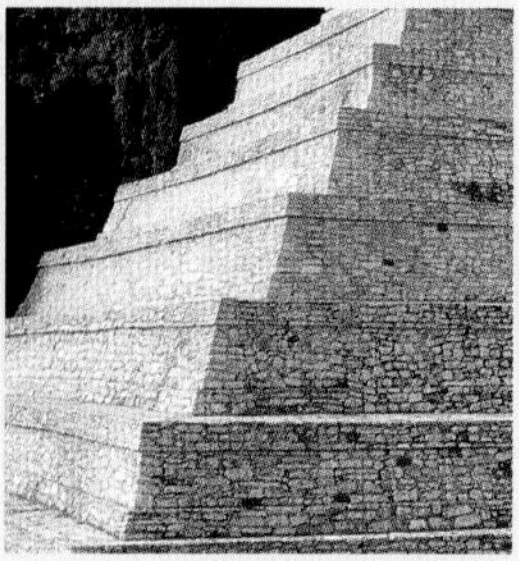

위. 원래 밝은 색 스터코로 덮여 있던 사원은 권위적인 팔렝케 왕궁 근처에 위치해 있다.

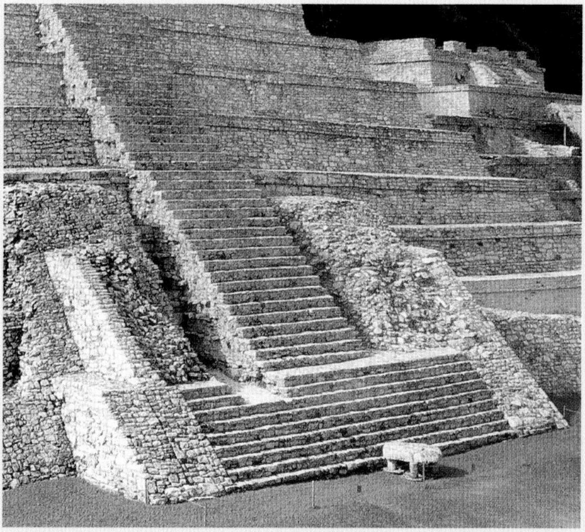

오른쪽. 피라미드의 꼭대기를 잇는 폭넓은 돌계단은 관대함을 의미해 오로지 마야 신부와 왕실에서만 사용했다. 이는 사원이 얼마나 중요한지를 보여주기 위한 것이었다.

콜럼버스 미대륙 발견 이전 **p.13**

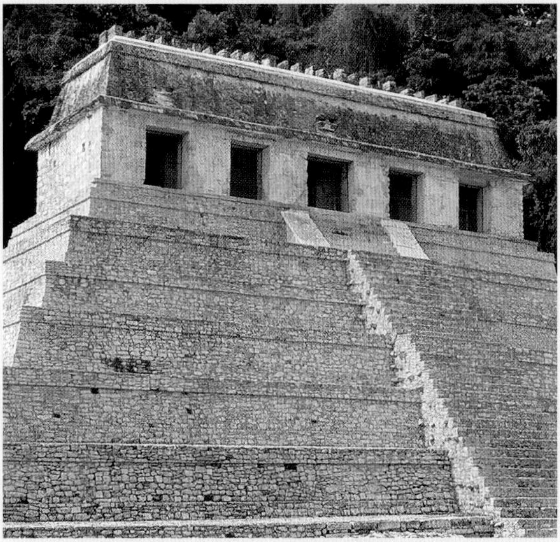

다른 주요 작품

태양의 피라미드, 건축가 미상, 서기 200~250년경, 테오티우아칸, 멕시코
재규어 대사원, 건축가 미상, 서기 730년, 티칼, 과테말라
전사의 사원, 건축가 미상, 1100년경, 유카탄, 멕시코

왼쪽. 신전 전면에 있는 4개의 교각 기둥에 마야 신과 조상의 영혼, 그리고 마야 통치자가 스터코로 장식되어 있고, 신전의 이름을 딴 비문은 내부에 있다.

는 그의 삶을 연대기로 나열한 상형문자가 새겨져 있고, 석관 안에는 비취로 만든 그의 데스마스크(death mask)가 들어 있다.

비문 사원은 고대 단어인 큰 물이라는 뜻으로 라캄하 사원이라고도 한다. 사원은 높이가 35미터로 상부에 평평하고 네모난 입구가 다섯 개 있다. 입구 옆 6개 패널에는 팔렝케의 주요 신들과 파칼의 아들 그리고 그의 어머니 삭 쿠크(재위 서기 612~615)를 상징하는 그림과 상형문자가 새겨져 있다. 사원의 둥근 지붕에는 팔렝케 건축의 전형인 빗 장식이 있다. 내부 벽은 비문으로 덮여 있었던 이유로 사원의 이름이 그렇게 붙여졌다. 비문 사원은 원래 밝은 색의 스터코로 두껍게 덮여 있었다.

마야 건축

마야인은 남부 멕시코와 과테말라 등 중앙 아메리카에서 살았고, 마야 건축가는 올멕과 테오티우아칸의 초기 메소마메리카 문화에서 영향을 받았다. 마야인은 그 지역에서 생산하는 석회암, 사암, 화산암 등을 석기로 절단해 재료로 사용했고, 진흙과 산화칼슘 시멘트를 콘크리트를 만드는데 사용했다.

돔 **p.172** 아치 **p.173** 계단 **p.176** 기둥 **p.177** 현관 지붕/현관 **p.186** 돌 **p.192** 벽돌 **p.195**

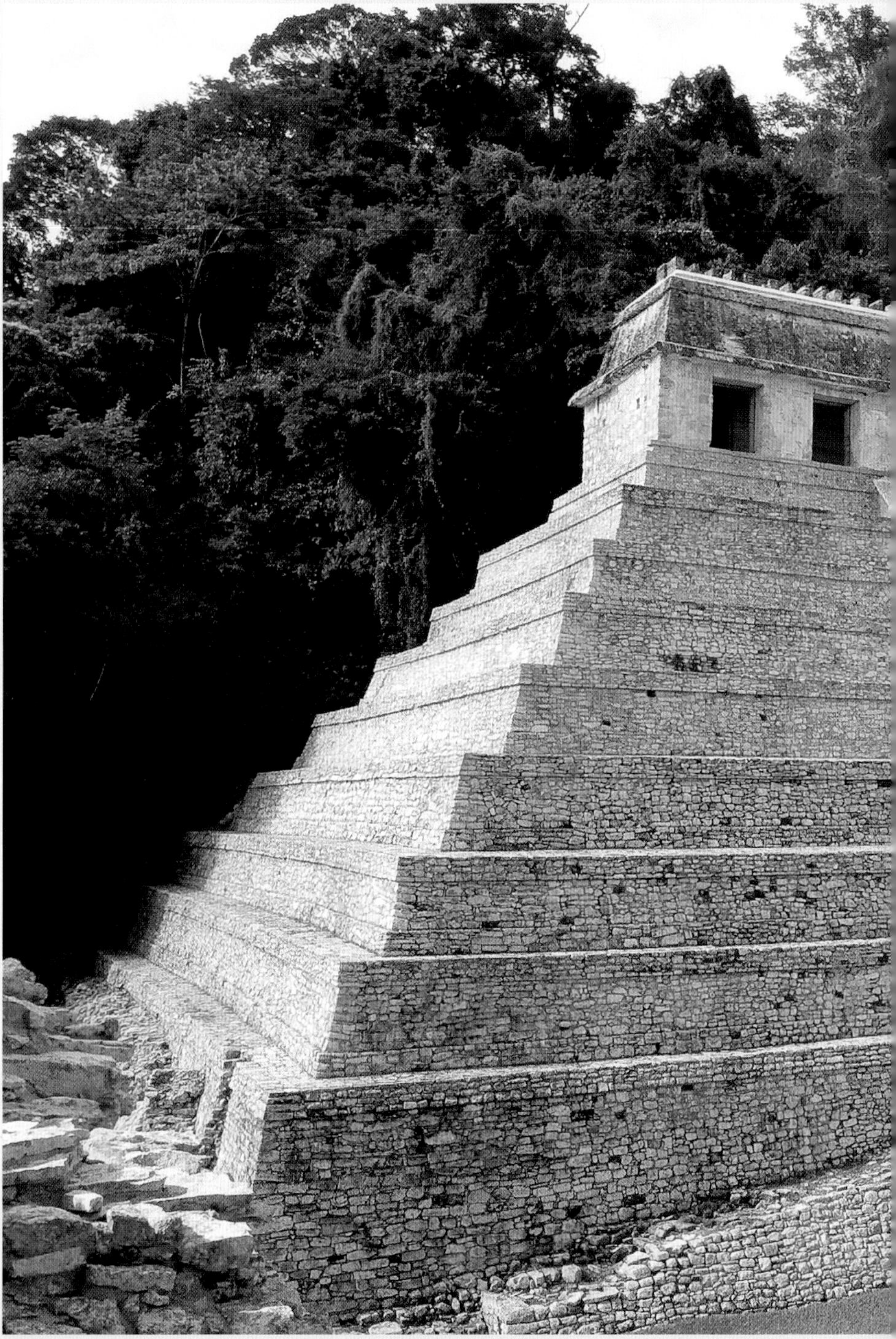

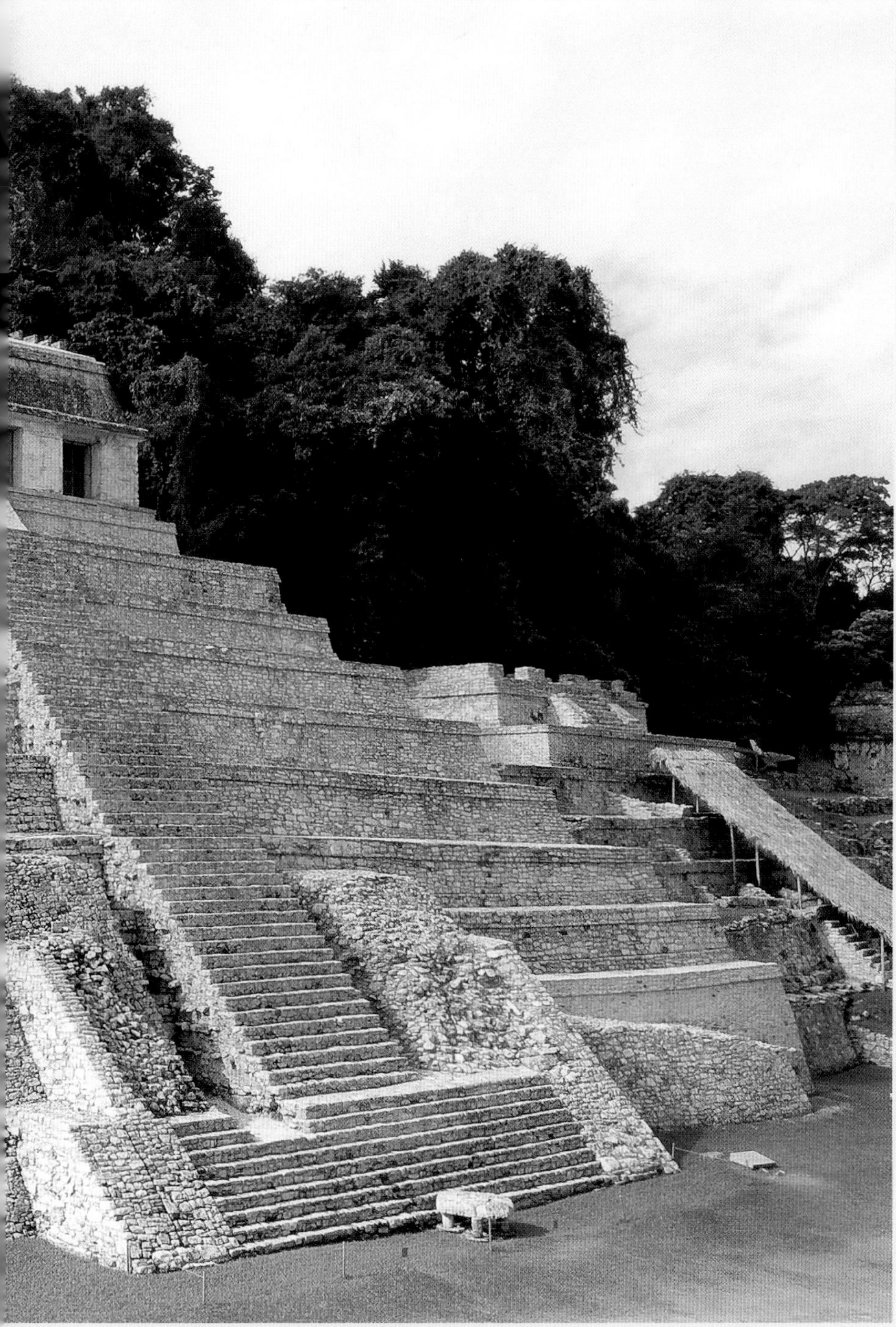

바위돔 사원 Dome of the Rock

AD 691

라자 이븐 하이와 · 야지드 이븐 살람: 예루살렘, 이스라엘

다른 주요 작품

메카의 그레이트 모스크, 건축가 미상, 서기 692년, 헤자즈, 사우디 아라비아
사우디 아라비아 이맘 후세인 사원, 건축가 미상, 서기 684년, 카르발라
이라크 이맘 레자 사원, 건축가 미상, 서기 818년, 마슈하드, 이란

유대인, 기독교인, 이슬람교도 모두에게 중요한 장소인 바위돔 사원은 아랍어로 쿠밧 알사크라와 히브리어로 키팟 하셀라라고도 한다.

예언자 모하메드가 하늘로 올라갔다고 전해지는 바위 위에 시리아 비잔틴 양식으로 지은 바위돔 사원은 아브라함이 그의 아들 이삭을 신에게 바친 곳으로 한때 솔로몬 신전이 있었던 곳이라고 한다. 고대 로마 유적지에서 가져온 4개의 교각과 12개의 교각 기둥으로 된 원형 아케이드 벽체 위로 높이 솟아있는 금 돔은 높이가 대략 35미터, 지름이 20미터이다. 돔은 원래 순금이었지만, 나중에 구리와 알루미늄으로 대체했다가 현재는 금박 알루미늄으로 마감했다.

우마이야 칼리프 아브드 알말릭(서기 646~705)이 처음 의뢰한 이 팔각형 건축물은 인근 성묘 교회의 비율과 디자인을 따랐고, 터키에서 가져온 파란색과 금색 타일이 특징이다. 이슬람 미술에서 파란색은 하늘을 나타내며 무한함을 암시하는 반면에 금은 신의 지혜를 나타낸다. 돔은 이슬람교 신앙의 완전함과 균형뿐만 아니라 모하메드가 천국으로 오르는 것을 상징하며, 돔 외벽에 있는 많은 창으로 내부에 빛이 넘쳐흘러 들어온다. 내부는 원형과 팔각형으로 된 2개의 동심원 형태이다.

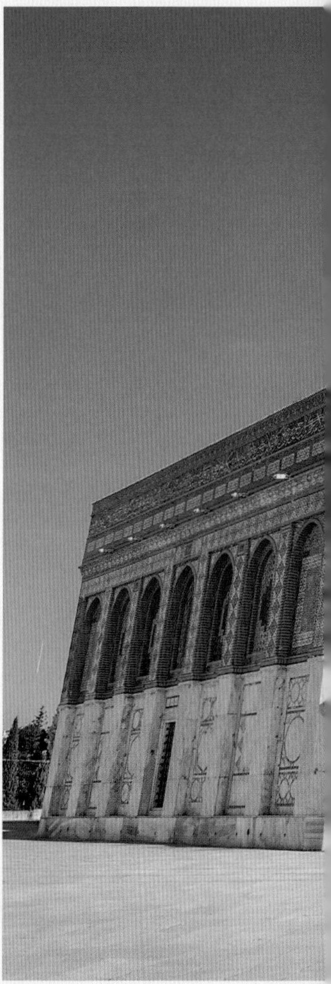

이슬람교 p.20

라자 이븐 하이와, 야지드 이븐 살람

바위돔 사원의 건축가에 대해 알려진 것은 많지 않지만, 라자 이븐 하이와(서기 730년 사망)와 야지드 이븐 살람(연대 미상)이었을 거라고 추정하고 있다. 687년과 691년 사이에 우마이야 칼리프 아브드 알말릭 이븐 마르완(재위 서기 685~705)은 두 건축가에게 그들이 사용할 수 있는 최고의 재료를 사용해 돔을 짓도록 지시했다.

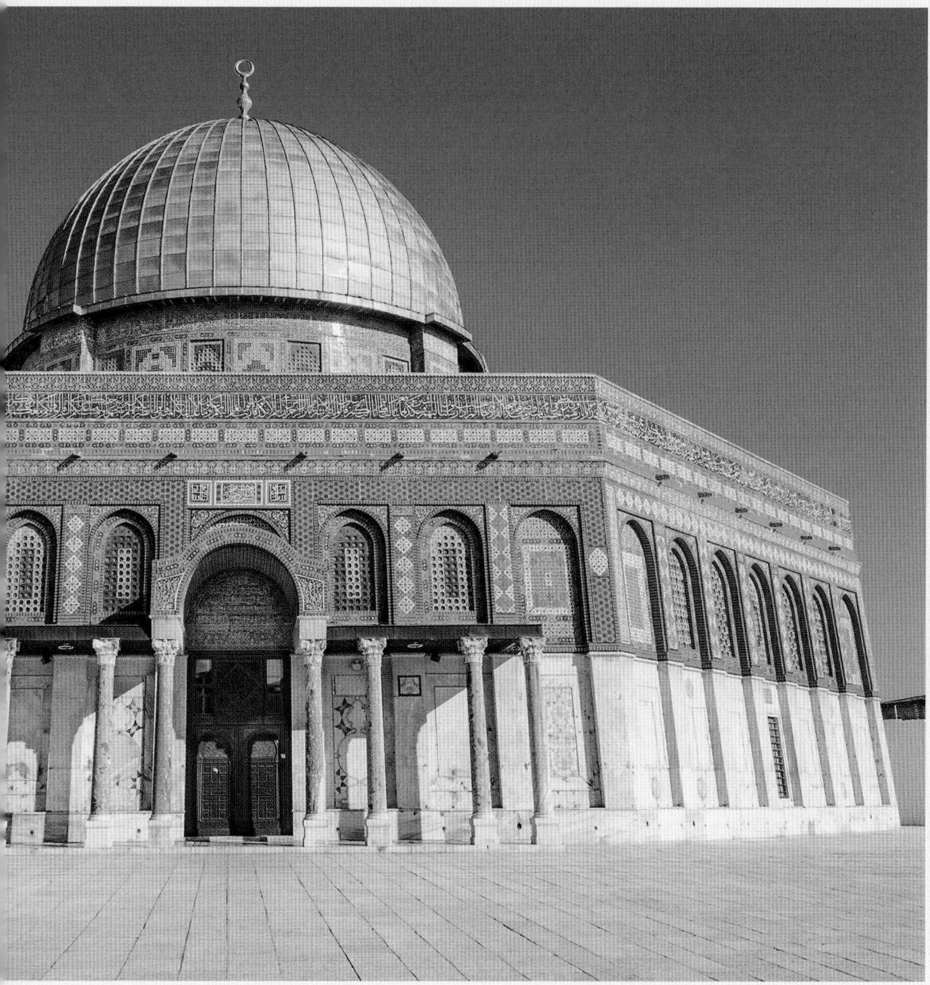

돔 **p.172** 아치 **p.173** 기둥 **p.177** 돌 **p.192** 벽돌 **p.195** 타일 **p.198** 대리석 **p.200**
모자이크 **p.204** 유리 **p.206**

프람바난 Prambanan

자바, 인도네시아

AD 855

9세기 인도네시아의 사원 단지인 프람바난은 욕야카르타와 중앙 자바 국경에 위치하고 있다.

프람바난은 중부 자바에서 힌두교 산자야 왕조의 권좌 복귀를 기념하기 위해 지어졌을 것으로 추측된다. 거의 한 세기 가까이 불교가 인도네시아를 지배한 뒤에 라카이 피카탄 왕(재위 서기 838~850)은 시바를 기리는 사원을 지었고, 다음 통치자들이 프람바난을 복합건축물로 확장해 세 구역으로 나누었다. 프람바난의 외부 구역은 넓게 열려있고, 중간 구역은 200개가 넘는 작고 똑같이 생긴 사원이 있다. 그리고, 가장 신성한 내부 구역은 사방에 각각 문이 있는 사각형 돌담이 주요 사원과 작은 신사를 둘러싸고 있다. 신전 내부 중앙에는 시바(파괴자), 브라마(창조자), 비쉬누(보존자)로 의인화된 세 신에게 봉헌된 3개의 트리무르티 사원이 있다.

시바 사원은 높이 47미터, 너비 34미터로 단지에서 가장 높고 큰 구조물로 네 계단이 있는 사각형 기단 위에 십자가 모양으로 설계되었다. 중앙에 있는 모든 사원에는 인도네시아의 라마야나 대서사시가 담긴 부조가 복잡하게 새겨져 있다. 단지 전체에서 중앙 건물에 전반적으로 기하학 형태의 격자를 사용하는 것은 전통적인 힌두 사원 설계 방식이다. 건축 자재의 대부분이 자연 친화적이었기 때문에 기존에 남아있는 구조물이 없다.

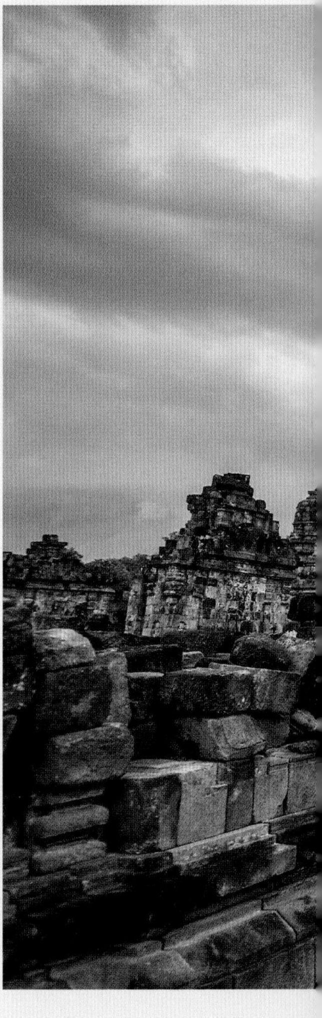

힌두교 p.19

다른 주요 작품

칸치 카일라사나타르 사원, 건축가 미상, 서기 685~705, 칸치푸람, 인도
브리하디스와라 사원, 건축가 미상, 1000~1010, 탄자부르, 인도
칸다리야 마하데바 사원, 건축가 미상, 1005~1030년경, 카주라호, 인도

힌두교 건축가

초기 힌두교 건축가는 단순하게 바위를 깎아 동굴 사원을 짓는 것에 불과했지만, 나중에는 거대하고 화려한 사원을 지었다. 격자형 평면 위에 네모난 형태, 우뚝 솟은 탑, 정교한 조각 장식이 있는 곳은 특정 신들의 거주지로 여겼다. 초기 건축 재료는 나무와 테라코타였지만, 시간이 지나면서 벽돌, 돌, 특히 대리석으로 변화했다.

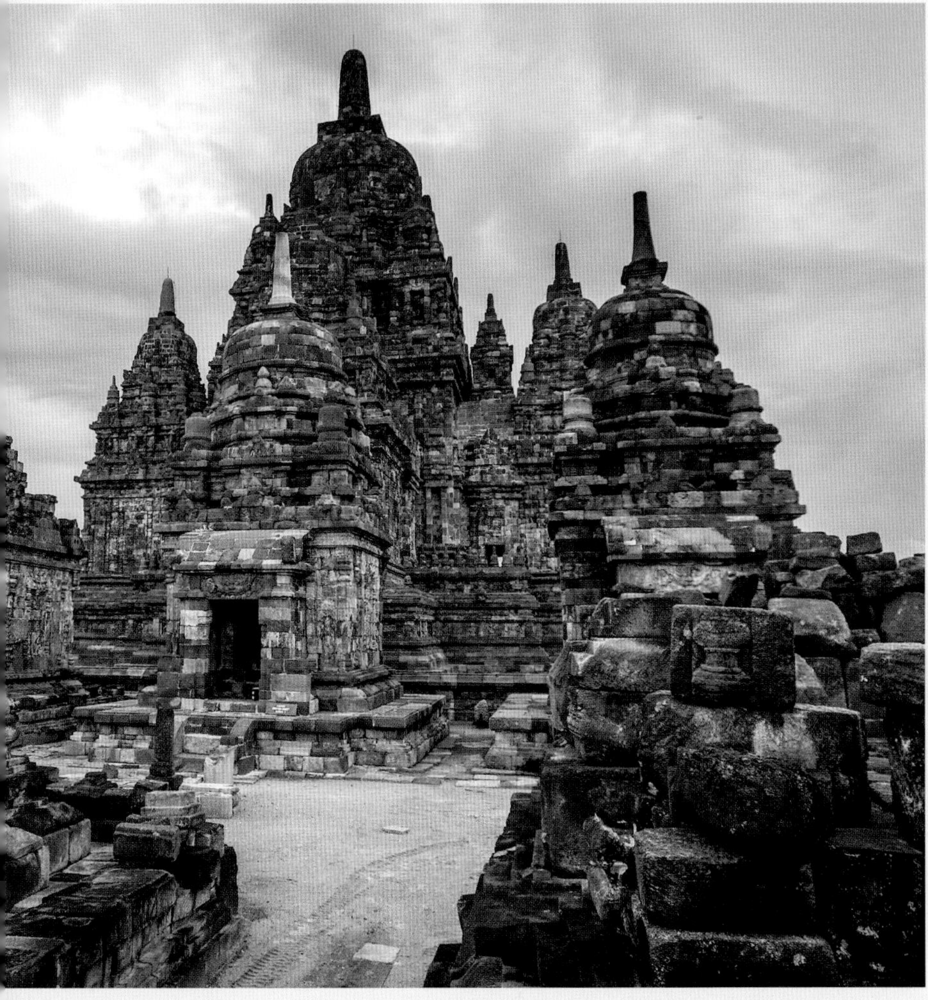

→ 탑 p.174 계단 p.176 첨탑 p.184 돌 p.192 벽돌 p.195

마리아 라흐 수도원

Maria Laach Abbey

1093 ~ 1230

안더나흐, 독일

다른 주요 작품

노트르담 라 그랑드, 건축가 미상, 1086~1150, 푸아티에, 프랑스
산티아고 데 콤포스텔라 대성당, 마에스트로 에스테반, 베르나르 더 엘더, 로베르투스 갈페리누스, 베르나르 더 영거, 1075~1211, 산티아고 데 콤포스텔라, 스페인
슈파이어 대성당, 건축가 미상, 1030~1061, 슈파이어, 독일

마리아 라흐 수도원은 독일에서 높이가 가장 높은 로마네스크 교회 중 하나로 큰 화산 호수인 라허호 남서쪽 해안에 서 있다.

라인팔츠 백작인 하인리히 2세(1095년 사망)와 그의 아내 아델하이트(1100년 사망)가 1093년에 설립한 이 거대한 베네딕토회 수도원은 롬바르디아의 뛰어난 건축가가 현지 용암석으로 지었다. 지하실과 일부 외벽은 하인리히가 죽었을 때 완성했지만, 5년 뒤에 아델하이트가 죽으면서 건축을 중단했다가 1152년에 건축을 재개했다. 1156년에 트리어 대주교 팔마뉴의 힐린(1100~1169년경)은 지하실과 나무 지붕으로 만든 신랑과 서쪽 성가대를 만들었다.

수도원 끝에 눈길을 끄는 3개의 탑이 각각 서있다. 서쪽 끝에는 다이아몬드 모양의 투구 지붕이 있는 가장 큰 사각 탑이 서있고, 그 옆으로 삼각형 모양의 지붕이 있는 두 개의 둥근 탑이 있다. 부르고뉴 출신의 건축 장인이 1220년과 1230년 사이에 서쪽 포치(현관)에 큰 아트리움으로 만들었고, 신랑의 평평한 나무 지붕을 돌로 된 아치 천장으로 교체했다. 현관 외부에 열주로 만든 아케이드는 내부에 있는 둥근 아치때문에 소리가 울려 퍼진다. 그랜드 웨스트워크(교회 서쪽 끝에 있는 입구 구역)는 본당과 통로의 너비보다 넓은 독일 로마네스크 양식을 따르고 있다. 디트리히 2세 폰 레멘 수도원장(1256~1295)이 나중에 고딕 양식을 약간 더했다.

로마네스크 건축가

이탈리아의 베네데토 안텔라미(1150~1230년경)와 스페인의 마스터 마테오(1150~1200년경)를 제외하면 로마네스크 건축가의 이름은 거의 알려져 있지 않지만 이들 두 명처럼 조각가가 많았다. 그들은 매스와 스케일 그리고 네거티브 스페이스에 대한 이해를 실험하는 동시에 채석공, 건축업자, 장식가로 구성된 팀을 감독했다. 교회 신자들은 보통 재정 관리를 담당했다.

로마네스크 **p.24**

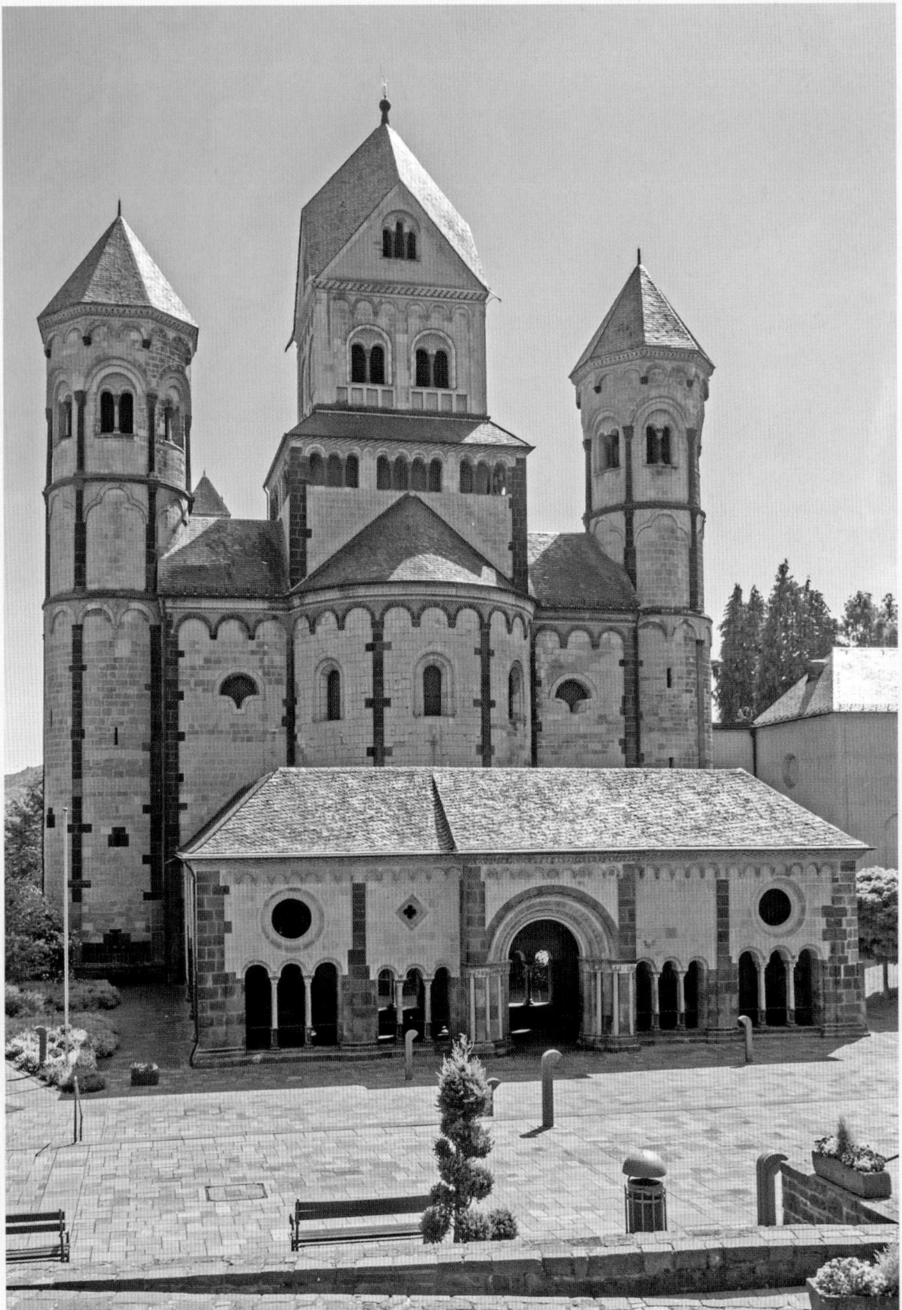

탑 **p.174** 마당 **p.175** 기둥 **p.177** 아트리움 **p.180** 볼트 **p.183** 돌 **p.192**
벽돌 **p.195** 회반죽 **p.203** 유리 **p.206**

앙코르 와트 Angkor Wat

시엠립, 캄보디아

C. 1113 ~ C. 1150

서쪽을 바라보고 있는 앙코르와트 사원 단지는 12세기에 지어진 이후에 현재까지 계속 사용되고 있다. 원래는 힌두교의 신 비쉬누에게 바친 건축물이지만, 나중에 불교에서 사용할 수 있게 바뀌었다.

수리야바르만 2세(재위 1113~1150)는 크메르 제국의 왕이 되자마자 앙코르 와트 건설을 시작했다. 앙코르와트 사원의 중심은 힌두신의 고향인 메루 산을 상징하고, 다섯 개의 탑은 산의 다섯 봉우리를 상징하며, 열주식 플랫폼 위 피라미드는 우주의 구조를 상징한다. 탑들은 다른 층에서 아케이

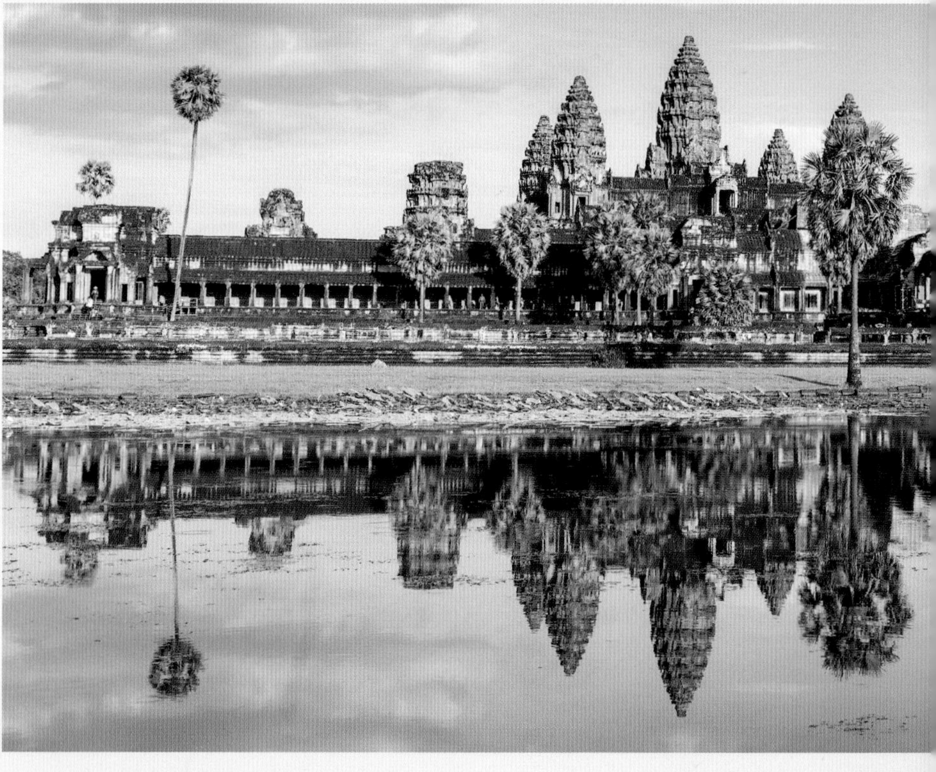

불교 p.15 힌두교 p.19 크메르 p.23

드로 만든 벽 뒤에 서있고, 서쪽 외벽 문에서 본당 경내까지는 긴 둑길로 이어졌다. 단지 주변에 있는 넓고 네모난 해자는 신화에 나오는 것처럼 지구를 둘러싼 바다를 상징한다. 두 채의 작은 돌 사당은 중앙에 있는 둑길과 인접해 있다.

사원 전체가 본당으로 가는 갤러리의 모든 면을 덮고 있으며, 본당으로 올라가는 것은 실제로 산봉우리로 올라가는 것을 반영한 것이다. 거의 2,000제곱미터 넓이의 인방, 프리즈, 페디멘트가 있는 벽에는 힌두교의 서사시인 라마야나와 마하바라타가 부조로 묘사되어 있다. 앙코르 와트의 대부분은 사암과 태양과 공기에 노출되면 빠르게 굳어지는 지역에서 나온 점토인 라테라이트로 지어졌다.

크메르 건축

조각품, 조각상 그리고 부조가 풍부한 것으로 알려진 크메르 건축은 대략 9세기 초부터 15세기 상반기까지 번창했다. 크메르 건축가는 원래 인도에서 들어온 종교와 정치사상을 엄격하게 고수했지만, 앙코르 와트 테라스 위에 서있는 회랑 사원과 같이 현지에 적응했다.

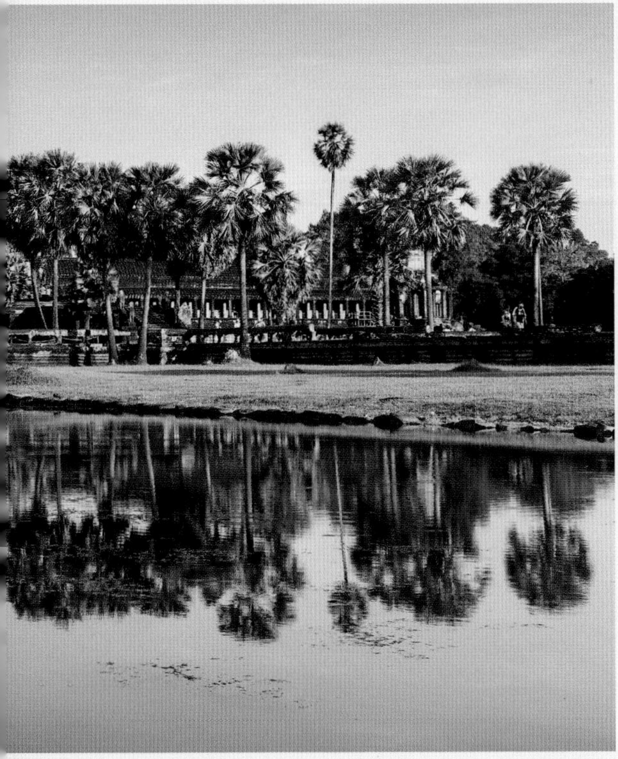

다른 주요 작품

프레룹 사원, 건축가 미상, 서기 961, 시엠립, 캄보디아

반테아이 스레이 사원, 건축가 미상, 서기 967년, 시엠립, 캄보디아

타프롬, 건축가 미상, 1186년, 시엠립, 캄보디아

→ 테라스 **p.187** 돌 **p.192** 벽돌 **p.195**

크라크 데 슈발리에

Krak des Chevaliers

1142 ~ 1171

홈스, 시리아

구호 기사단

1096년부터 1272년까지의 십자군 전쟁 동안 유럽의 성 형태는 이슬람 건축의 영향을 크게 받았다. 십자군 전쟁이 시작되기 직전에 성지에서 아프고, 부상당한 불쌍한 순례자들을 돌보기 위해 구호단이 결성되었다. 십자군 원정이 시작되자 그들은 수도승이 되어 해외에 다양한 요새 본부를 지었다.

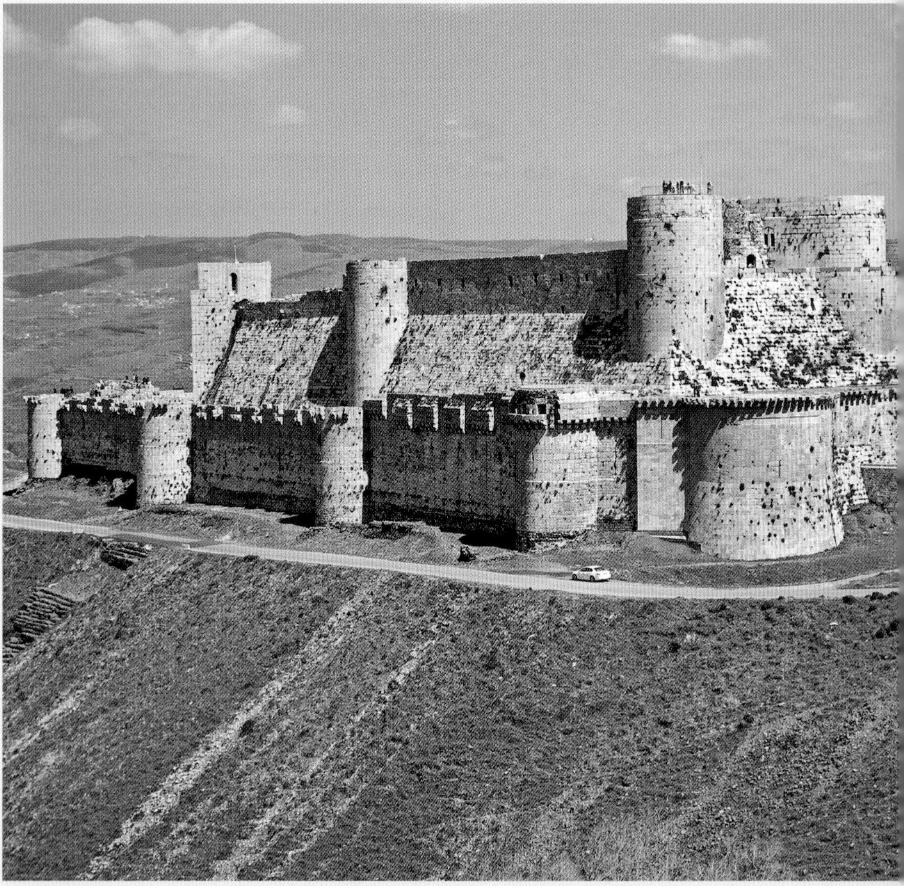

고딕 p.25

다른 주요 작품

마르가트 성, 건축가 미상, 1062, 바니야스, 시리아
케어필리 성, 건축가 미상, 1268~1290, 케어필리, 영국
보매리스 성, 제임스 오브 세인트 조지, 1295~1330, 앵글시, 영국

지역에서 가장 눈에 띄는 크라크 데 슈발리에 성은 높이 650미터 언덕 위에 서 있는 봉우리 형태의 성으로 분류되고, 외벽이 둘러져 있어 동심원 형태의 성으로도 분리된다.

원래 프랑크족이 이 성을 르 크랏이라고 불렀지만, 얼마 지나지 않아 시리아 어로 요새라는 뜻을 가진 카락이라는 단어와 함께 사용했다. 십자군 전쟁 동안 예루살렘의 성 요한 기사단이 지은 이 성은 홈스에서 안티오크, 베이루트, 그리고 지중해까지 40킬로미터 정도 거리에 있는 전략적으로 중요한 위치에 있었다. 수십 년 동안 기사단이 중동을 근거지로 사용했었던 이 건축은 유럽 고딕 양식과 중세 그리고 이슬람 군사 요소가 함께 맞물려 있다. 고딕 양식은 높은 천장과 타워, 트레이서리와 섬세한 장식, 끝이 뾰족한 아치 형태의 문과 창문이 특징이다. 13세기에는 이슬람 건축에서 영감을 받아 석락(배틀먼트를 지지하는 코벨 사이의 개구부)을 증축했다.

대부분 석회암으로 지은 성 내부에 지름이 10미터인 7개 탑을 세워 방어했다. 보호벽의 어떤 부분은 두께가 3미터가 넘는다.

중정은 식량을 채우고 말을 기를 수 있는 커다란 창고와 넓은 마구간이 아치형 공간으로 되어 있어서 필요한 경우 거주자들은 스스로 자신을 보호할 수 있었다.

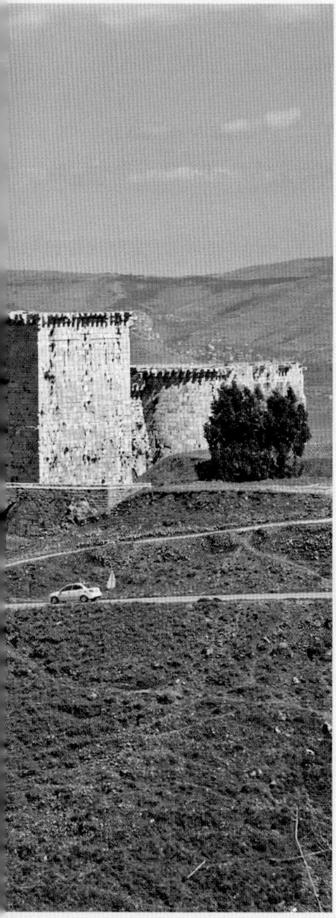

→ 지붕 **p.168** 탑 **p.174** 안뜰 **p.175** 계단 **p.176** 아트리움 **p.180**
볼트 **p.183** 돌 **p.192** 벽돌 **p.195** 회반죽 **p.203**

샤르트르 대성당
Chartres Cathedral

1194 ~ 1250

샤르트르, 프랑스

다른 주요 작품

노트르담 대성당, 건축가 미상, 1163~1345년경, 파리, 프랑스
보베 대성당, 장 도르베, 장 르 루, 고세 드 랭스, 베르나르 드 수아송, 1225~1573, 보베, 프랑스
솔즈베리 대성당, 일라이어스 드 데르함, 1220~1258, 윌트셔, 영국

파리 남서쪽에 위치한 샤르트르 대성당은 고대 켈트족의 성직자 드루이드와 로마인 모두가 숭배했던 장소에 지어진 다섯 번째 성당이며, 12세기 말에 지어진 여러 하이 고딕 양식 성당 중 최초였다.

스테인드 글라스 건축물로 유명한 샤르트르 대성당은 높이 34미터의 높은 볼트와 3,000제곱미터의 스테인드 글라스가 있다. 샤르트르 대성당이 지어지기 전에 있었던 성당이 1194년 화재로 소실되자 건축가들은 약 130미터 길이의 본당을 십자가 형태로 새롭게 설계했다. 성당은 아케이드 신랑과 통로, 방사형 제실, 아케이드 트리포리움 갤러리, 큰 클레어스토리(고측창), 랜싯 창, 둥근 창, 보석처럼 생긴 장미꽃 무늬 창이 특징이다. 육중한 플라잉 버트레스와 교각 기둥으로 거대한 스테인드 글라스 창이 있는 건축물을 지지해 엄청나게 높게 지을 수 있었다.

샤르트르 대성당의 북쪽과 남쪽 익랑 포치(현관)를 완성하는 데 1224년에서 1250년, 불과 26년밖에 걸리지 않았다. 거대한 신랑에는 성서에 나오는 장면이 현관에 부조와 조각상으로 장식되어 있다. 서쪽 끝에 서로 어울리지 않은 2개의 첨탑이 있는데, 하나는 피라미드 양식으로 기원전 1160년에 105미터 높이로 지어졌고, 또 하나는 16세기에 플랑부아양 양식으로 113미터 높이로 지어졌다.

고딕 건축가

그들 작품 대부분이 교회였기 때문에, 고딕 양식 건축가들은 밝고 통풍이 잘 되도록 수도원과 대성당을 설계하여, 그곳을 보거나 들어가는 모든 사람에게 신을 더 가까이 느낄 수 있는 감동을 안겨 주었다. 고딕 건축물은 흔히 크고 화려한 스테인드 글라스 창이 있다. 첨탑, 플라잉 버트레스, 뾰족한 아치로 외부 구조와 장식을 만든 반면, 볼트 천장으로 탁 트인 내부를 만들었다.

고딕 **p.25**

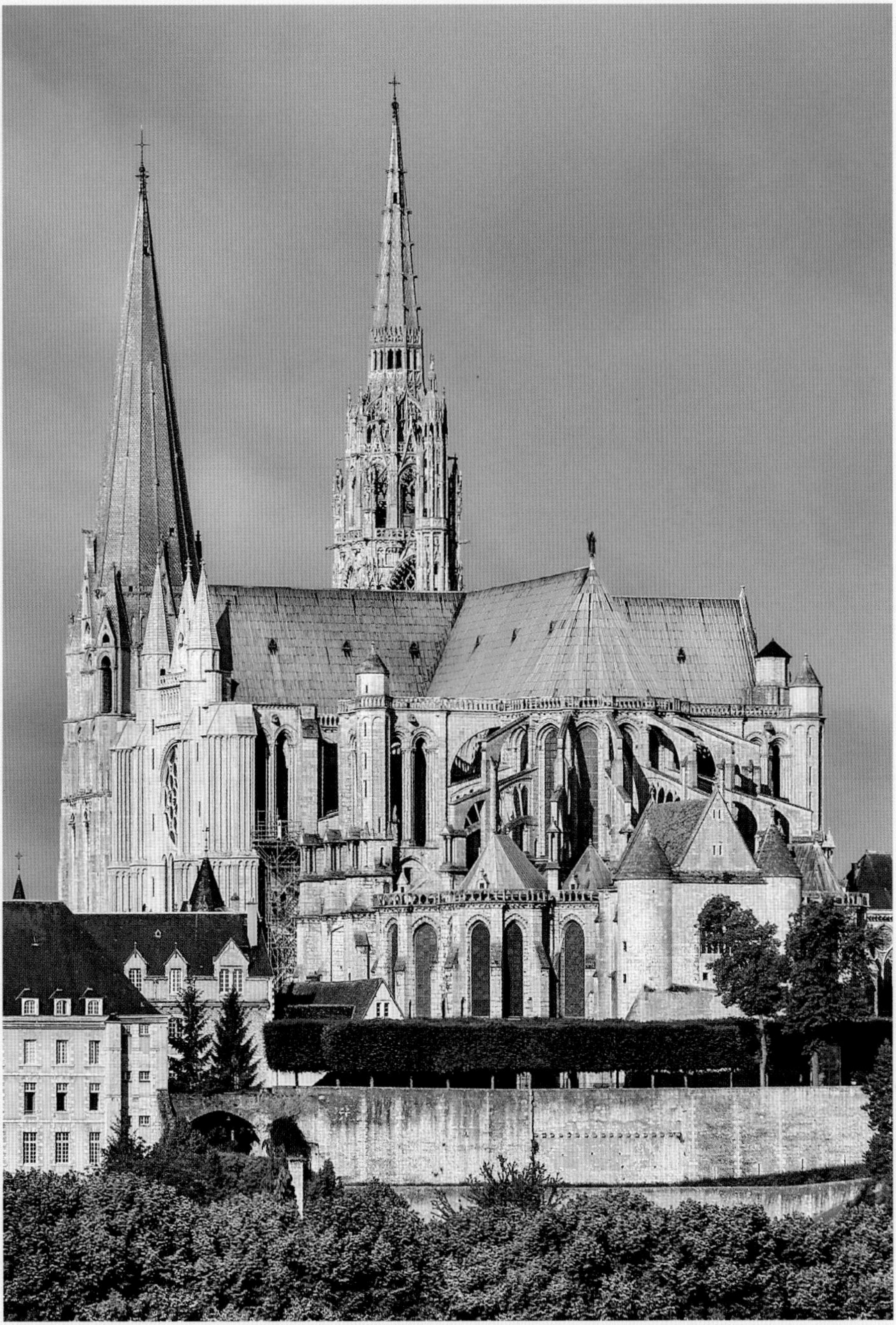

아치 **p.173** 기둥 **p.177** 버트레스 **p.178** 볼트 **p.183** 첨탑 **p.184** 현관지붕/현관 **p.186**
돌 **p.192** 벽돌 **p.195** 유리 **p.206**

알함브라 Alhambra

그라나다, 스페인

1238 ~ 1358

다른 주요 작품

알카사르, 건축가 미상, 913~1366, 세비야, 스페인
무어인의 성, 건축가 미상, 14세기, 지브롤터
헤네랄리페 궁전, 건축가 미상, 14세기, 그라나다, 스페인

알함브라 궁전의 이름은 아랍어로 붉은 집을 의미하는 알함라에서 비롯되었는데, 중세 말에 고대 모스크와 궁전 그리고 요새로 사용된 복합 건물이었다.

왕의 거주지와 법원, 의회실 그리고 모스크 등 현재까지 남아있는 대부분의 건축물은 스페인의 마지막 이슬람 술탄국인 나스르 왕조(1230~1492)를 위해 지어졌다. 무어 시인들은 알함브라 궁전을 '에메랄드에 박힌 진주'라고 묘사했다. 성벽으로 둘러싸인 독립적인 요새 도시로 계획된 알함

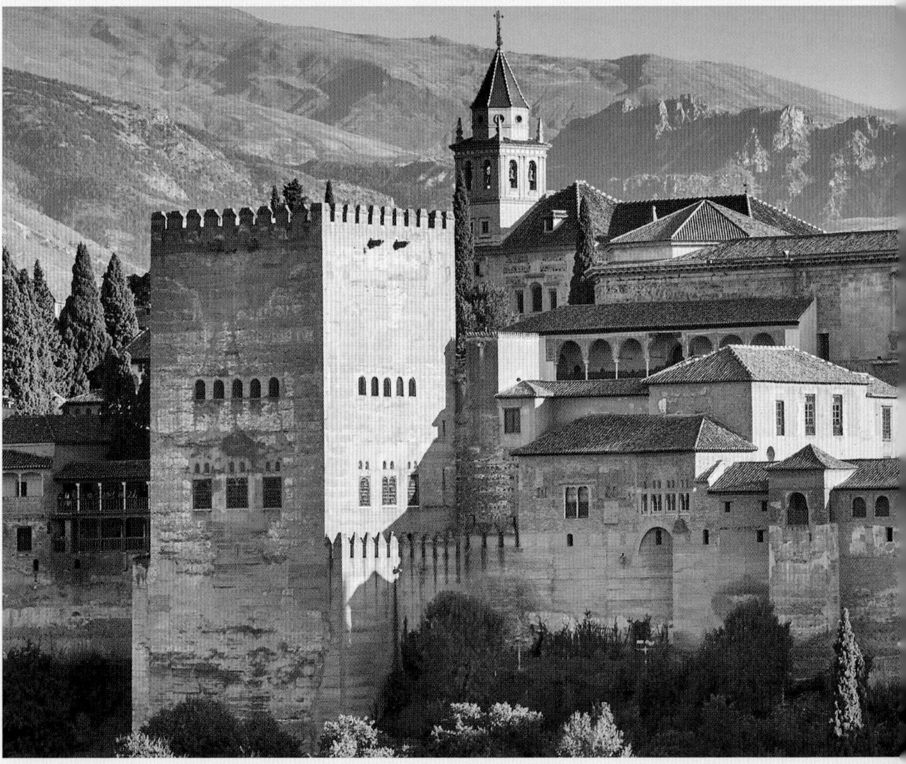

이슬람교 p.20 무어 p.22

브라 궁전은 약 30개의 탑과 4개의 큰 문이 있으며 이슬람 정부의 청사이자 술탄의 거주지로 사용되었다. 약 10.5헥타르(105,000제곱미터)의 면적에 걸쳐 확장된 이곳은 3개의 독립 구역으로 구성되어 있다. 한 구역은 군대가 주둔하는 성이었고, 다른 구역은 술탄과 그의 가족이 사는 집과 정원이 있는 궁전이 있고, 다른 구역은 정원과 행정 관리를 위한 작은 마을 메디나였다

알함브라 궁전에는 12개의 커다란 대리석 사자상 분수가 물을 사방으로 뿜어내는 사자의 정원이 있다. 펄기나무 정원 근처에 정교한 기둥으로 긴 연못을 둘러싸고 있는 아케이드는 대사의 방과 연결된다. 이 방은 나무로 만들어진 볼트 천장에 7개 교각 기둥으로 된 별 모양 패턴이 새겨져 있는데 이는 코란의 일곱 천국을 이야기한다.

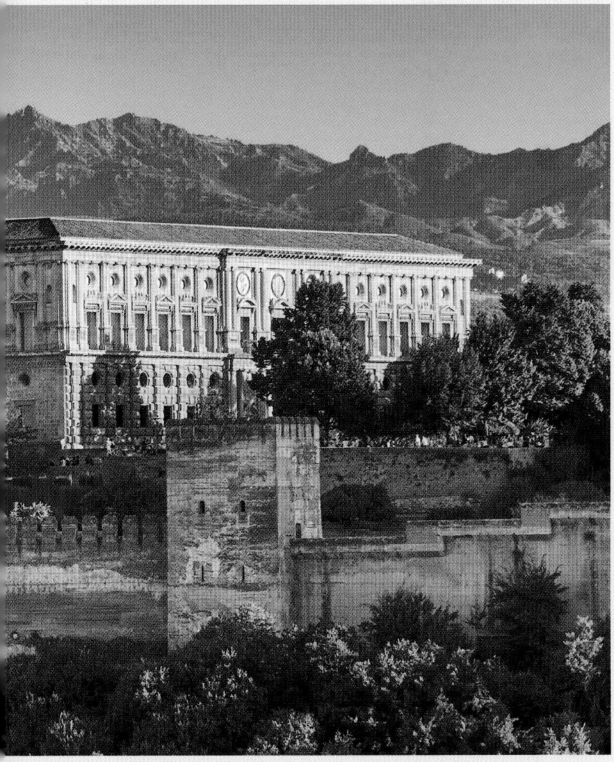

무어 건축가

스페인의 마지막 아랍-이슬람 왕조인 나스리드 통치 하에 있던 무어 건축가들은 이슬람 전통대로 바위가 많은 곳에 알함브라를 지었다. 건축가의 이름은 사라졌지만, 그들은 옅은 색의 아케이드, 분수와 물 웅덩이가 있는 뜰을 이슬람 시에서 묘사된 대로 천국을 상징해서 만들었다.

→ 아치 **p.173** 기둥 **p.177** 테라스 **p.187** 돌 **p.192** 벽돌 **p.195** 유리 **p.206**

산타 마리아 델 피오레 대성당

Santa Maria del Fiore

1294 ~ 1436

아르놀포 디 캄비오 · 필리포 브루넬레스키 · 프란체스코 탈렌티 · 지오반니 디 라포 기니 · 알베르토 아놀디 지오반니 디 암브로지오 · 네리 디 피오라반티 · 안드레아 오르카냐: 피렌체, 이탈리아

다른 주요 작품

오스페달리 델리 이노첸티, 필리포 브루넬레스키, 1445, 피렌체, 이탈리아
산 로렌초, 필리포 브루넬레스키, 1422~1470, 피렌체, 이탈리아
팔라초 메디치 리카르디, 미켈로초 디 바르톨로메오 미켈로치, 1459, 피렌체, 이탈리아

산타 마리아 델 피오레(두오모) 대성당은 주로 고딕 양식으로 설계되었지만, 르네상스 양식을 많이 받아들였다.

1294년, 피렌체 시의회는 아르놀포 디 캄비오(1240~1310)에게 '인간과 산업의 힘으로도 감히 능가할 수 없는 장엄한 스타일의 설계'를 의뢰했다. 그는 거대한 팔각형 볼트로 만든 바실리카를 설계했지만, 공간을 덮을 수 있을 만큼 큰 돔을 설계하진 못했다. 대성당의 건설을 한 세기가 넘게 수정했다. 그 후 1418년에 필리포 브루넬레스키(1377~1446)가 건축이 가능한 돔을 설계해 입찰 경쟁에서 당선되었고, 이후 돔을

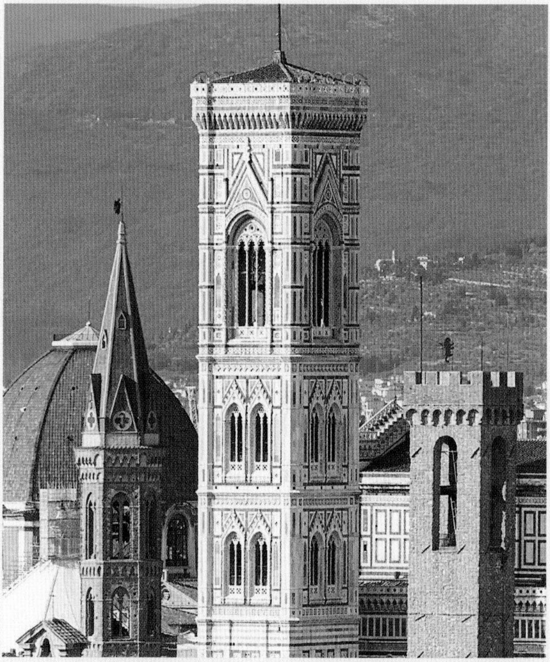

오른쪽. 조토의 종탑은 1334년부터 1359년까지 지어졌다. 높이가 무려 84미터인 캄파닐레는 당시에도 매우 높은 건축물이었지만, 조토는 캄파닐레보다 훨씬 더 높은 첨탑을 만들려고 했다. 그러나 1337년에 조토는 사망했고, 첨탑은 그대로 버려졌다.

아르놀포 디 캄비오, 필리포 부르넬레스키

원래 화가와 조각가로 유명했던 아르놀포 디 캄비오는 1266년부터 로마와 1294년부터 피렌체에서 건축가로 일했다. 비슷한 시기에 브루넬레스키는 금세공과 조각가로 일을 시작했지만, 23살 때부터 그에게는 건축 일이 점점 더 많이 들어왔다. 고대 로마의 비례와 구조에서 영감을 받은 부르넬레스키의 작품은 고딕 양식에서 르네상스 양식으로 가는 전환점이 되었다.

고딕 **p.25** 르네상스 **p.26**

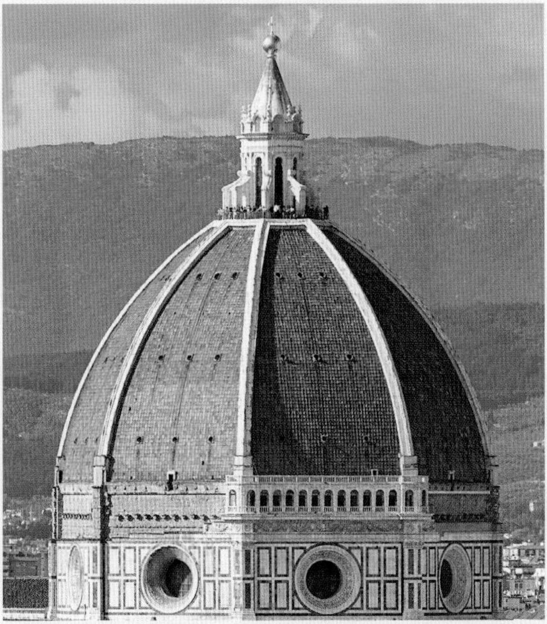

왼쪽. 돔은 헤링본 패턴으로 된 벽돌은 여러 개의 돌로 만들어진 갈빗살 사이에 고정되어 있다. 돔 꼭대기의 랜턴은 브루넬레스키가 죽고 나서 1461년에 완성되었다.

아래. 대성당의 파사드는 수직과 수평으로 된 띠와 녹색과 흰색을 띠는 곡선 패턴 대리석으로 만들어졌다. 하프돔 지붕으로 만들어진 세 개의 앱스는 대성당 동쪽 끝에 지어졌다.

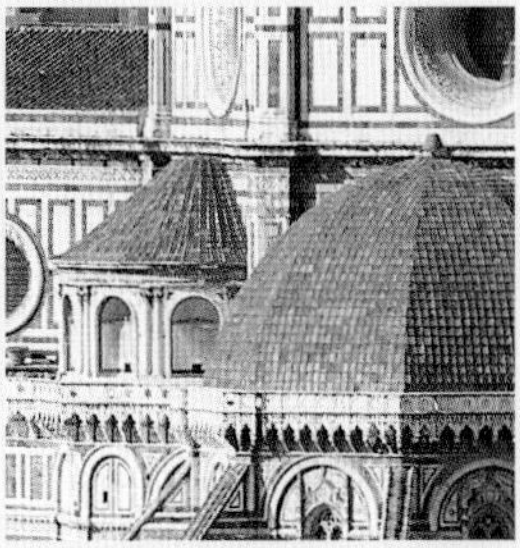

건설한 시간만 몇 년이 걸렸다. 부르넬레스키는 판테온(60쪽 참조)에서 사용된 고대 로마의 기술로 돔을 두 겹으로 설치해 자체적으로 무게를 버티는 구조를 만들었다. 해링본 패턴의 튼튼한 안쪽 벽체는 가벼운 바깥쪽 벽체를 지지해 벽을 받칠 비계가 필요없었다. 높이가 91미터에 달하는 이 돔은 지금까지 건설된 벽돌 돔 중 가장 크다.

성당 단지는 대성당, 세례당, 종탑 이렇게 세 건물로 이루어졌다. 라틴 십자가 형태로 만들어진 대성당은 중앙에 넓은 신랑이 있고, 양쪽 통로에 4개의 정방형 베이가 있다. 조토 디 본도네(1267~1337년경)와 안드레아 피사노(1290~1348)을 비롯한 수 세기에 걸쳐 캄파닐레를 지은 많은 다른 건축가들이 이 프로젝트에 참여했다. 프란체스코 탈란티(1300~1370)는 마침내 1359년에 캄파닐레(종탑)을 완성했고, 8년 뒤에 브루넬레스키의 걸작을 위한 길을 준비하면서 돔 아래 팔각형 건축물을 확장했다. 수 세기 동안 산타 마리아 델 피오레는 유럽에서 가장 큰 교회였다.

돔 **p.172** 아치 **p.173** 기둥 **p.177** 돌 **p.192** 벽돌 **p.195** 스테인드 글라스 **p.207**

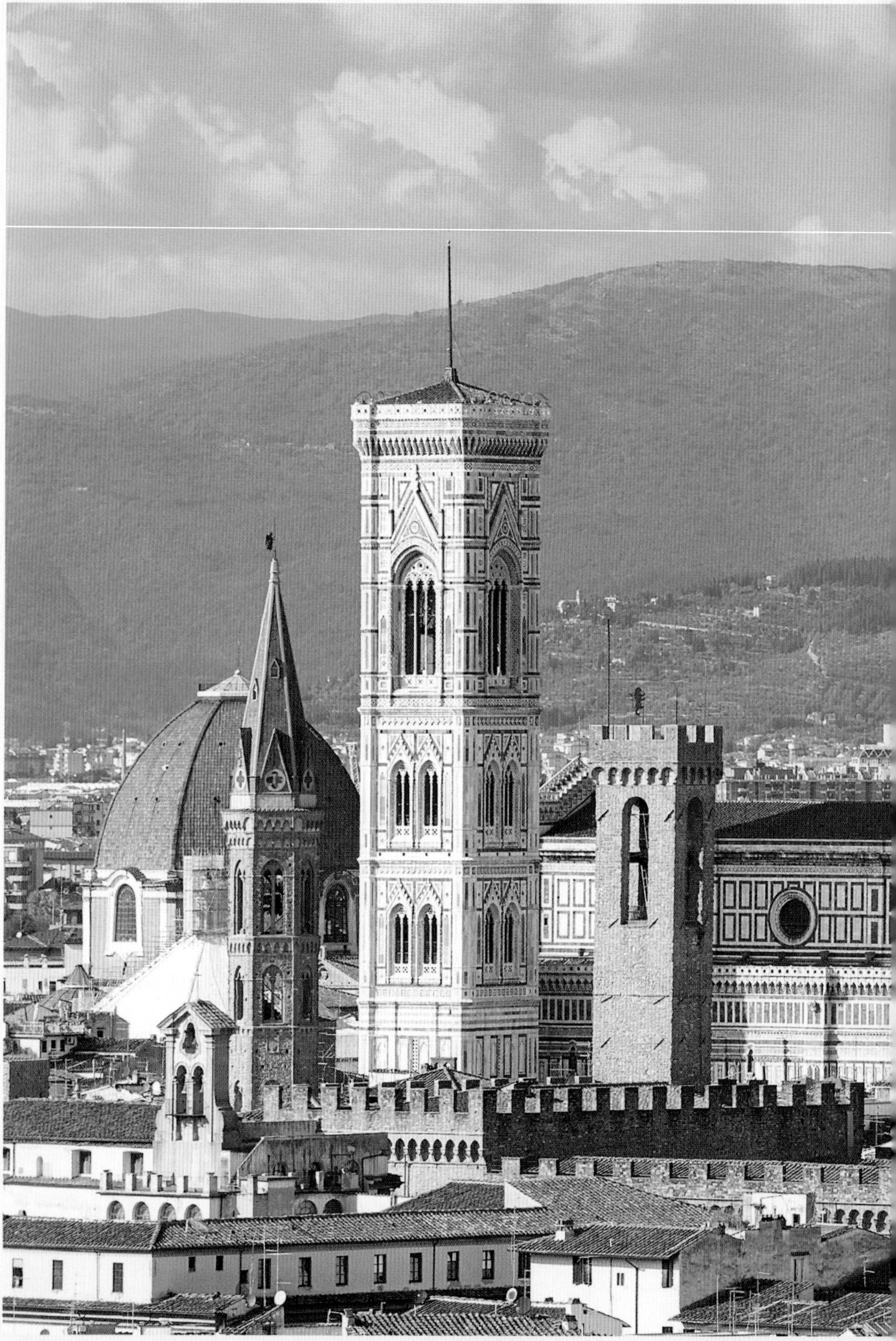

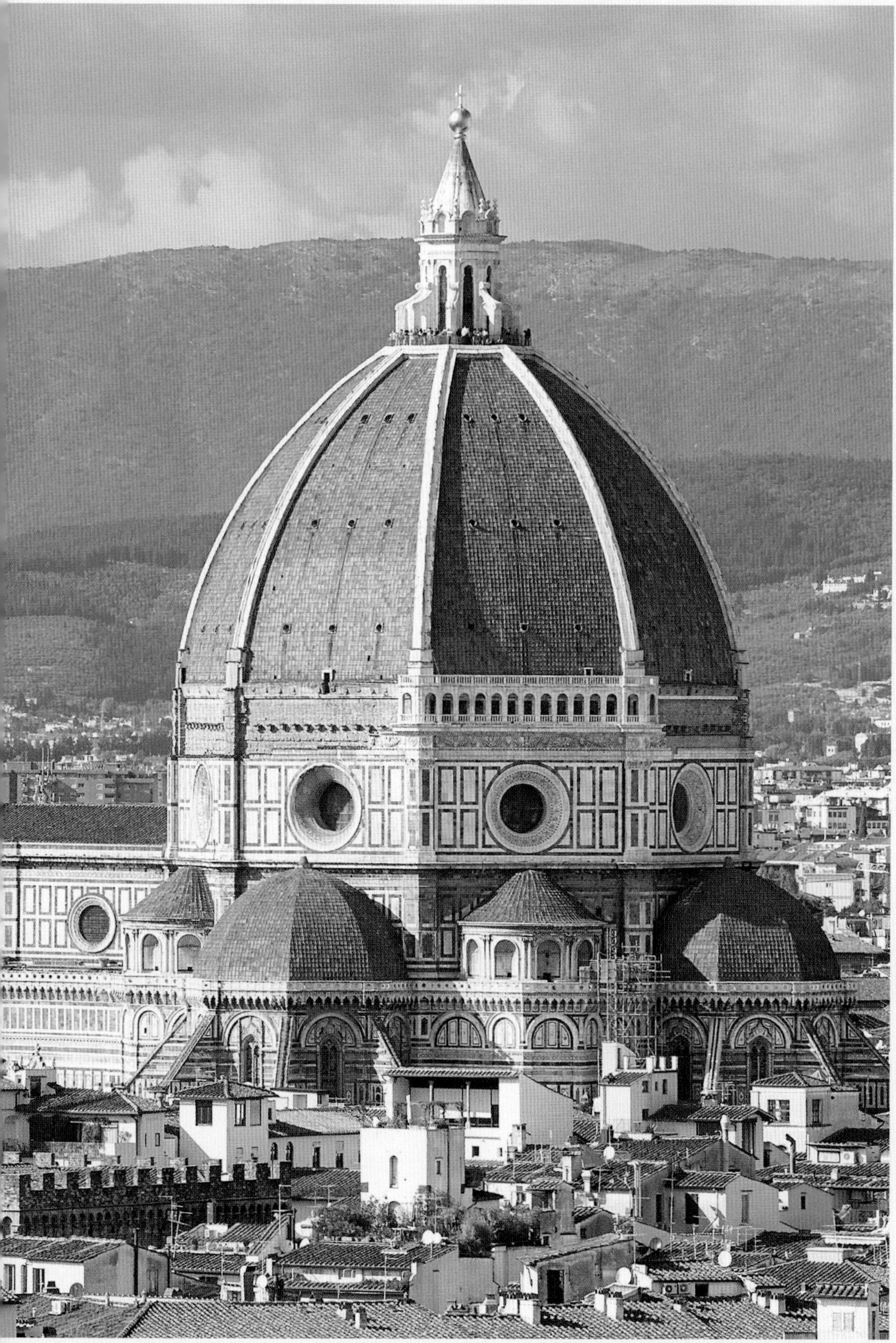

도제의 궁전(두칼레 궁전)

Doge's Palace

1340
~
1580

필리포 칼렌다리오 · 안토니오 리조 · 안토니오 다 폰테 · 안드레아 팔라디오:
베네치아, 이탈리아

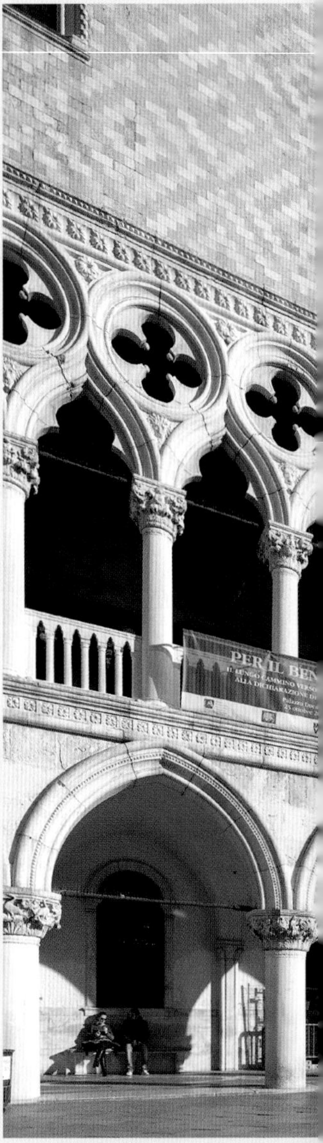

베네치아에서 아주 유명한 랜드마크인 도제의 궁전은 베네치아 공화국의 최고 권위자이자 도시 국가에서 선출된 지도자인 도제가 거주하는 곳이었다.

산 마르코 광장이 내려다 보이는 도제의 궁전은 700년 동안 권력의 자리에 있었다. 내부에는 법원과 행정 사무소, 안뜰, 연회장, 예식용 계단 그리고 감옥이 있었다. 비잔틴과 르네상스 그리고 매너리즘 요소가 더해져 베네치아 고딕 양식으로 지어진 이 궁전은 분홍색 베로나 대리석과 흰색 이스트리아 석재로 패턴화된 3개의 큰 블록으로 구성되어 있다.

물을 마주 보고 있는 형태로 가장 먼저 건설된 베네치아 고딕 파사드는 1340년에 완공되었다. 비잔틴 양식에서 영감을 얻은 갤러리는 1층 기둥보다 더 얇고 간격이 더 좁은 기둥이 줄지어 서 있다. 오지(ogee, 이중곡선장식)와 트레포일(trefoil, 삼엽장식) 아치로 만든 기둥은 원형 무늬 안에 뚫려있는 쿼트레포일(Quatrefoil, 사엽장식) 개구부를 떠받치고, 섬세한 트레이서리(창문 상단의 장식 부분)를 지지한다.

2개의 열린 층 위로 넓게 펼쳐진 벽은 부드러운 색상의 대리석 패턴으로 조명 효과를 내어 궁전의 무거운 상부가 가볍게 보인다. 수세기 동안 1574년과 1577년 이후 두 번의 화재로 건물 일부가 파괴되면서 수많은 확장 공사가 이루어졌다. 16세기 후반에 증축된 별도 건축물인 프리지오니 누오베(신형 감옥)는 운하를 가로지르는 탄식의 다리를 통해 궁전과 연결되었다.

도제의 궁전 건축가

기록은 불분명하지만 여러 건축가가 도제의 궁전에서 일했다. 필리포 칼렌다리오(1315~1355년경)가 원래 건물의 대부분을 설계했을 수도 있다. 1574년 화재 이후 안토니오 다 폰테(1512~1597)가 수석 건축가가 되었고, 그의 조카 안토니오 콘티노(연대 미상)가 1600년에 탄식의 다리를 설계했다. 또한 화재 후에 안드레아 팔라디오가 인테리어와 장식을 맡았고, 건축물을 요새화했다.

고딕 p.25 르네상스 p.26 팔라디안 p.28

다른 주요 작품

산타 마리아 글로리오사 데이 프라리, 야코포 첼레가, 1250~1338, 베네치아, 이탈리아
카 도로, 바르톨로메오 본과 지오반니 본, 1428~1430, 베네치아, 이탈리아
팔라초 카발리 프란체티, 건축가 미상, 1565, 베네치아, 이탈리아

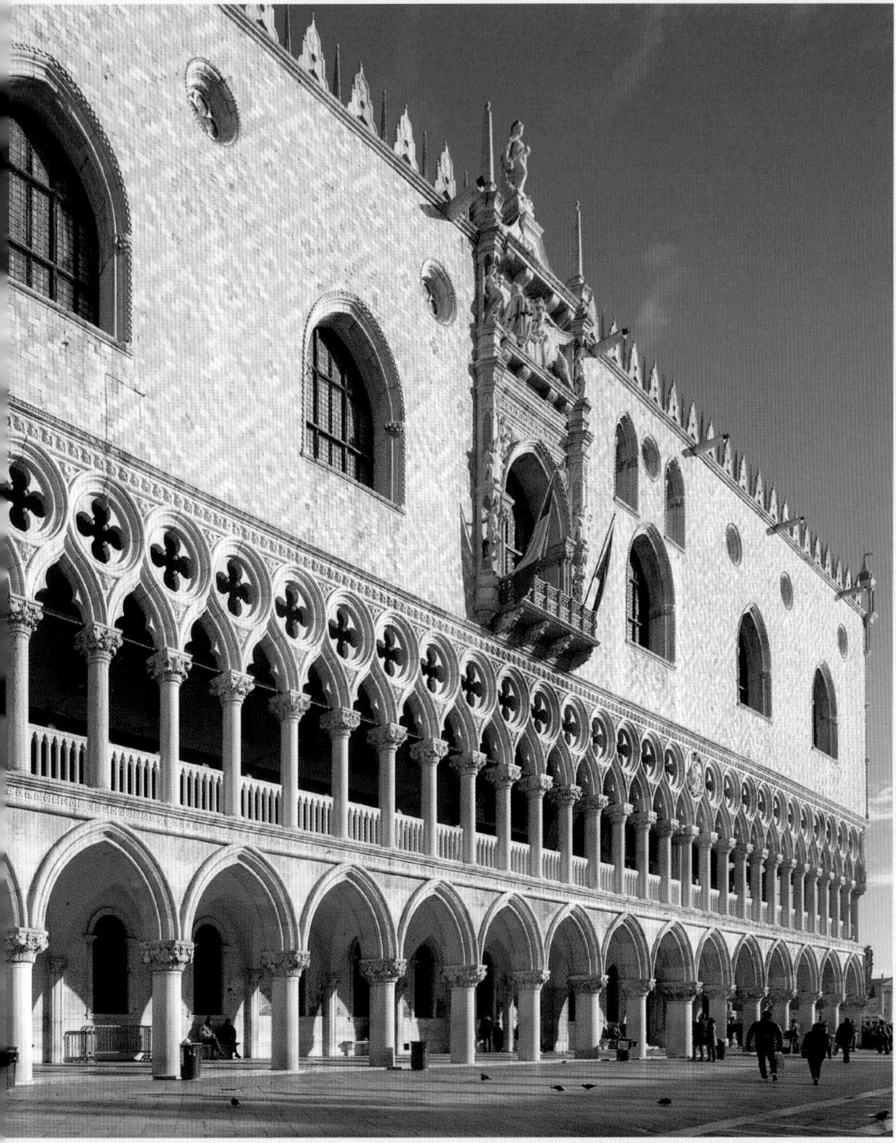

→ 아치 **p.173** 기둥 **p. 177** 테라스 **p.187** 돌 **p.192** 벽돌 **p.195** 유리 **p.206**

태양의 신전 Temple of the Sun

마추픽추, 페루

C. 1450

잉카 건축
잉카 건축물은 기하학과 자연의 형태를 혼합한 디자인으로 통일해서 건축물과 풍경이 잘 어울리도록 되었다. 주재료인 돌을 정교하게 가공해 블록끼리 서로 잘 맞물려있다. 무거운 돌은 경사로를 통해 로프와 통나무, 기둥, 레버를 사용해 옮겨졌다. 돌은 현장에서 모르타르가 필요하지 않을 정도로 정확하게 절단되었다.

해발 2,430미터 산등성이에 마추픽추라고 불리는 15세기에 지어진 잉카 요새가 있다.

마추픽추는 고전적인 잉카 양식으로 잘 연마된 마른 석벽으로 지어졌다. 가장 눈에 띄는 구조물은 인티와타나 석재(종종 '태양의 말뚝'으로 번역됨), 3개의 창이 있는 방 그리고 태양의 신전이다. 잉카인은 그들이 태양신 인티의 후손이라고 믿었기 때문에 그들의 믿음과 의식이 태양과 우주의 나머지 부분과 연결되어 있다고 생각했다.

화강암 위에 지어진 태양의 신전은 연마된 돌이 서로 단단히 맞물려 모양이 만들어졌다. 사다리꼴 창이 있는 반원 모양의 타워이다. 사원 중앙에는 거의 확실히 제단이었던 것으로 보이는 큰 바위가 있고, 그 아래에는 마추픽추를 건설한 잉카의 통치자 파차쿠텍(재위 1438~1471)이 묻힌 동굴이 있다. 사찰의 뒷벽을 따라가다 보면 여러 개의 작은 구멍들이 있는데, 보통 색깔이 있는 작은 원석들이 구멍에 박혀 있었을 것으로 추정되며, 전체 구조물은 여름과 겨울 동안 떠오르는 태양이 창에 비치도록 만들어졌다.

다른 주요 작품

사크사이와만, 건축가 미상, 13세기경, 쿠스코, 페루
망루, 건축가 미상, 1450년경, 오얀타이탐보, 페루
코리칸차(원래는 인티칸차), 건축가 미상, 1450년경 쿠스코, 페루

콜럼버스 미대륙 발견 이전 p.13

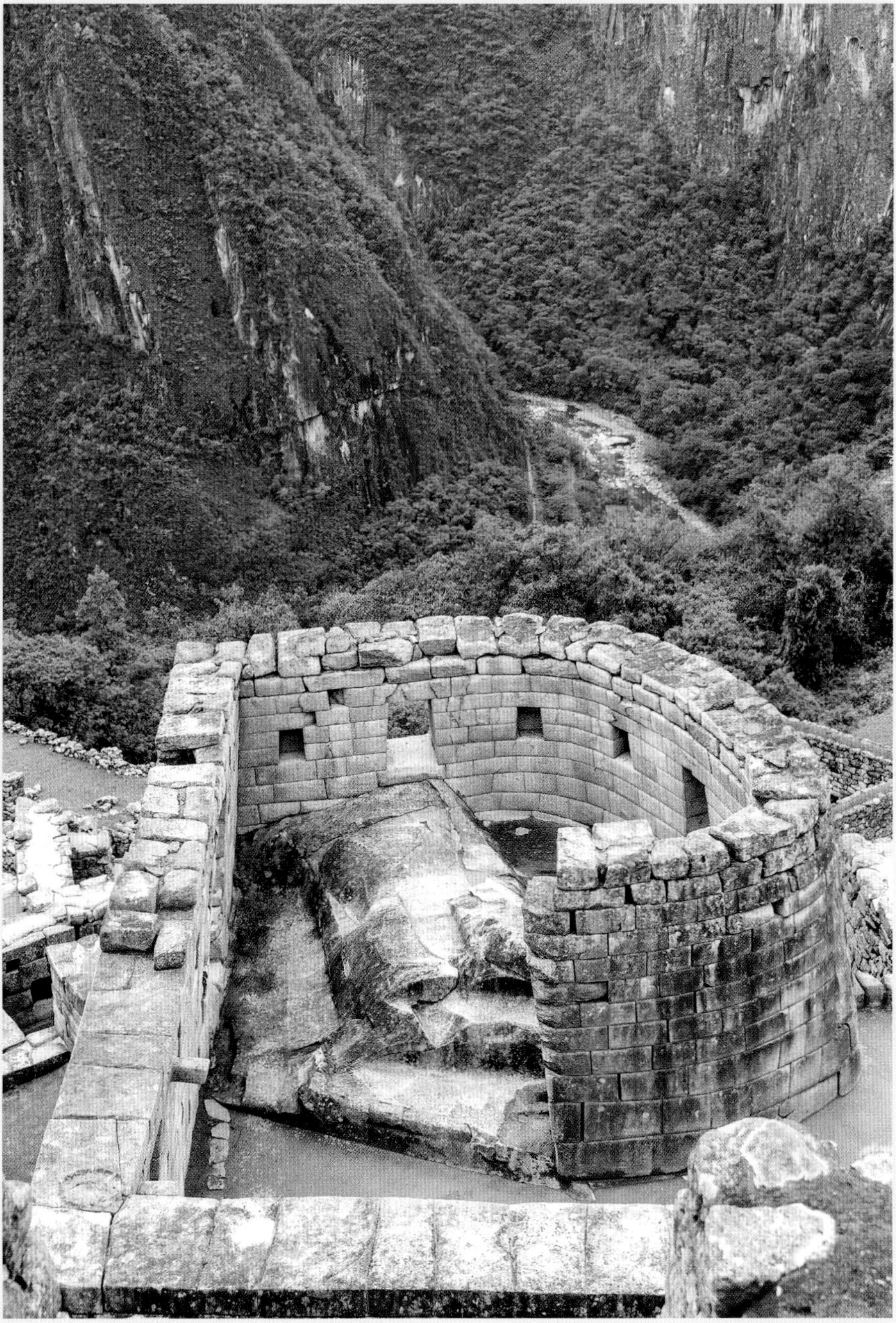

창문 p.167 타워 p.174 안뜰 p.175 돌 p.192

성 베드로 대성당

Saint Peter's Basilica

1506 ~ 1615

도나토 브라만테 · 발다사레 페루치 · 카를로 마테르노 · 안토니오 다 상갈로 · 미켄란젤로 부오나로티 · 라파엘: 로마, 이탈리아

미켈란젤로 부오나로티
조각가이자 화가로서 유럽 전역에서 널리 존경받았던 미켈란젤로는 말년에 건축가로서도 많은 존경을 받았다. 그는 그가 지은 성 베드로 대성당 건축을 걸작이라고 이야기했지만, 따로 건축비를 받지 않았다. 그는 브루넬레스키의 피렌체 산 로렌초 성당에 메디치 예배당과 줄리아노와 로렌초 데 메디치의 무덤을 설계했다.

1세기부터 성 베드로의 무덤으로 성지가 된 성 베드로 대성당은 세계에서 가장 큰 교회이다. 1506년에 브라만테(1444~1514)는 교황 율리우스 2세(1443~1513)에게 교회 신축 설계 의뢰를 받았다.

브라만테는 판테온(60쪽 참조)에서 영감을 받아 성 베드로 신전을 돔으로 덮은 거대한 그리스 십자가 형태를 제안했다. 브라만테가 죽고 나서 라파엘(1483~1520)이 설계와 건축을 이어받았고, 다시 라파엘이 죽은 이후에 발다사레 페루치(1481~1536)와 안토니오 다 상갈로(1484~1546)를 비롯한 여러 건축가가 성 베드로 대성당 건축을 이어 나가다가 결국 72세 나이의 미켈란젤로(1475~1564)가 프로젝트를 다시 이어받아 착수했다.

미켈란젤로는 다른 사람들조차 포기했었던 중앙 집중식 그리스 십자가 형식을 비롯한 브라만테 계획의 대부분을 유지하면서, 단일 기둥을 쌍기둥으로 대체하고 높이가 136.5미터인 거대한 돔을 추가해 더 튼튼하고 역동적이며 통일된 디자인을 만들었다. 미켈란젤로가 죽고 나서 자코모 델라 포르타(1532~1602)와 다른 건축가들은 거의 미켈란젤로의 계획대로 진행해 나갔다. 1606년에 카를로 마테르노(1556~1629)는 교황이 설교할 수 있는 장소를 만들기 위해 코린트식 기둥, 2층 창문이 있는 높은 파사드 그리고 돌출된 포티코가 있는 짧은 신랑을 추가했다. 건물 전체는 높이가 높은 만큼 넓고, 응회암과 부석을 섞은 콘크리트로 단일 외피를 만들어 돔을 가볍게 만들었다. 돔의 가장 윗부분에는 내부를 빛으로 감싸는 너비 8미터의 둥근 개구부가 있다.

다른 주요 작품

산타 마리아 디 콘테산토와 산타 마리아 데이 미라콜리, 카를로 라이날디, 카를로 폰타나, 잔 로렌초 베르니니, 1662~1677, 로마, 이탈리아
수페르가 대성당, 필리포 유바라, 1717~1731, 토리노, 이탈리아
앵발리드, 쥘 아르두앙 망사르, 1675~1706, 파리, 프랑스

르네상스 p.26 바로크 p.29

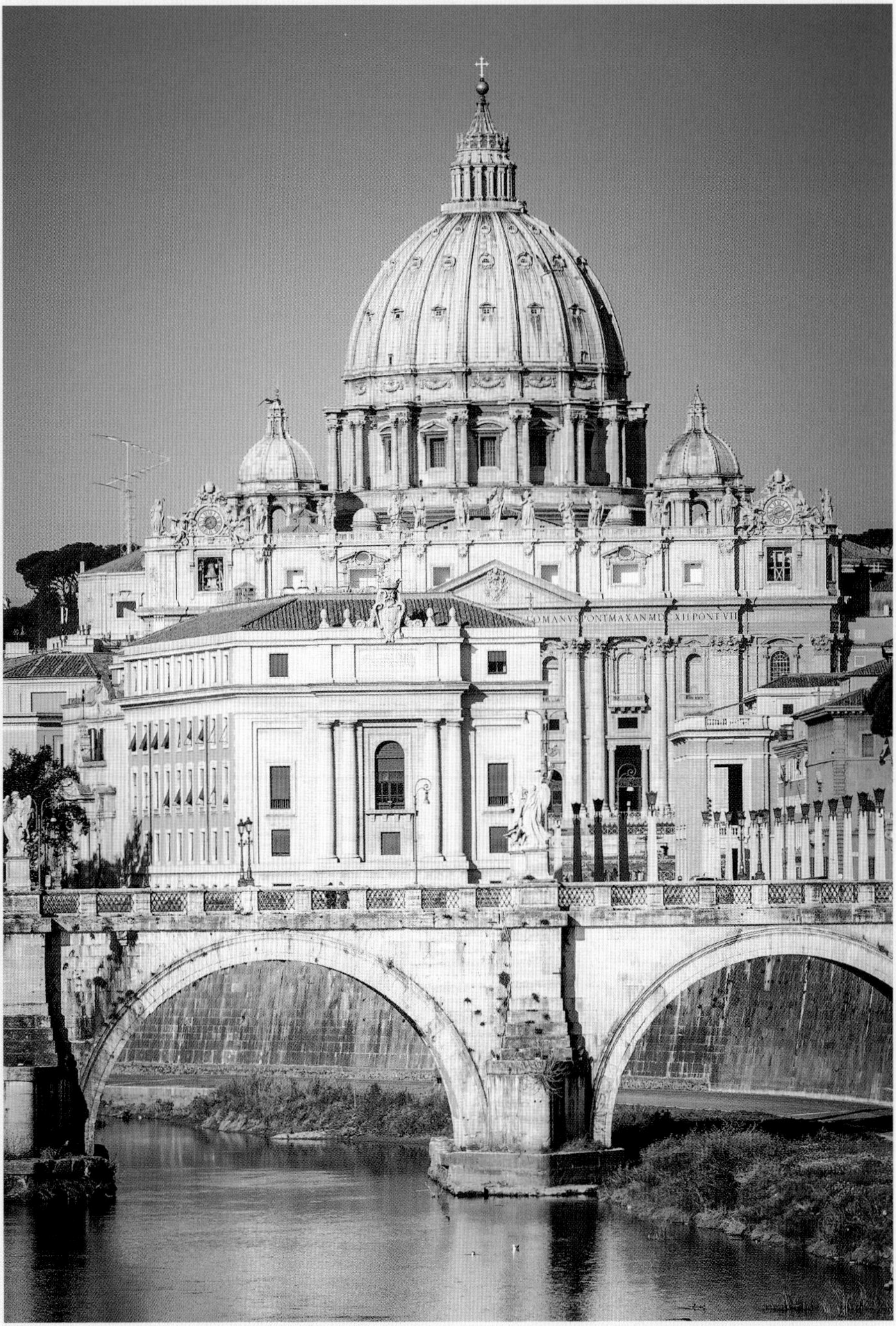

→ 돔 **p.172** 기둥 **p.177** 포티코/포치 **p.186** 돌 **p.192** 벽돌 **p.195** 콘크리트 **p.201** 유리 **p.206**

시밤 Shibam

하드라마우트, 예멘

1540 ~ 1600

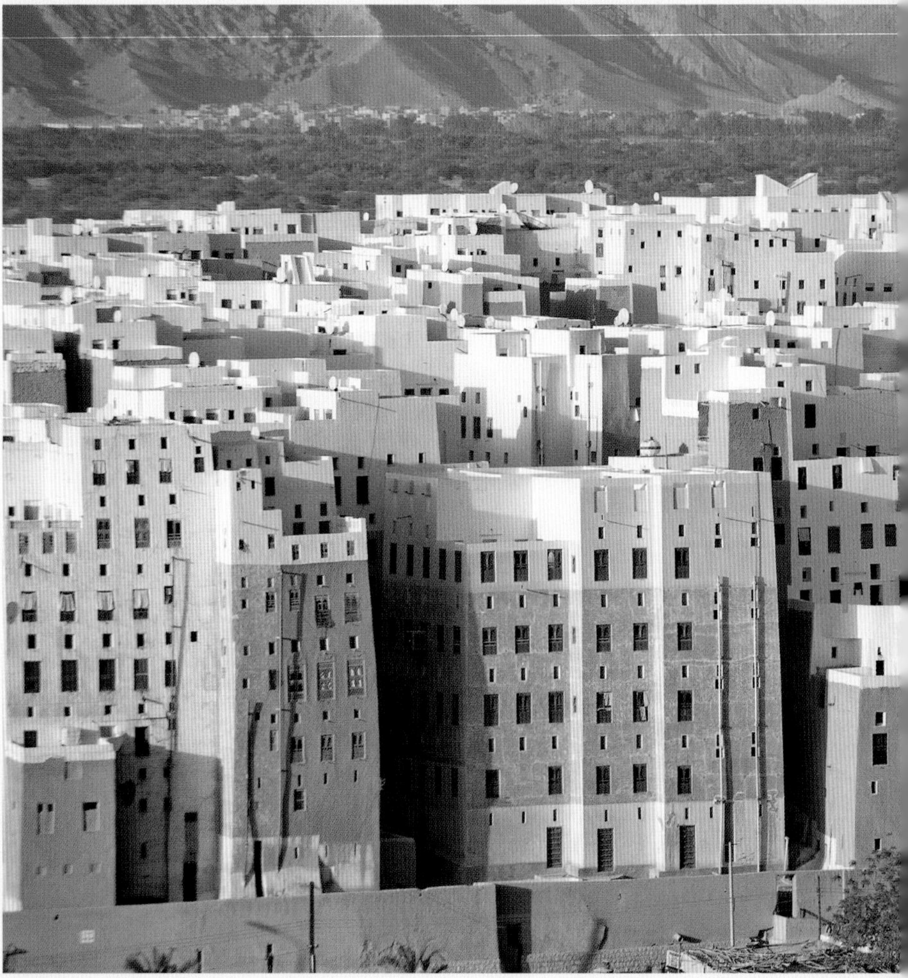

다른 주요 작품

찬찬, 건축가 미상, 서기 850~1470년경, 트루히요, 페루
아르게 밤, 건축가 미상, 기원전 579~323, 밤, 이란
비르니, 건축가 미상, 1050년경, 진데르, 니제르

이슬람교 p.20

람라트 알사바타인 사막의 예멘 계곡에서 멀리 떨어져 깊은 곳에 있는 도시인 시밤은 과거에 교역소 역할을 했기 때문에 시밤 하드라마우트라고 불렸고, 3세기부터는 하드라마우트 왕국의 수도였었다.

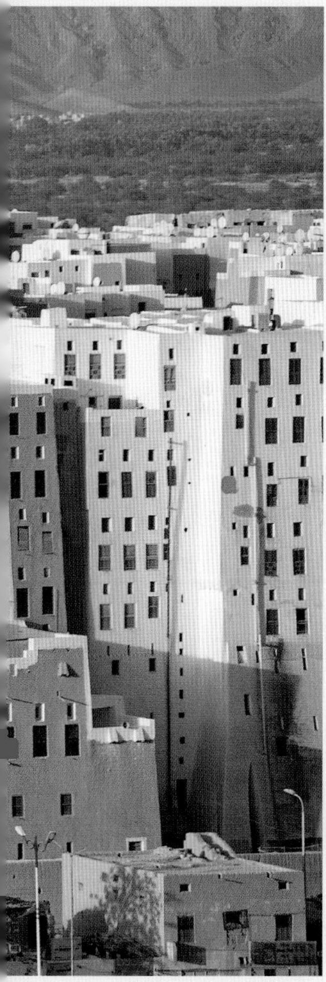

시밤은 높이 7미터 벽에 둘러싸인 요새로 주민들에게 안전한 장소를 제공했고, 암석 위에 지어져 홍수를 피할 수 있었다. 1532년에서 1533년에 발생한 홍수로 피해를 입었던 시밤은 전통 하드라미 건축 방식인 직사각형 격자 배열로 도시를 대규모로 재건했다. 이 건축물은 6층에서 10층 사이에 약 500채 주택이 있는 타워 블록으로 일부는 높이가 30.5미터에 달해서 '사막의 맨해튼' 혹은 '사막의 시카고'라는 별명을 가지고 있다. 높은 타워는 방어에 유리했지만, 한 집안의 경제와 정치를 보여주는 명망을 나타내기도 했다.

건물에 사용한 벽돌은 모두 지역에서 나온 비옥한 흙에 건초와 물을 섞어 불이 아닌 햇볕에 말려서 만들었다. 그런 다음 타워 외벽에 보호용 석회암으로 한 겹 붙이거나 부서진 석고로 하얗게 칠을 해서 물을 막았다. 가장 높은 곳은 돌 기단 위에 지었고, 창문이 없는 바닥에는 가축을 기르거나 곡물을 보관했으며, 높은 층에는 각 층마다 세대가 사는 방이 1~2개씩 있었다.

진흙 벽돌 건축

고대 아프리카와 유럽, 아시아 그리고 아메리카 주택은 대부분 저렴하고 만들기 쉬우며 실용적인 진흙 벽돌로 지었다. 학계에서 거의 논의된 바는 없지만, 진흙 벽돌 건축물은 고대 이집트의 돌로 만든 건축물보다 흔했고, 불에 강한 진흙 벽돌 건축물과 구조물이 돌무덤과 신전을 따라 서 있었다.

→ 지붕 p.168 아치 p.173 타워 p.174 계단 p.176 돌 p.192 진흙 벽돌/어도비 p.193

성 바실리 대성당

Saint Basil's Cathedral

1555 ~ 1561

바르마 · 포스트니크 야코블레프: 모스크바, 러시아

다른 주요 작품

성 소피아 대성당, 건축가 미상, 1045~1052, 노브고로드, 러시아
예수 변모 교회, 건축가 미상, 1714, 키지, 러시아
알렉산더 네브스키 대성당, 건축가 미상, 1894~1912, 탈린, 에스토니아

해자에 둘러싸인 '가장 거룩한 테오토코 수호 대성당'은 성 바실리 대성당 혹은 성 바질 대성당으로도 알려졌으며 모스크바의 붉은 광장에 있는 정교회 성당이다.

1552년 카잔 전투에서 몽골군에게 승리한 기념으로 지어진 성 바실리 대성당은 요한 계시록에 기록된 것처럼 새 예루살렘 형태를 따라 별 모양 패턴으로 중앙 교회 주변에 8개의 작은 예배당이 둘러싸고 있다. 1588년에는 성 바실리 무덤 위에 예배당이 하나 더 지어졌다.

이반 뇌제라고 불리는 이반 4세(1530~1584)가 의뢰한 예배당의 탑과 양파 모양의 돔은 서로 장식이 다르고, 좁고 구불구불한 통로로 서로 연결되어 있다. 동서남북 네 방향에 세워진 네 개의 큰 예배당은 커다란 기단 위에 지어졌고, 네 개의 작은 예배당은 하늘과 땅 사이를 상징해 높은 기단 위에 지어졌다. 본당은 팔각형으로 지어졌고, 대각선으로 네 곳에 자리한 작은 예배당은 직육면체로 되어있다. 대성당은 대칭으로 보이는 외형과는 다르게 각자 다른 높이를 가진 돔으로 신중하게 계획되었다. 건축물 전체를 나무 골조 위에 벽돌을 얹어 지었고, 1680년대와 1848년 사이에 밝은 색이 더해졌다. 1552년 이반이 파괴했던 카잔의 그랜드 모스크 돔을 본 따 만든 양파 모양 돔은 곧 모든 러시아 정교회에서 따라하며 유행이 되었다.

바르마와 포스트니크 야코블레프

16세기 건축가 포스트니크 야코블레프와 바르마(연대 미상)는 동일 인물일 가능성이 높다. 바르마는 이름은 별명이었을 수도 있고, 포스트니크의 형제였거나 그의 조수였을 수도 있다. 전례없이 가장 유명한 건축물이 된 포스트니크의 성 바실리 대성당은 이후에 지어진 모든 러시아 정교회 대성당 건축에 큰 영향을 미쳤다.

비잔틴 p.17 르네상스 p.26

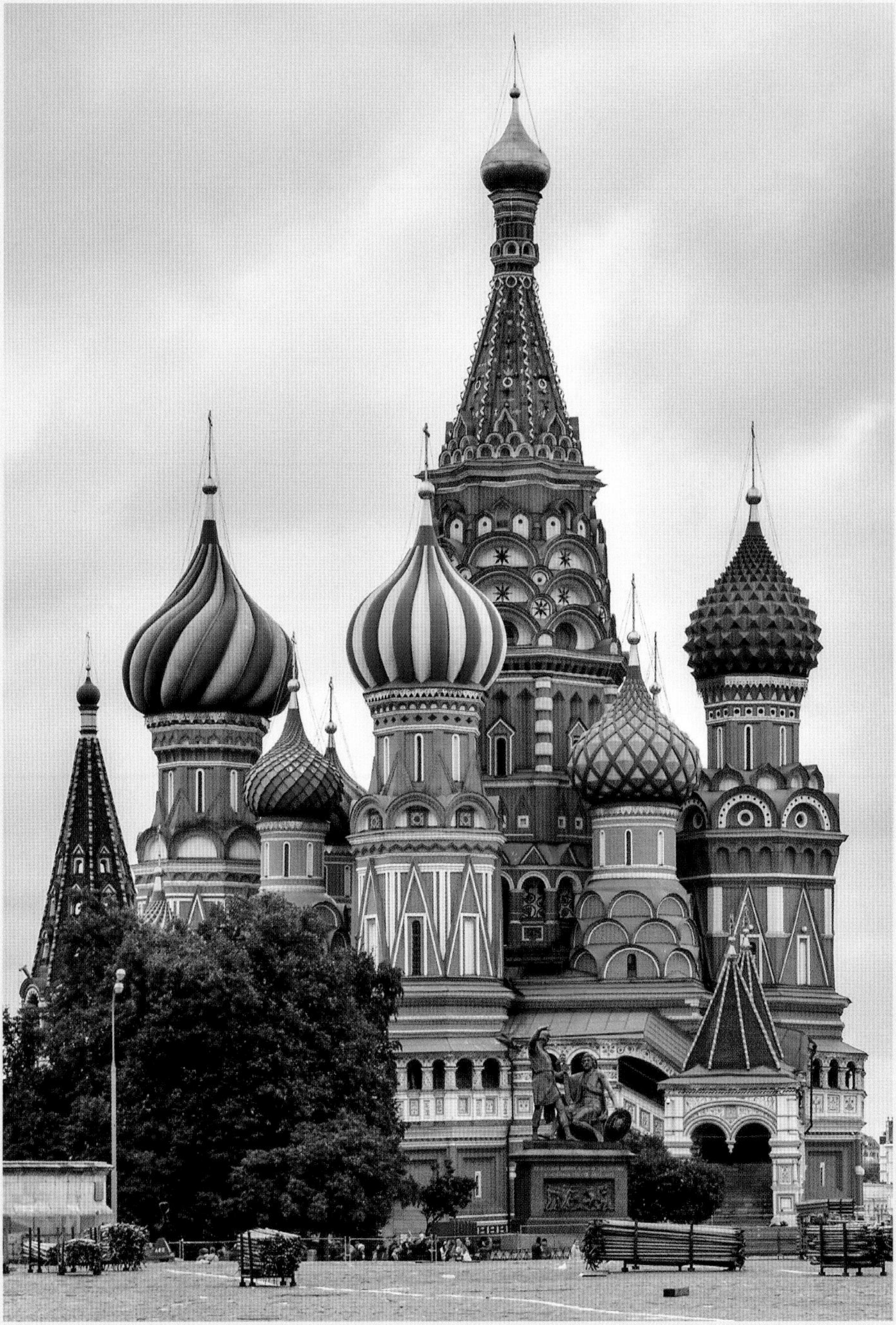

돔 p.172 타워 p.174 기둥 p.177 벽돌 p.195 나무 p.196 유리 p.206

빌라 라 로톤다 Villa La Rotonda

안드레아 팔라디오: 비첸차, 이탈리아

1567 ~ C. 1592

라 로톤다로 더 잘 알려진 빌라 알메리코 카프라는 바티칸에서 은퇴한 신부 파올로 알메리코(1514~1689)의 빌라로 르네상스 시대에 이탈리아 북부에 지어졌다.

로마 판테온의 돔(60쪽 참조)에서 연상할 수 있는 라 로톤다는 안드레아 팔라디오(1508~1580)가 설계한 대칭적인 정사각형 건축물로 4개의 파사드마다 돌출된 포티코가 있다. 포티코 4군데에는 고대 신들이 조각된 페디먼트가 장식되어 있고, 6개의 이오니아식 기둥이 건물을 받쳐들고 있다. 라 로톤다는 중앙 원형 홀과 돔에서 이름을 가져왔다. 빌라 로톤다는 각 방에 햇빛이 들어올 수 있도록 동서남북 정방향을 기준으로 45도 틀어 설계되었다.

1567년에 건축이 시작되었지만, 팔라디오와 알메리코 모두 빌라가 완성되는 것을 보지 못했다. 팔라디오가 죽고나서 새 건축주는 빈첸초 스카모치(1548~1616)를 두 번째 건축가로 고용했다. 팔라디오가 원래 계획한 것들 중 2층 중앙 홀을 개조한 것이 가장 큰 변화였다. 팔라디오는 라 로톤다를 높은 반원형의 돔으로 덮으려고 했지만, 스카모치는 하늘이 열린 오큘러스가 있는 얇은 돔으로 설계했다. 1570년, 팔라디오의 4권의 건축서에 나와 있는 건축 규칙에 따라 모든 방은 정확한 수학에 비례해 지어졌고 돔은 큐폴라와 함께 완성되었다. 높은 천장이 있는 중앙 원형 홀은 프레스코화로 뒤덮여 대성당 같은 분위기를 자아낸다.

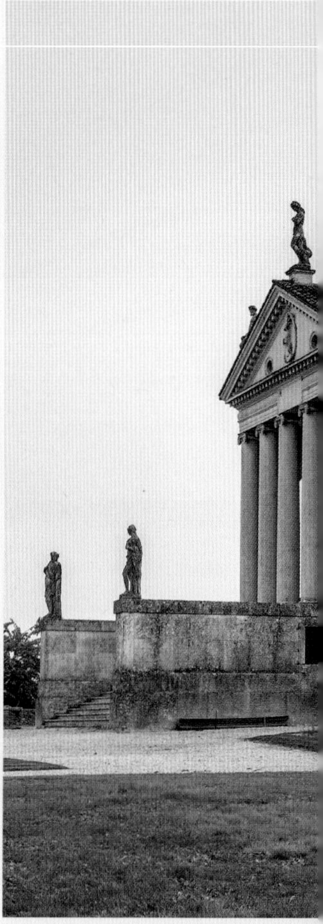

다른 주요 작품

빌라 코르나로, 안드레아 팔라디오, 1553~1554, 피옴비노 데세, 이탈리아
빌라 포스카리, 안드레아 팔라디오, 1558~1560, 베네치아, 이탈리아
빌라 발마라나, 안드레아 팔라디오, 1542, 비첸차, 이탈리아

르네상스 p.26 팔라디안 p.28

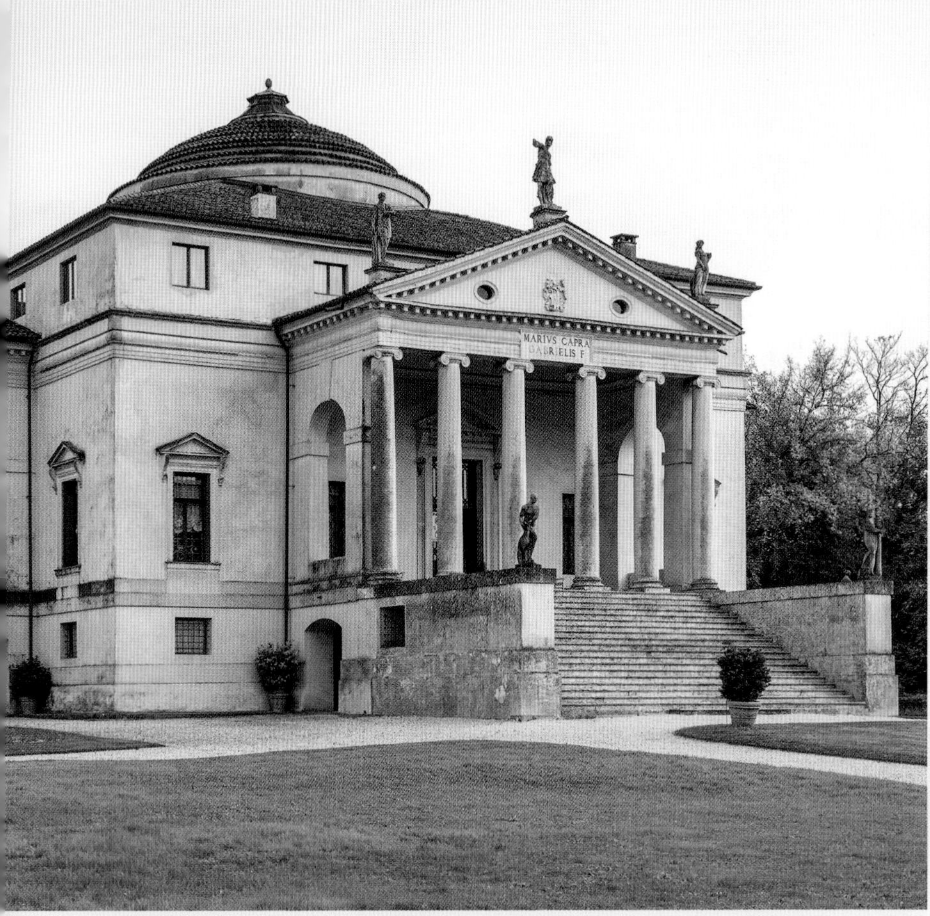

안드레아 팔라디오

1508년 이탈리아 파도바에서 태어난 안드레아 팔라디오는 처음에는 석공으로 일하다가 나중에 건축을 공부했다. 1549년에 팔라디오는 비첸차에 있는 초기 르네상스 궁전의 리모델링 공모전에서 우승했다. 이후 30년 동안 그는 고대 로마 건축에 대한 그의 연구를 바탕으로 이탈리아에 많은 궁전, 교회, 빌라를 설계를 할 수 있었기 때문에 이 일은 그에게 있어 큰 성공이었다.

→ 돔 **p.172** 기둥 **p.177** 포티코/포치 **p.186** 돌 **p.192** 벽돌 **p.195** 유리 **p.206** 스터코 **p.205**

타지마할 Taj Mahal

우스타드 아마드 라호리: 아그라, 인도

1632 ~ 1648

타지마할은 무굴 황제 샤 자한(1592~1666)이 가장 좋아하는 아내 뭄타즈 마할(1593~1631)을 향한 '불멸의 사랑'을 기념해 만든 무덤이다.

페르시아와 무굴 전통 건축에 따라 지어진 타지마할은 사마르칸트와 후마윤의 구르 아미르(1403~1404)와 같은 초기 무덤에서 영감을 받았지만, 이 건축물은 그 자체만으로 매우 독특하다. 복잡한 설계로 지어진 타지마할은 이슬람교와 힌두교 장식을 적절히 섞어놓은 거대한 양파 모양의 돔이 건물 꼭대기에 올려져 있고, 그 아래에 팔각형 모양의 홀이 사각형 주춧돌을 밟고 서있다. 메인 돔은 장식용 미나레트로 분리된 작은 돔과 공명하고, 건물 모서리에는 연꽃잎 모양 장식이 있는 작고 가느다란 팔각형 첨탑이 붙어 있다.

170,000제곱미터에 걸쳐 광활하게 펼쳐진 타지마할은 주로 준보석으로 치장된 흰색 대리석으로 만들어졌다. 각 파사드의 중앙에는 이완(iwan, 아치형 입구)이 있고 중앙 홀 양쪽에는 차트리(chhatri, 얇은 기둥의 작은 돔형 정자)가 있다. 건축물은 주로 식물과 꽃으로 새겨지거나 조각된 장식이 특징이며, 북쪽 파사드에서 정문을 향해 일직선으로 뻗어 있는 긴 수로 위에 건물 전체 구조가 비친다. 기하학과 대칭을 사용한 타지마할은 각 측면은 똑같이 생겨서 어느 방향에서 접근하든 항상 같은 형태로 보인다.

우스타드 아마드 라호리
타지마할의 건축가는 확인되지 않지만, 수석 디자이너는 페르시아의 우스타드 아마드 라호리(1580~1649)였을 가능성이 높다. 약 22,000명의 노동자들이 이 건설에 참여했다. 언제 닥칠 지 모를 지진 피해로부터 보호하기 위해 네 개의 미나레트가 약간 기울어져 있다. 야무나 강이 근처에 있어 나무로 만들어진 기초가 튼튼하고 촉촉하게 유지된다.

무굴 p.27

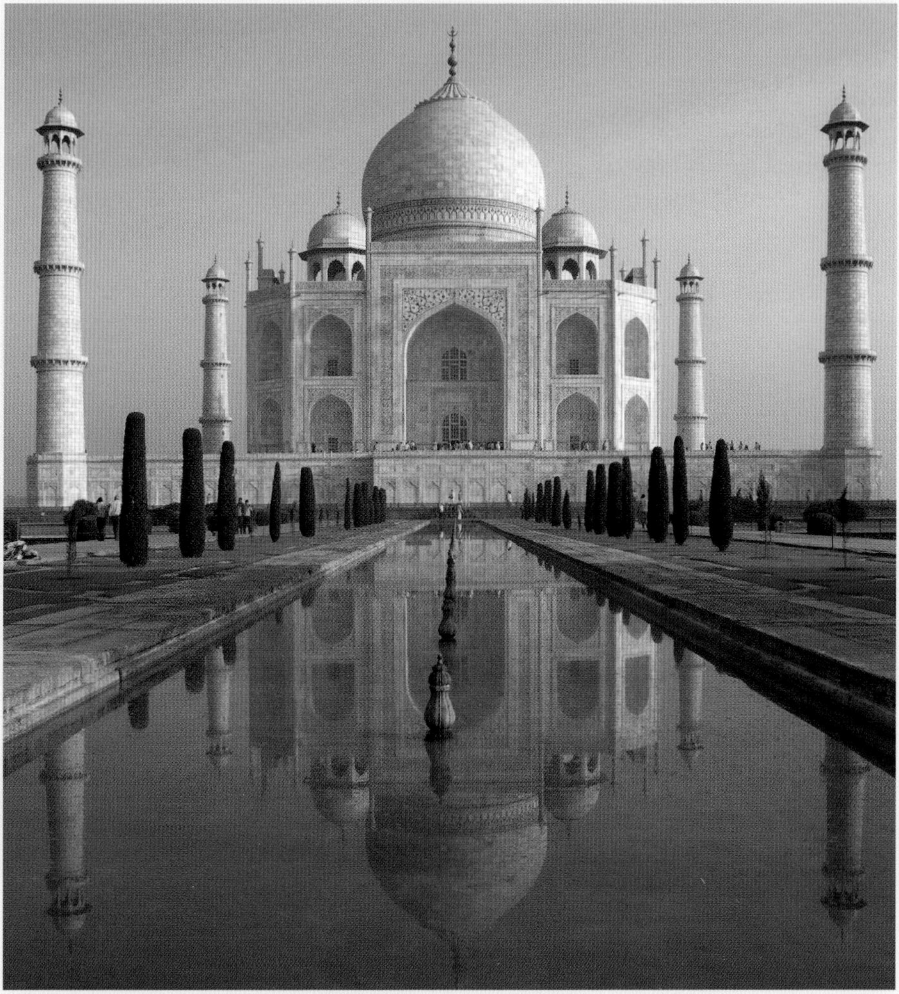

다른 주요 작품

구르아미르, 건축가 미상, 1403~1404, 사마르칸트, 우즈베키스탄
후마윤의 묘, 미락 미르자 기야스, 사이드 무함마드, 1565~1571, 델리, 인도
마스지드 이 이맘, 바디 알 자만 투니, 알리 악바르 알 이스파하니, 1611~1638, 이스파한, 이란

돔 **p.172** 아치 **p.173** 미나레트 **p.185** 포티코/포치 **p.186** 돌 **p.192** 벽돌 **p.195**
나무 **p.196** 대리석 **p.200** 스터코 **p.205**

린슌카쿠 Rinshunkaku

요코하마, 일본

1649

다른 주요 작품

가쓰라 리큐, 건축가 미상, 17세기, 교토, 일본
마츠다이라 타다마사 카미야시키, 건축가 미상, 17세기, 도쿄, 일본
슈가쿠인 리큐, 건축가 미상, 1659, 교토, 일본

에도 시대(1603~1867) 초기에 지어진 이 별장은 기슈 도쿠가와 가문의 초대 봉건 영주인 도쿠가와 요리노부의 여름 별장이다.

별장은 원래 기노카와 강 와카야마에 있는 이와데에 있었지만 1915년에 건물을 요코하마의 산케이엔 정원으로 옮기고 나서 린슌카쿠라고 명명했다. 이 건축물은 16세기 말부터 19세기까지 유행했던 스키야 건축 양식으로 지어졌으며, 원래는 다실로 사용되어었지만, 나중에는 개인 주택에도 사용되었다. 린슌카쿠는 편백나무 팔작 지붕 단층 구조

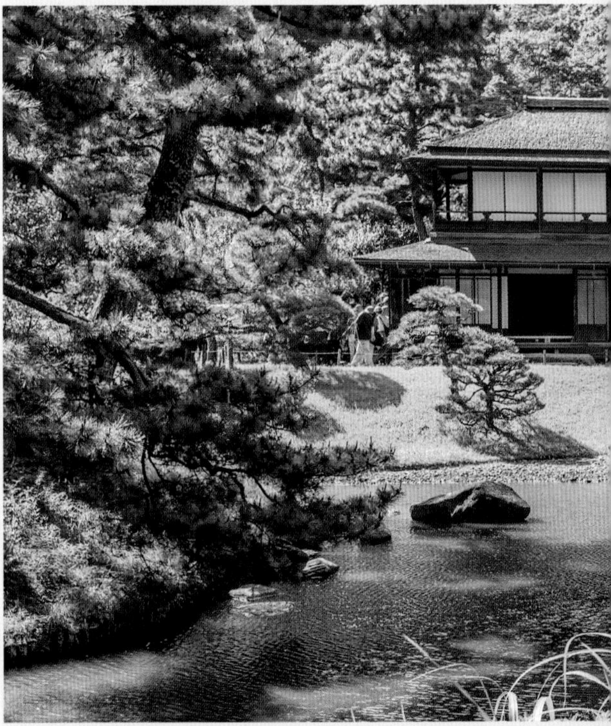

일본 양식 p.18

스키야 건축
아즈치모모야마(1574~1600)시대와 도쿠가와(1603~1867)시대의 건축 양식은 다실의 미를 기본으로 한 스키야 양식으로 알려져 있다. 건축물은 가능한 한 자연스러운 모습으로 주변 환경과 어울리도록 차분하게 만들어졌다. 대부분의 스키야 양식 건축물은 내부에 후스마가 있고, 외부에는 츠키미다이(달이 보이는 전망대)가 있다.

2개와 편백나무 사각형 널빤 지붕을 가진 2층 구조 1개로 나뉜다.

전체적으로 단순함을 강조한 디자인으로 목재를 사용해 자연의 모습과 가장 가깝게 만들어 주변 환경과 조화를 이루려고 했다. 3개의 건물 내에는 히카에노마(방문객 대기실), 세켄노마(영주가 방문객을 맞이하는 곳), 오쿠가타(봉건 영주와 가족의 개인 숙소) 등이 있는 12개의 방이 있다. 후스마(내부 미닫이 패널)에는 유명한 17세기 가노파 화가들의 수묵화가 그려져 있다. 문 위에 있는 창을 보면, 첫 번째 건축물에는 파도가 조각되어 있고, 두 번째 건축물에는 시가 새겨진 종이가, 세 번째 건축물에는 목관악기가 장식되어 있다.

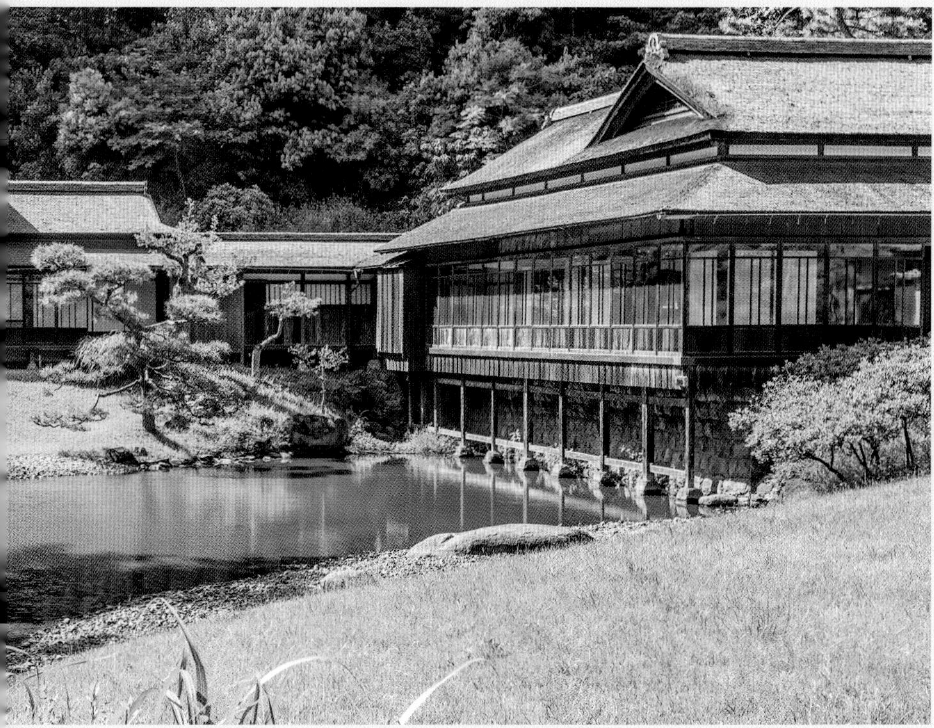

창문 p.167 지붕 p.168 포티코/포치 p.186 나무 p.196 종이 p.197

베르사유 궁전 Palace of Versailles

C. 1660 ~ 1715

루이 르 보, 쥘 아르두앙 망사르: 파리, 프랑스

프랑스의 가장 유명한 건축가 두 명이 루이 14세(1638~1715)를 위해 만든 베르사유 궁전은 프랑스 바로크 건축의 대표적인 건축물이다.

루이 르 보(1612~1670)와 쥘 아르두앙 망사르(1646~1708)가 예전 사냥터 별장 근처에 궁전을 지었다. 주 건축 블럭과 중정 옆으로 두 개의 거대한 날개가 펼쳐진 이곳은 1682년부터 1789년 프랑스 혁명 때까지 프랑스 군주와 궁중 사람들 모두가 거주했다. 르 보는 본관을 설계하였고, 1678년 이후 아르두앙 망사르가 북쪽과 남쪽 날개, 그리고 다양한 접견실을 증축했다. 베르사유의 궁전에서 거울의 방은 서로 마주 보고

루이 르 보와 쥘 아르두앙 망사르

혁신적인 디자인을 추구했던 루이 르 보는 뱅센 성, 라 살페트리에르 병원 건축 프로젝트 등을 진행하여 1654년에 국왕 직속의 첫 건축가가 되었다. 17세기 말까지 쥘 아르두앙 망사르는 프랑스에서 가장 성공적인 건축가였고, 그의 작품은 전 세계 바로크 건축에 큰 영향을 미쳤다.

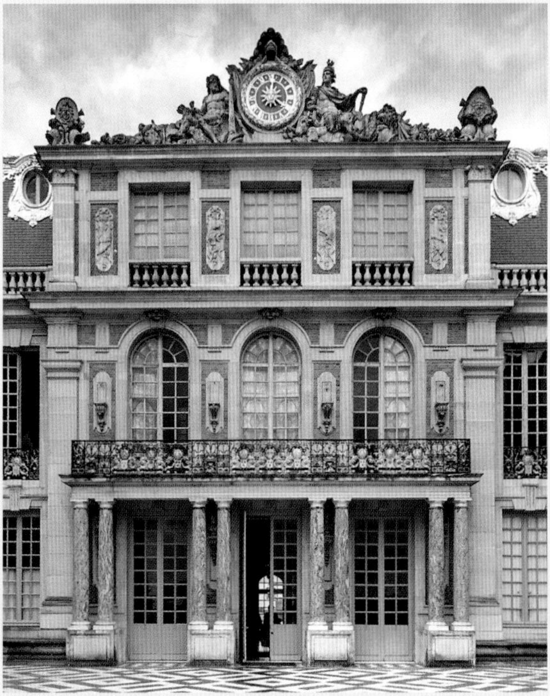

오른쪽. 베르사유 터에 있던 기존 사냥터 별장은 평범한 지붕과 날개가 있는 3층 규모의 궁전으로 바뀌었다. 궁전의 흑백 중정은 대리석 코트라는 이름이 붙었다.

바로크 **p.29** 로코코 **p.30**

다른 주요 작품

앵발리드, 쥘 아르두앙 망사르, 1706, 파리, 프랑스
뤽상부르 궁전, 살로몽 드 브로스, 1615~1620, 파리, 프랑스
보 르 비콩트 성, 루이 르보, 앙드레 르 노트르, 1656~1661, 맹시, 프랑스

있는 17개의 높은 아치형 전신 거울 창문과 대리석 벽기둥, 금박으로 장식된 주두 그리고 화려하게 채색된 천장이 있고, 대리석으로 마감된 중정은 도금과 벽기둥, 쌍둥이 기둥 그리고 정교한 조각으로 장식되어 있다. 2층 구조로 된 왕실 예배당은 볼트 천장과 앱스 그리고 코린트식 주두를 얹은 벽기둥이 있다. 앙주 자크 가브리엘(1698~1782)이 설계한 1,200명을 수용할 수 있는 규모의 왕실 오페라는 나중에 루이 16세 양식으로 알려지게 되었던 초기 사례들 중 하나이다.

궁전은 광활한 부지에 세워졌으며, 특히 호화로운 인테리어는 전 세계에 걸쳐 건축과 디자인에 부흥을 가져왔다. 샤를 르 브룅(1619~1690), 프랑수아 르무안(1688~1737), 쥐스트 오렐 메소니에(1695~1750) 등 수많은 디자이너와 예술인이 가구, 실내 장식, 프레스코화가 있는 내부를 만들었고, 앙드레 르 노트르(1613~1700)는 정원을 설계했다.

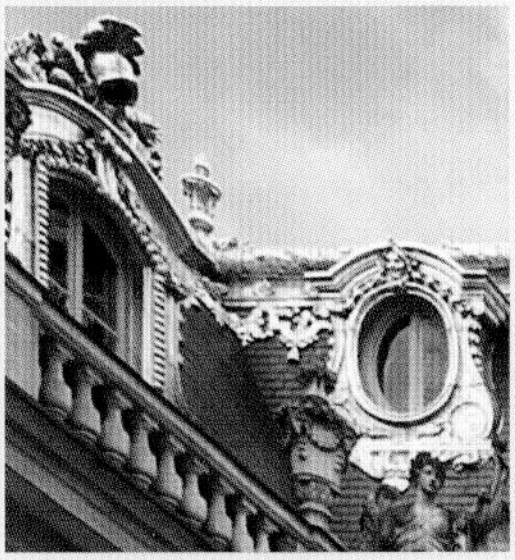

위. 다양한 색의 대리석과 화려한 태피스트리 그리고 넓은 유리뿐만 아니라 수백 개의 문틀과 창틀, 몰딩, 조각에 화려한 금박으로 장식된 베르사유 궁전의 사치스러움은 부패한 군주제의 절대주의를 상징하게 되었다.

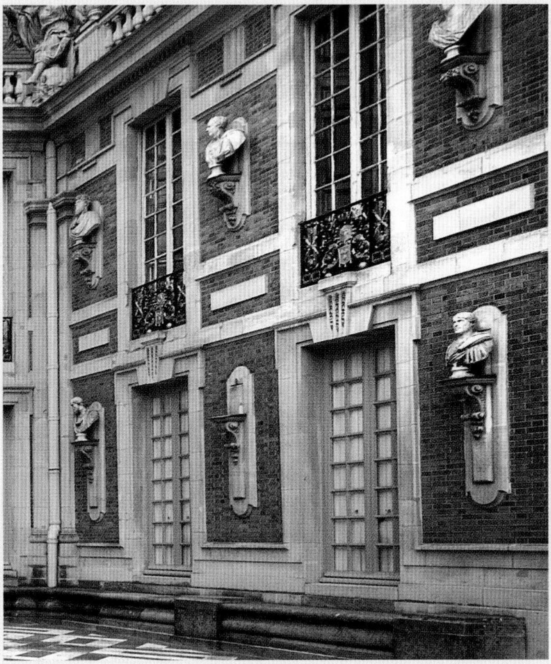

오른쪽. 베르사유 궁전 파사드는 형태가 모두 다르고, 프랑스 궁정의 일부에서 살았던 3,000명의 사람들을 수용하기 위해 수많은 문과 창문이 설치되었다. 가로 장식 띠를 한 석재가 특징이다.

유리 **p.167** 굴뚝 **p.169** 아치 **p.173** 중정 **p.175** 기둥 **p.177** 벽돌 **p.195**
대리석 **p.200** 스터코 **p.205** 유리 **p.206**

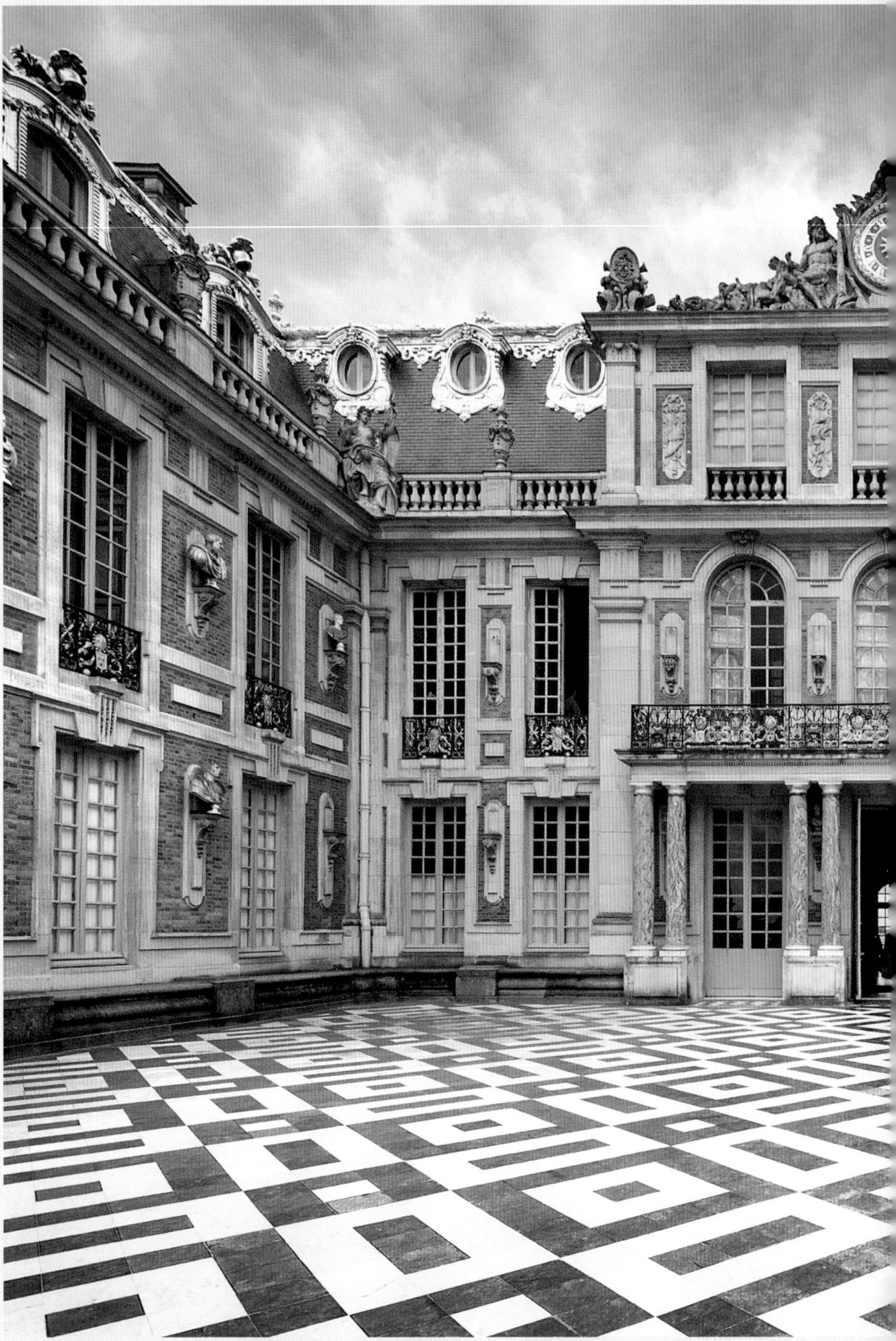

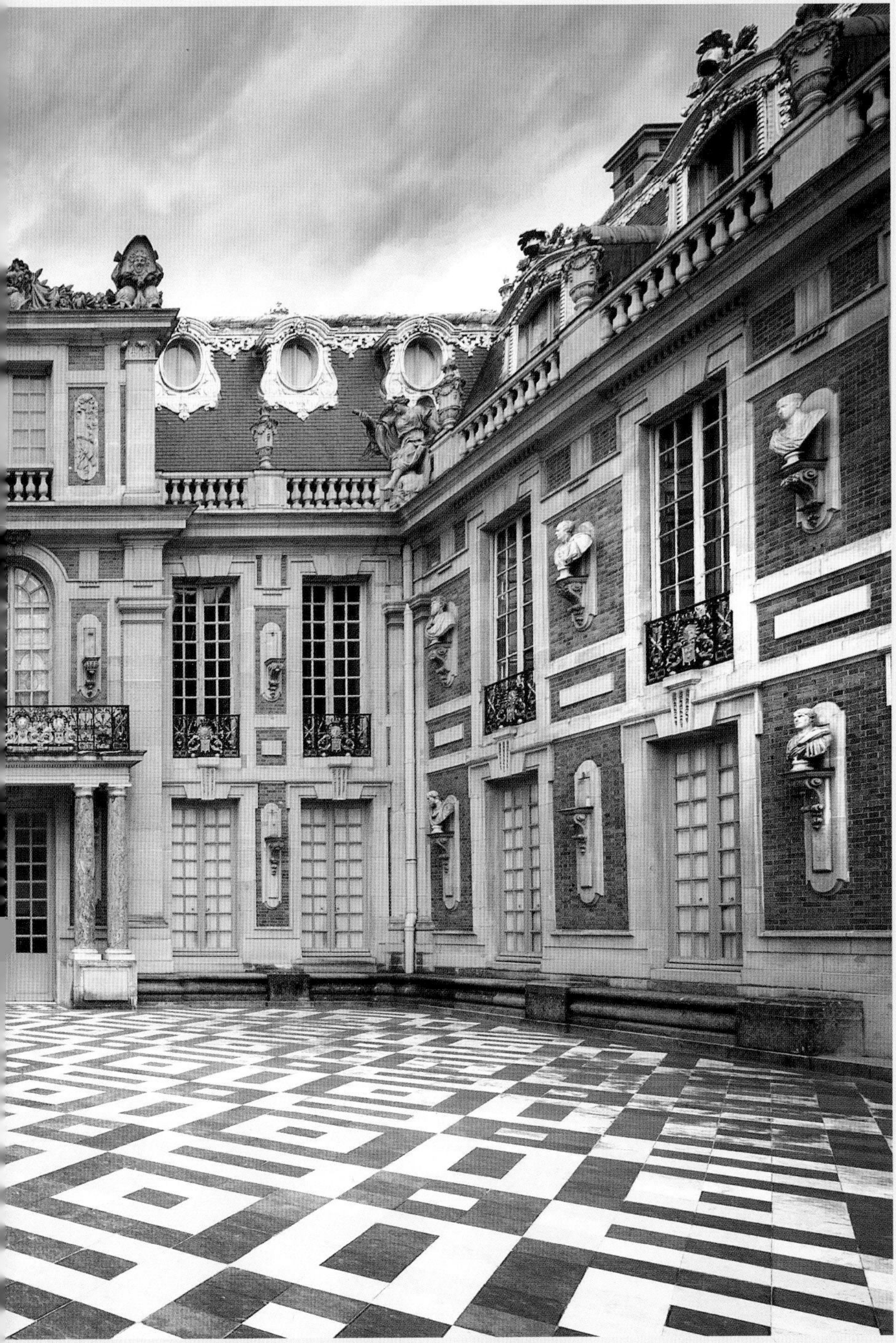

세인트 폴 대성당
Saint Paul's Cathedral

1675 ~ 1708

크리스토퍼 렌: 런던, 영국

런던 대화재 이후 크리스토퍼 렌(1632~1723)은 50개 이상의 교회 신축 설계 의뢰를 받았는데, 그중에는 화재로 소실된 올드 세인트 폴 성당의 신축 계획도 포함되어 있었다.

렌의 계획은 1675년에 승인되었지만, 정작 건설은 몇 년이 지나서야 시작되었다. 미켈란젤로가 지은 성 베드로 대성당 설계(90쪽 참조)에서 영감을 받은 세인트 폴 대성당은 돔을 포함해 높이가 111미터이다. 이 건축물은 1967년까지 런던에서 가장 높은 건물이었다. 내피와 벽돌콘, 외피 3단계로 이루어져 높이 솟은 바로크 돔은 신랑, 합창단, 익랑, 통로가 있는 8개 아치 사이 펜덴티브 구조 위에 있다. 돔 아래의 원통형 벽체 주변에는 반복된 페리스타일 콜로네이드(안뜰을 둘러싼 열주), 띄엄띄엄 설치된 창문, 돌출된 기둥이 있다. 내외부 돔을 지지하는 페리스타일은 장식이 많고, 실용성이 높다. 돔 양쪽에는 반원형 포티코가 있는 넓은 익랑이 있다.

건물의 서쪽 면은 2개 층에 걸쳐 한 쌍의 기둥이 있는 고전적인 포티코가 있다. 쌍둥이 종탑은 높이가 거의 65미터이다. 성당 디자인은 전반적으로 고딕과 르네상스 그리고 고전 양식 요소가 모두 다 들어있지만, 영국의 이니고 존스(1573~1652)와 프랑스의 쥘 아르두앙 망사르의 건축 계획으로 절제된 바로크 양식이 주로 적용되었다.

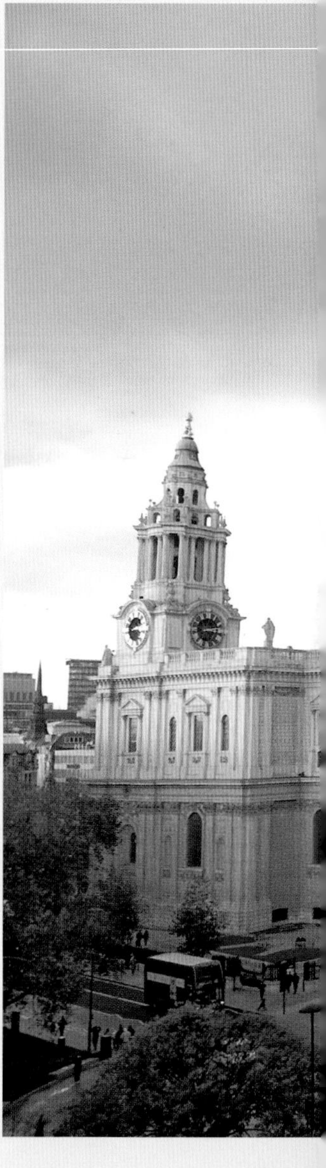

크리스토퍼 렌

크리스토퍼 렌은 왕립학회의 디자이너이자 천문학자이고, 기하학자이자 창립자(회장)였다. 그는 서른 살에 건축을 시작해서 1666년 대화재 이후 런던시를 재건하려는 계획은 실현되지 않았지만, 영국왕립해군사관학교와 그리니치 등 수많은 교구를 포함해 도시와 도시 너머에서 많은 신축 건물을 설계했다.

바로크 p.29

다른 주요 작품

래드클리프 카메라, 제임스 깁스, 1747~1749, 옥스퍼드, 영국
세인트 메리 르 보, 크리스토퍼 렌, 1670~1673, 런던, 영국
세인트 마틴, 루드게이트, 크리스토퍼 렌, 1677~1684, 런던, 영국

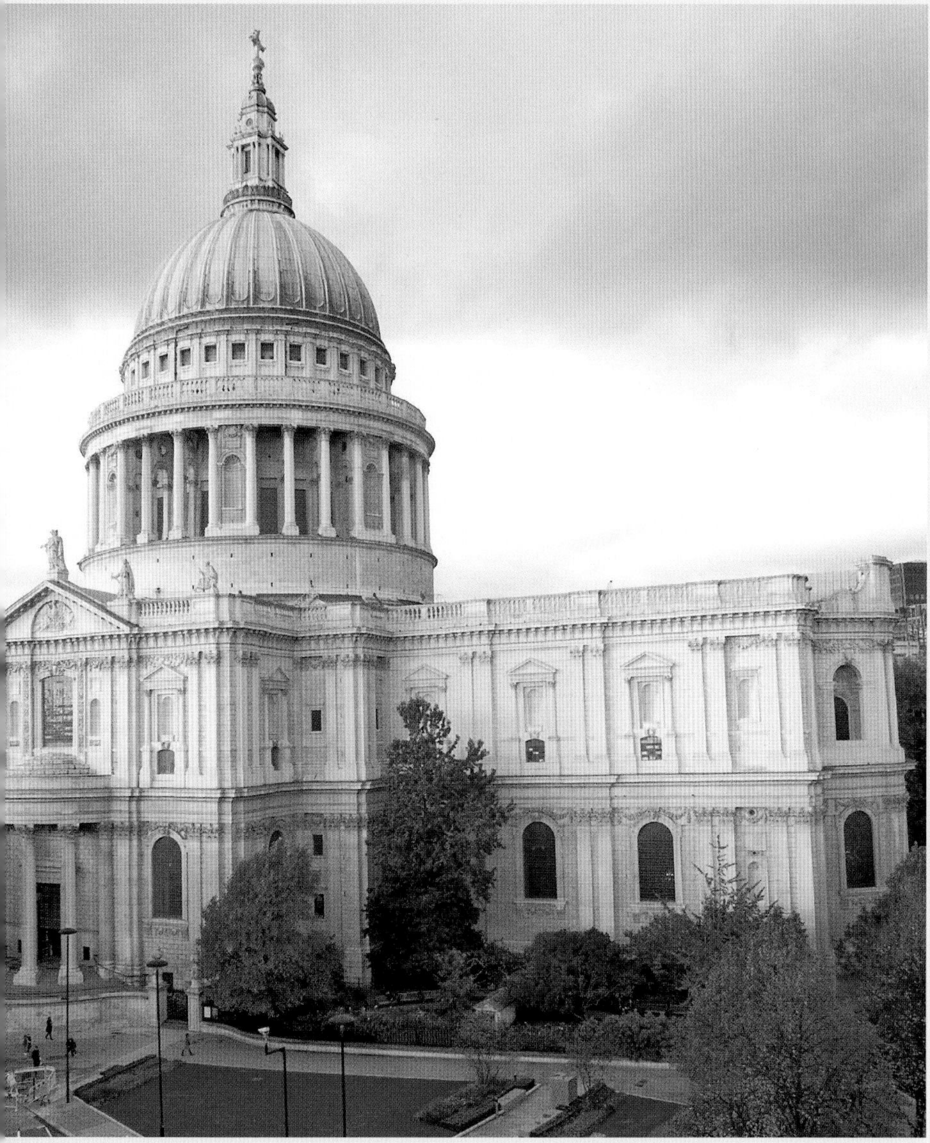

창문 **p.167** 돔 **p.172** 아치 **p.173** 기둥 **p.177** 벽돌 **p.195** 대리석 **p.200** 스터코 **p.205** 유리 **p.206**

비스키르헤 Wieskirche

1745 ~ 1754

도미니쿠스 짐머만 · 요한 밥티스트 짐머만: 바이에른, 독일

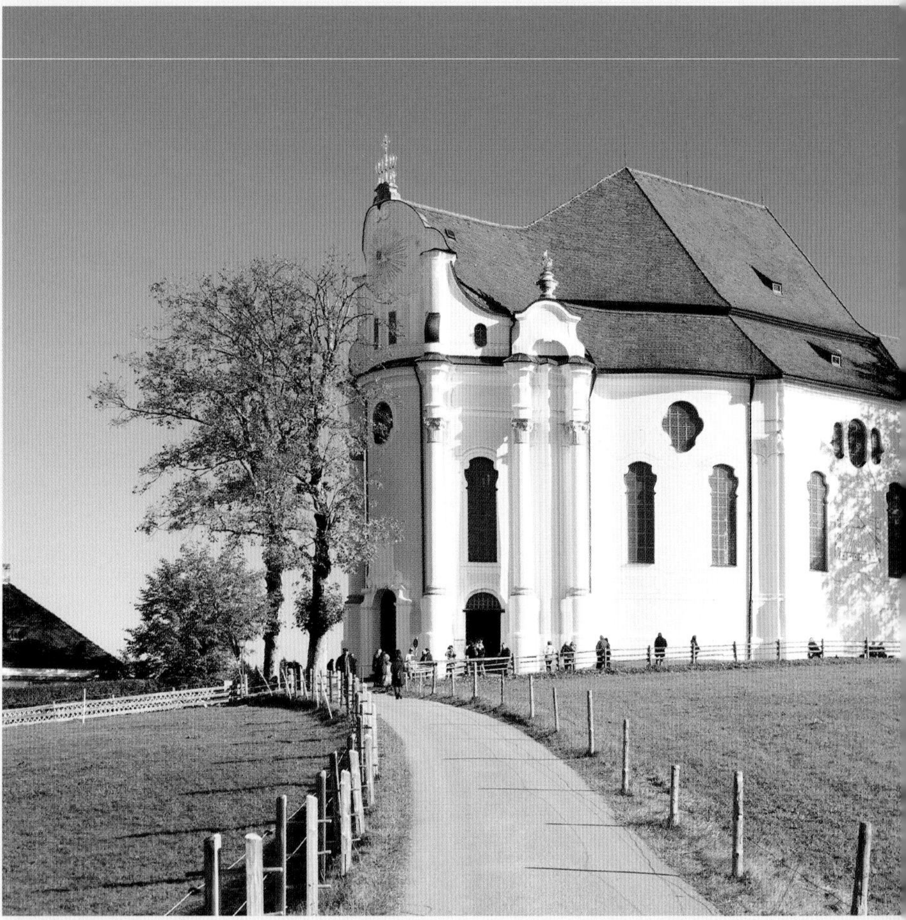

다른 주요 작품

대수도원 성당, 에기트 퀴린 아잠, 코스마스 다미안 아잠, 1724, 켈하임, 독일
로텐부크 교회, 요셉 슈무츠, 프란츠 크사버 슈무츠, 1747, 로텐부크, 독일
성 요한 네포무크 성당, 에기트 퀴린 아잠, 코스마스 다미안 아잠, 1750, 뮌헨, 독일

바로크 p.29 로코코 p.30

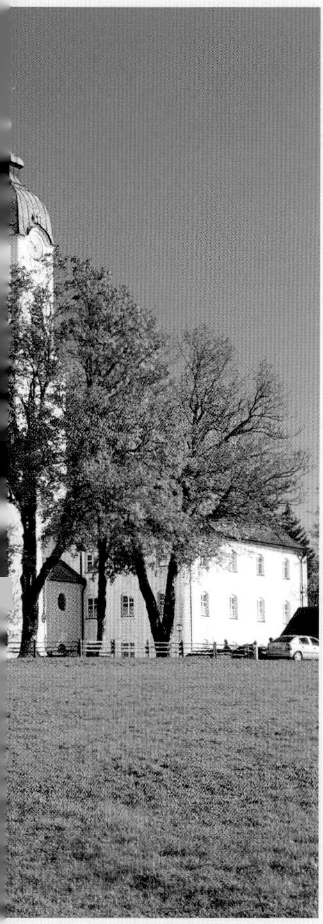

1738년 바이에른의 슈타인가덴 근처에 조각된 예수 목상에서 실제 눈물이 나온 이후 순례 교회(때론 목초지 교회로 알려진) 비에스키르헤가 그 자리에 세워졌다.

새로운 교회는 방문자 수 때문에 규모가 커야 했었다. 또한 건축물은 인상적이어야 했고, 교외 지역에서 너무 과하지 않아야 했다. 그 결과 교회는 로코코 양식과 바로크 양식이 혼합되었다. 지역 건축가이자 예술가인 도미니쿠스(1685~1766)와 요한 밥티스트 짐머만(1680~1758) 형제는 아무런 장식 없이 직선으로 이루어진 타원형 교회로, 내부는 가볍고 통풍이 잘되는 구조로 설계했다. 8개의 교각 기둥은 정교한 곡선과 금박을 입힌 스터코 그리고 섬세한 프레스코화로 장식된 큰 엔타블러처와 볼트를 받쳐 들고 있다. 동쪽에는 깊이 들어가 있는 긴 성가대석이 갤러리를 위아래로 둘러싸고 있다.

도미니쿠스는 보는 각도마다 색이 달라지는 푸른 하늘을 배경으로 환의에 가득찬 천사가 그려진 트롱프뢰유 화처럼 볼트 천장을 모두 조화롭게 만들려고 했다. 내부 주요 색상은 금색, 파란색, 빨간색인데, 금색은 하늘, 파란색은 하나님의 은혜, 빨간색은 그리스도의 피를 상징한다. 긴 창문 앞에 교묘하게 숨어있는 대리석 기둥이 만들어낸 의외의 틈 사이로 햇빛이 건물 안으로 쏟아져 들어온다.

도미니쿠스와 요한 밥티스트 짐머만

예술가이자 장인 가문의 후손인 도미니쿠스와 요한 밥티스트 짐머만은 함께 일했다. 도미니쿠스는 원래 스터코 전문가에 불과했지만, 나중에는 건축계 거장이 되었다. 그의 형 요한 밥티스트 짐머만은 중정 스터코 전문가이자 프레스코 화가이면서 건축가였다. 두 사람은 건축과 장식할 것 없이 거의 모든 분야에서 설계하고 건축했지만, 그들의 작품 중 대부분은 교회였다.

→ 창문 **p.167** 지붕 **p.168** 기둥 **p.177** 몰딩 **p.181** 신랑 **p.182** 볼트 **p.183**
포티코/포치 **p.186** 벽돌 **p.195** 대리석 **p.200** 스터코 **p.205**

핸콕 셰이커 빌리지
Hancock Shaker Village

1791 ~ 1961

매사추세츠, 미국

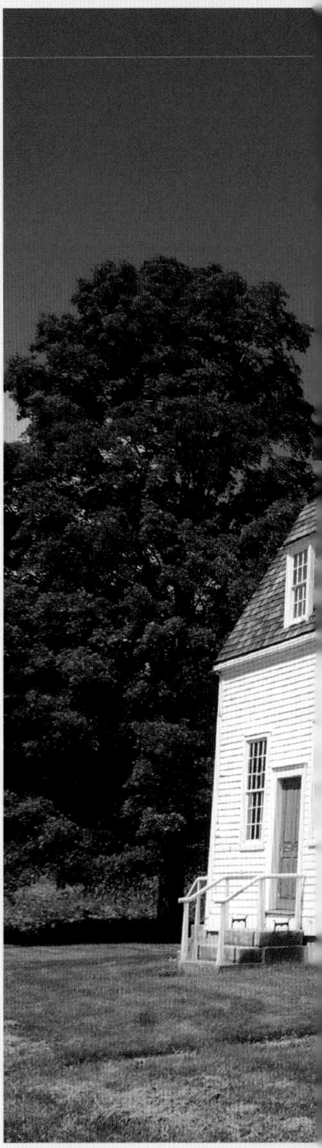

18세기에 설립된 셰이커(그리스도 재림 연합 신도회)는 미국 전역에 집단 마을을 건설했다.

핸콕은 1783년에서 1836년 사이에 미국에서 설립된 19개의 마을 중 세 번째로 세워진 마을이었다. 핸콕은 전성기에 300명이 넘는 셰이커 교도들에게 있어 고향이었다. 가족들이 사는 주거지는 마을 가운데에서 긴밀하게 맺어진 공동체를 바탕으로 선형적으로 배치되었다. 이 주거지에는 1층에 공용 공간과 분리된 출입구, 남성과 여성이 따로 쓰는 계단 그리고 층마다 분리된 침실이 있다. 다른 건축물은 집회소(1793)와 돌로 지은 원형 헛간(1826)이 있다. 마을에 지어진 건축물은 모두 널찍하고, 장식은 일부로 하지 않았다. 건축 재료는 대체로 나무와 화강암, 대리석 그리고 여러 종류의 돌을 사용했다.

셰이커 건축가는 '비딩과 몰딩 그리고 코니스' 사용을 금지했고, 문틀과 창틀, 인방 그리고 굴뚝과 같은 요소를 깔끔하고 단순한 선으로 설계했다. 그들의 종교법에서는 모든 집회소는 '외부는 흰색으로, 내부는 푸른색으로 칠해야 한다'고 규정하고 있다. 기존의 핸콕 집회소는 1786년 종교의식에서 춤을 출 수 있는 방을 포함해 넓게 만들어졌고, 이후 박공 지붕을 만들면서 확장되었다가 1938년에 파괴되었다. 거대하고 독특하게 생긴 돌로 만들어진 원형 헛간은 지역 사회에서 농업이 중요한 이유를 알려준 건축물이다.

셰이커 건축

셰이커는 공동체 생활 속에서 성도들이 함께 살고, 일하고, 예배할 수 있는 환경을 만들었다. 셰이커 양식의 기술자들은 언덕을 다지고, 개울 물길을 돌려 거대한 주택과 사무실, 헛간 그리고 집회소를 지었다. 이 건축물들은 분리된 이중 문과 계단 그리고 방으로 자연광이 들어오는 실내 창문이 있는 것이 특징이다. 그들은 건축물을 유행에 상관없이 평범하게 설계했다.

셰이커 p.33

다른 주요 작품

알프레드 셰이커 빌리지, 건축가 미상, 1793~1931, 메인, 미국
켄터베리 셰이커 빌리지, 건축가 미상, 1792~1992, 뉴햄프셔, 미국
엔필드 셰이커 빌리지, 건축가 미상, 1792~1917, 코네티컷, 미국

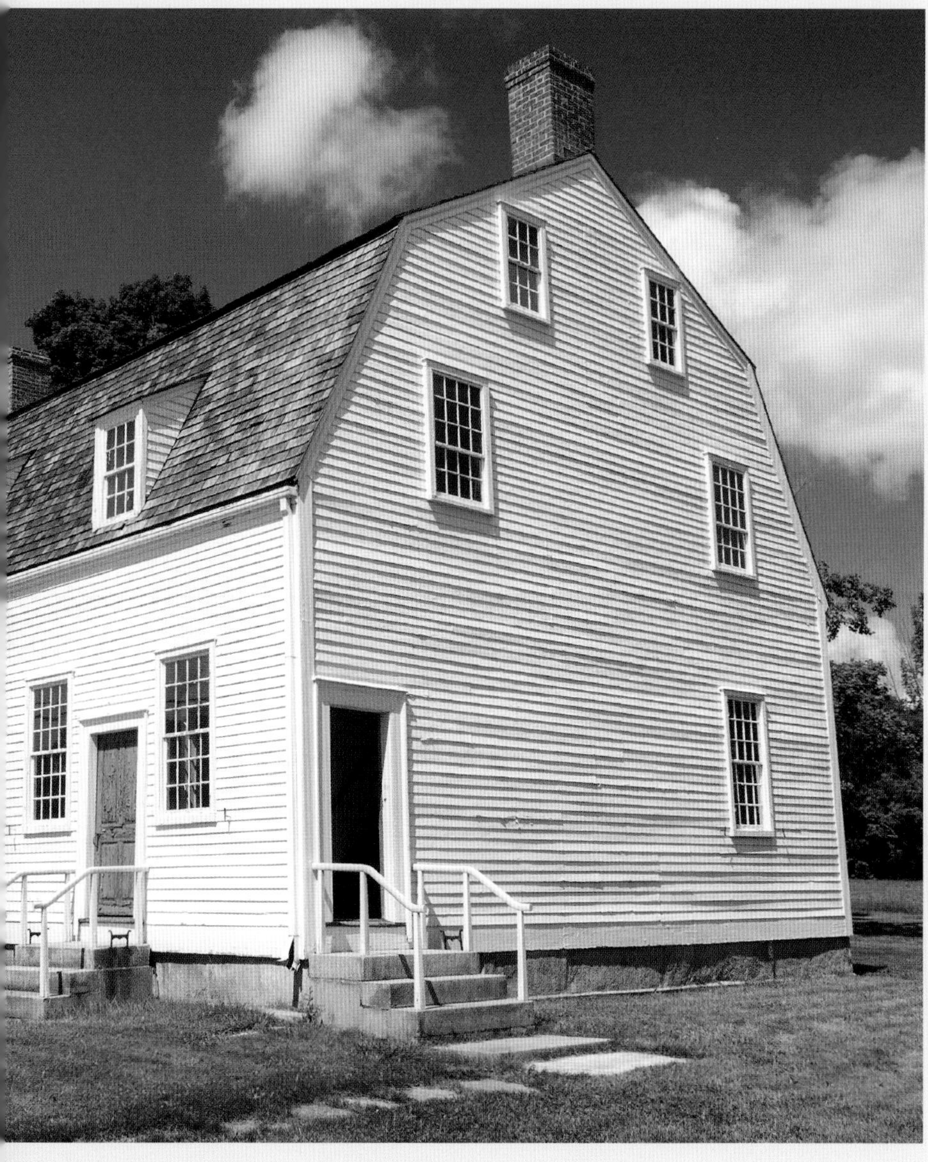

→ 창문 **p.167** 계단 **p.176** 박공 **p.179** 돌 **p.192** 벽돌 **p.195** 나무 **p.196**

미국 국회의사당 Capitol Building

1793 ~ 1863

윌리엄 손튼 · 토마스 유스틱 월터: 워싱턴 D.C., 미국

다른 주요 작품

백악관, 제임스 호번, 1792~1829, 워싱턴 D.C., 미국
버지니아 주청사, 토마스 제퍼슨, 1788, 리치몬드, 미국
버지니아 대학교, 토마스 제퍼슨, 1822~1826, 샬러츠빌, 미국

1789년 3월에 공식적으로 시작된 미국 의회는 1790년 7월 조지 워싱턴(1732~1799) 대통령이 새로운 수도의 부지로 선택한 포토맥 강 부지에 영구적인 수도를 설립하는 법안을 통과시켰다.

워싱턴주에서는 프랑스 기술자 피에르 샤를 랑팡(1754~1825)에게 새로운 도시 계획을 요청했다. 주요 건축물을 지을 수 있을 거라 생각했던 랑팡의 화려한 계획안은 1792년에 묵살당했다. 당시 국무장관이었던 토마스 제퍼슨(1743~1826)은 고전 그리스 로마 양식 건축이 새로운 공화국의 이상을 가장 잘 표현할 것이라고 생각해서 같은 해에 국회의사당 설계 공모전을 개최했다. 아마추어 건축가이자 의사였던 윌리엄 손튼(1759~1828)은 신고전주의 양식으로 만들어진 로툰다(rotunda, 원형 건축물)로 공모전에서 당선되었다. 하지만, 훗날 갖가지 이유로 영국계 미국인 건축가 벤자민 헨리 라트로브(1764~1820)와 찰스 불핀치(1763~1844)가 건축을 수정했다.

1850년대에, 펜실베니아 건축가 토마스 유스틱 월터(1804~1887)는 로툰다의 양쪽인 북쪽(상원)과 남쪽(하원)의 날개를 확장했고, 독일계 미국인 건축가 어거스트 쇤보른(1827-1902)과 함께 더 큰 돔을 설계했다. 지름이 29미터인 로툰다는 벽의 높이가 15미터, 돔의 캐노피 높이는 54.9미터이다. 내피와 외피가 감싸고 있는 돔은 천장 가운데 오큘러스(둥근 창)가 있다.

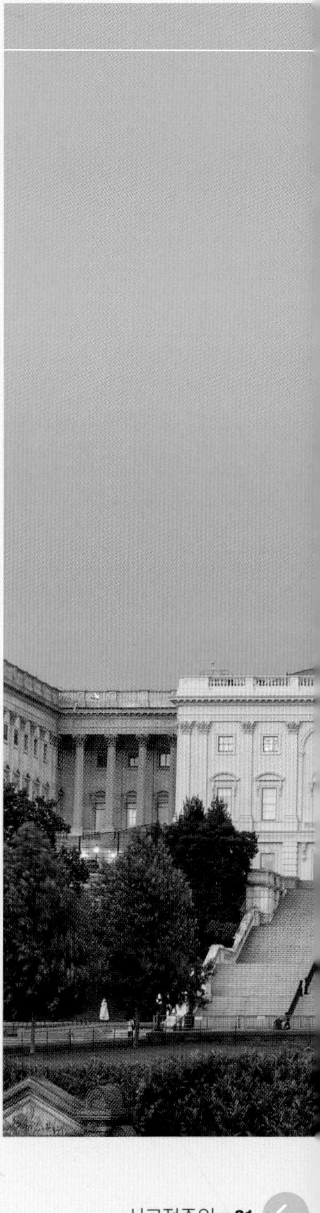

신고전주의 p.31

토마스 유스틱 월터

미국 국회의사당의 네 번째 건축가였던 토마스 유스틱 월터는 북쪽과 남쪽 날개를 확장하고 중앙 주철 돔을 건물에 추가하는 일을 담당했다. 그의 계획은 기존 건축물을 두 배 이상 크기로 만드는 것이었다. 완성된 돔은 창문이 108개가 있고, 무게는 4,080톤에 달했다.

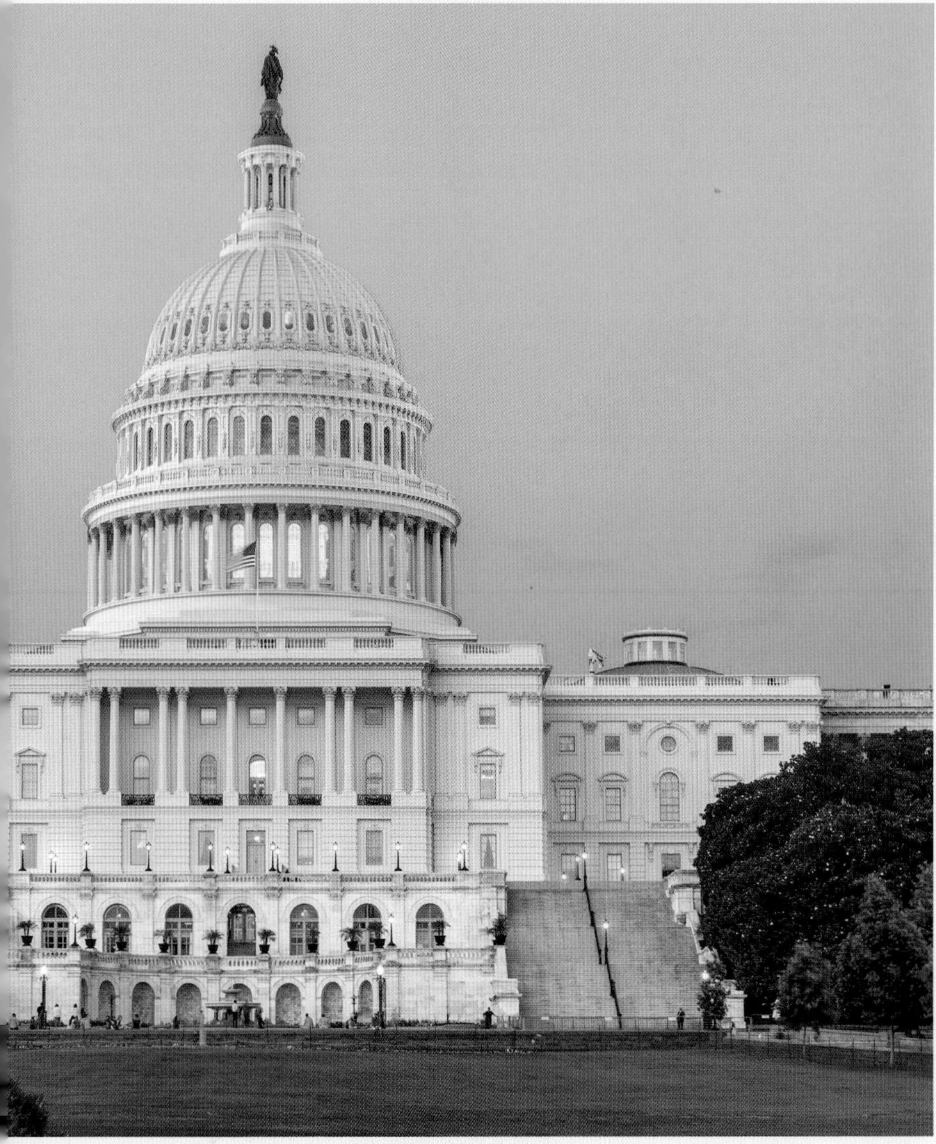

지붕 **p.168** 돔 **p.172** 기둥 **p.177** 포티코/포치 **p.186** 돌 **p.192** 벽돌 **p.195** 스터코 **p.205** 유리 **p.206**

웨스트민스터 궁전
Palace of Westminster

1840 ~ 1870

찰스 배리 · 아우구스투스 푸긴: 런던, 영국

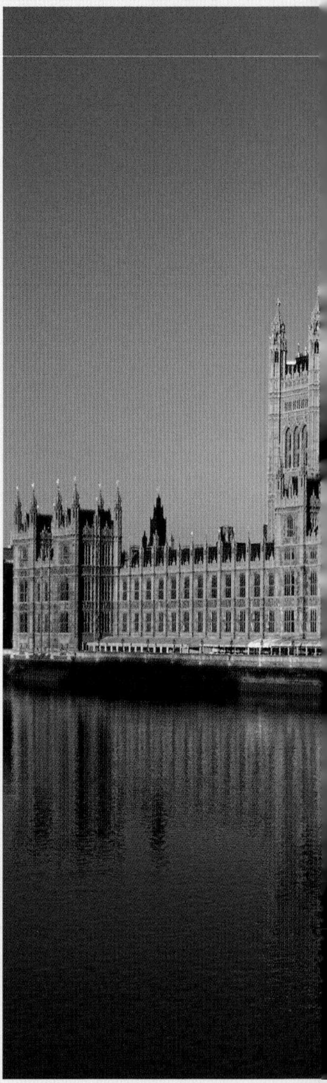

1834년에 일어난 화재로 웨스트민스터 궁전이 소실된 이후 재건축 설계 공모전이 열렸다.

아우구스투스 푸긴(1812~1852)의 도움으로 건축가 찰스 배리(1795~1860)는 공모전에 당선되었다. 15세기 영국 교회의 영향을 받은 이 거대한 건축물은 작은 첨탑과 포탑, 그리고 세 개의 큰 탑으로 이루어져 가로로 긴 파사드에 창문이 반복된 형태로 설치되어 있는 게 특징이다. 건축물에서 왕이 드나드는 가장 높고 큰 빅토리아 타워는 창문과 조각상으로 장식된 파사드 안에 숨겨진 철 프레임이 지지하고 있다. 중앙 로비 위에 설치된 팔각형 센트럴 타워는 환기 목적으로 지어졌고, 첨탑은 다른 두 개의 탑과 시각적으로 대비되는 게 특징이다. 흔히 빅벤으로 알려진 엘리자베스 타워에는 그레이트 클락이 있다. 네 면으로 만들어진 시계는 푸긴이 직접 디자인했으며, 건물에 세워진 많은 피너클(작은 첨탑)과 피니얼(상부 장식)그리고 터릿(성 꼭대기 작은 탑)은 각각 오지(이중 곡선)와 조각된 크로켓(나뭇잎 같은 곡선 장식)이 특징이다.

궁전 내부는 중앙 로비뿐만 아니라 상하원 회의실과 별도의 로비가 딸린 주요 방들이 있는 일직선의 '스파인(spine)'은 중앙을 따라 뻗어 있다. 복도는 영국 국회의사당과 연결되어 있다. 고딕 양식의 부활은 이후 많은 공공 건축물 설계에 영향을 미쳤다.

찰스 배리와 아우구스투스 푸긴

많은 건축물을 지은 건축가 찰스 배리는 프랑스와 이탈리아, 이스라엘 그리고 시리아 등 여러 나라를 여행하면서 건축 영향을 받았고, 특히 그는 고전주의와 고딕 양식을 선호했다. 독실한 가톨릭 신자였던 푸긴은 특히 고딕 양식을 선호했다. 중세 주의에 매료되었던 그는 미술공예운동에 강력한 영향을 미쳤다.

고딕 리바이벌 p.32

다른 주요 작품

하이클레어 성, 찰스 배리, 1839~1842, 버크셔, 영국
던로빈 성, 찰스 배리, 1835~1850, 서덜랜드, 영국
노팅엄 대성당, 아우구스투스 푸긴, 1841~1844, 노팅엄, 영국

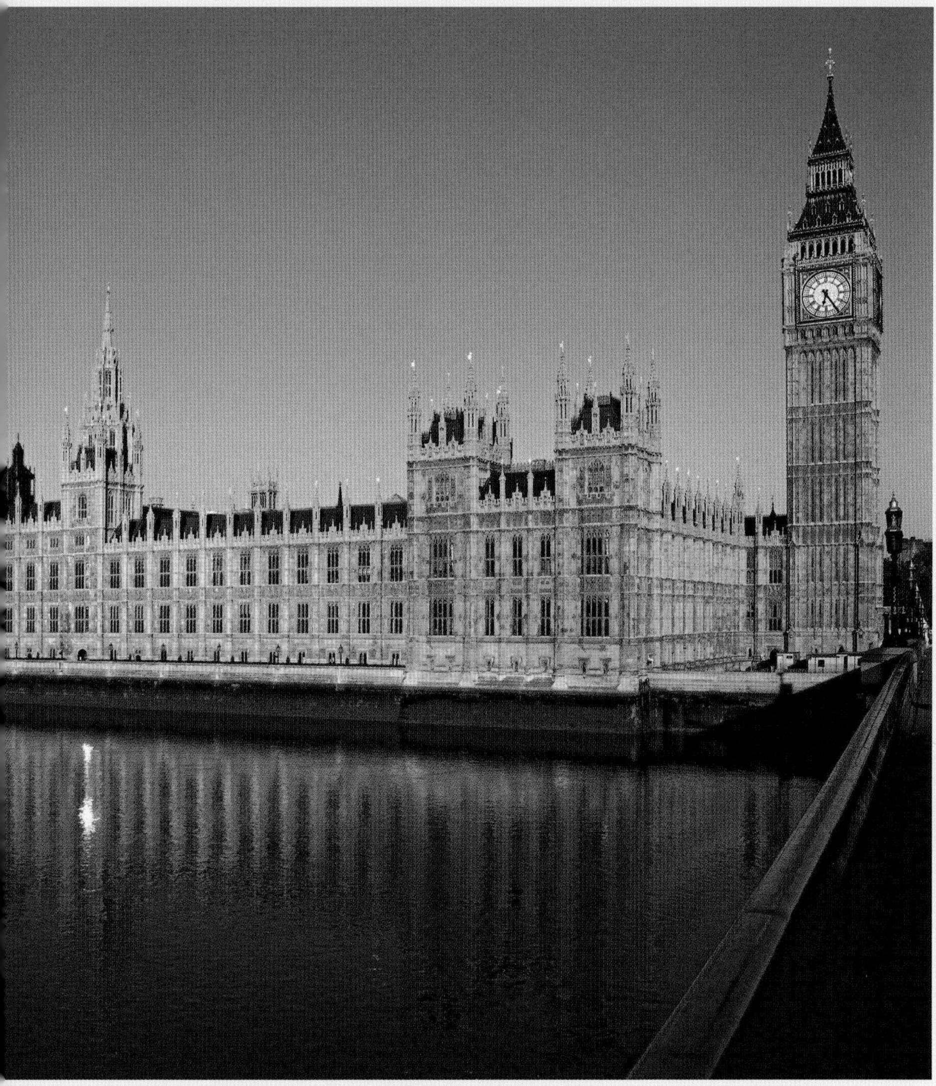

→ 유리 **p.167** 지붕 **p.168** 탑 **p.174** 볼트 **p.183** 첨탑 **p.184** 돌 **p.192** 유리 **p.206** 철 **p.208**

레드 하우스 Red House

1859~1860

필립 웹 · 윌리엄 모리스: 켄트, 영국

'미술공예운동 건축의 아버지' 필립 웹(1831~1915)과 디자이너 윌리엄 모리스(1834~1896)가 공동 설계한 레드 하우스는 미술공예운동의 정신을 잘 보여준다.

모리스는 런던 중심부에서 통근이 가능한 거리 내에서 자신과 새 아내인 제인 모리스(1839~1914)가 함께 살아갈 전원주택을 짓기로 결심하고 친구 웹에게 설계를 도와달라고 요청했다. 중세주의(Medievalism), 고딕 리바이벌, 그리고 장인 정신으로 지어진 레드 하우스는 미술공예운동 건축의 초기 작품이다. 독특하게 L자로 설계된 2층 규모의 붉은 벽돌 건축물은 높게 경사진 붉은 타일 지붕으로 되어 있다. 1층에는 홀과 식당, 도서관, 오전용 거실 그리고 부엌이 있고, 2층에는 메인 거실과 응접실, 스튜디오 그리고 침실이 있다.

웹과 모리스는 노동자 계급에 대한 생각이 확고했기에 하인 숙소는 대부분의 현대식 건축물보다 크고 가볍게 지었다. 창문은 외부에서 볼 때 대칭인 것보다는 방에 맞게 배치했고, 내리닫이 창과 둥근 창, 여닫이 창과 지붕 창 등 여러 유형의 창문을 사용했다. 모리스와 친구들은 가구에서부터 타일, 촛대, 식기, 그리고 심지어 웹과 에드워드 번 존스(1833~1898)의 스테인드 글라스까지 거의 내부에 있는 모든 가구와 집기를 장식없이 디자인했다.

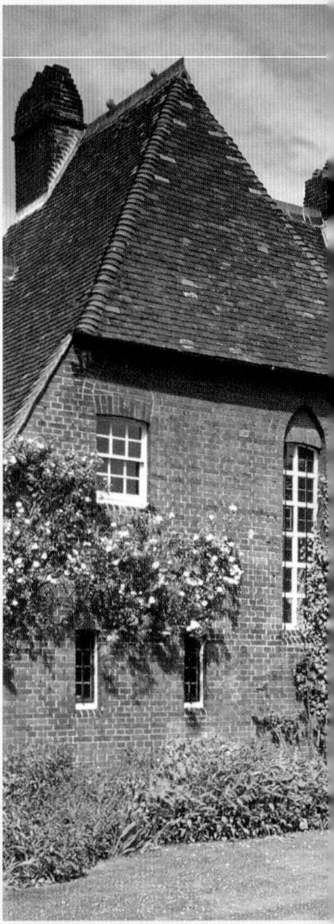

다른 주요 작품

위트윅 매너, 에드워드 울드, 1887~1893, 울버햄프턴, 영국
더웬트 하우스, 어니스트 뉴턴, 1899, 브롬리, 영국
스텐든, 필립 웹, 1892~1894, 웨스트 서식스, 영국

미술공예운동 p.35

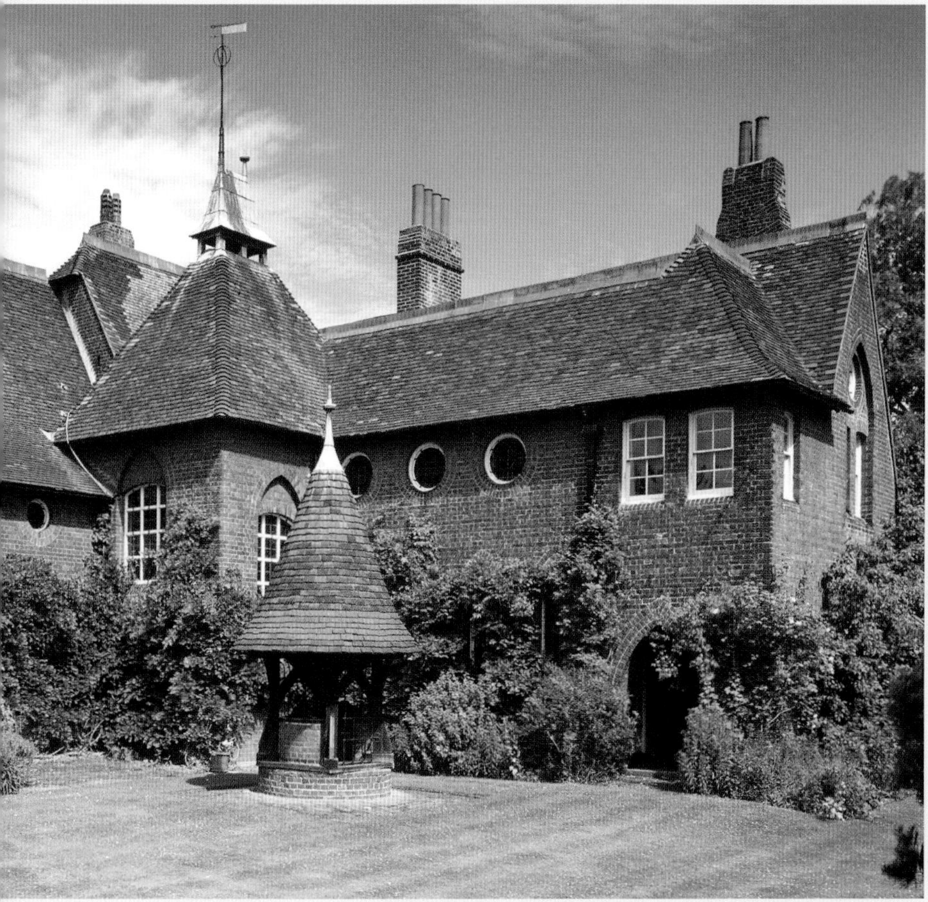

윌리엄 모리스와 필립 웹
건축가이자 디자이너, 작가, 번역가 그리고 사회주의 운동가인 윌리엄 모리스는 미술공예운동의 가장 중요한 인물 중 한 명이었다. 건축 교육과 중세주의 영향을 받은 그는 수공예 디자인과 제조 생산 관행을 되살리고자 모리스앤컴퍼니를 설립했다. 레드 하우스를 완공한 후에 필립 웹은 런던에 있는 그의 사무실에서 여러 미술공예운동 건축물을 설계했다.

창문 **p.167** 지붕 **p.168** 굴뚝 **p.169** 계단 **p.176** 박공 **p.179** 돌 **p.192**
벽돌 **p.195** 유리 **p.206** 스테인드 글라스 **p.207**

노이슈반슈타인 성

Neuschwanstein Castle

1869 ~ 1892

에두아르트 리델 · 게오르크 폰 돌만: 바이에른, 독일

다른 주요 작품

호엔촐레른 성, 프리드리히 아우구스트 스튈러, 1850~1867, 바뎀뷔르템베르크, 독일
슈베린 성, 고트프리트 젬퍼, 프리드리히 아우구스트 스튈러, 게오르크 아돌프 뎀러, 에른스트 프리드리히 츠비르너, 1845~1857, 메클렌부르크 포어포메른, 독일
호엔슈반가우 성, 도메니코 콰글리오 2세, 1833~1837, 슈반가우, 독일

노이슈반슈타인 성은 높은 바위에, 2개의 작은 성이 있던 자리에 바이에른의 국왕 루트비히 2세(1845~1886)에 의해 지어졌지만 그가 41세의 나이로 죽었을 때 성은 겨우 3분의 1만 지어진 상태였다.

높이가 다른 첨탑과 포탑 그리고 지붕이 있는 미완의 성은 루트비히 2세가 죽은 뒤에 박물관으로 만들어져 민중들에게 공개되었다. 단순한 형태로 만들어진 바워 앤 스퀘어 타워는 6년 뒤에 단 15개의 방이 있는 건축물로 완성되었다. 더는 요새가 필요하지 않은 시기에 석회암 벽돌로 지어진 이 성은 루트비히 2세의 중세 신화에 대한 열정이 보인다. 디자인은 거의 독일 바르트부르크와 프랑스 피에르퐁스 두 성곽의 초기 외형이 기반되었다.

높은 탑과 첨탑, 흉벽, 석락 그리고 벽으로 둘러싸인 중정과 같은 특징이 있는 중세 성곽은 19세기에 들어서 수돗물, 수세식 화장실, 중앙 난방 시스템, 전화선과 같은 사치품이 설치되었다. 모조 포피리와 라피스 라줄리로 만든 기둥, 무늬가 새겨진 돌기둥 그리고 볼트가 있는 2층 왕실은 콘스탄티노플의 아야 소피아 성당(62쪽 참조)에서 영감을 받았다. 하지만, 일반적으로 이 성은 당시에 독일에서 특히 인기가 있었던 로마네스크 리바이벌 양식을 따르고 있다. 그 증거는 머리가 둥근 아치와 배럴 볼트 그리고 두껍고 튼튼한 벽에서 찾을 수 있다.

에두아르트 리델과 게오르크 폰 돌만

에두아르트 리델(1813~1885)은 처음에 북부 바이에른의 바이로이트에서 건축을 공부했고, 1834년에 뮌헨에서 졸업했다. 이후에 그는 명망있는 후원자들의 사랑을 듬뿍 받아 최고의 궁정 건축가가 되었다. 게오르크 폰 돌만(1830~1895)도 뮌헨에서 건축을 공부했다. 1868년에 그는 루트비히 2세를 위해 일하기 시작해서 1874년에 리델로부터 노이슈반슈타인 성의 설계 지휘권을 넘겨 받았다.

로마네스크 p.24

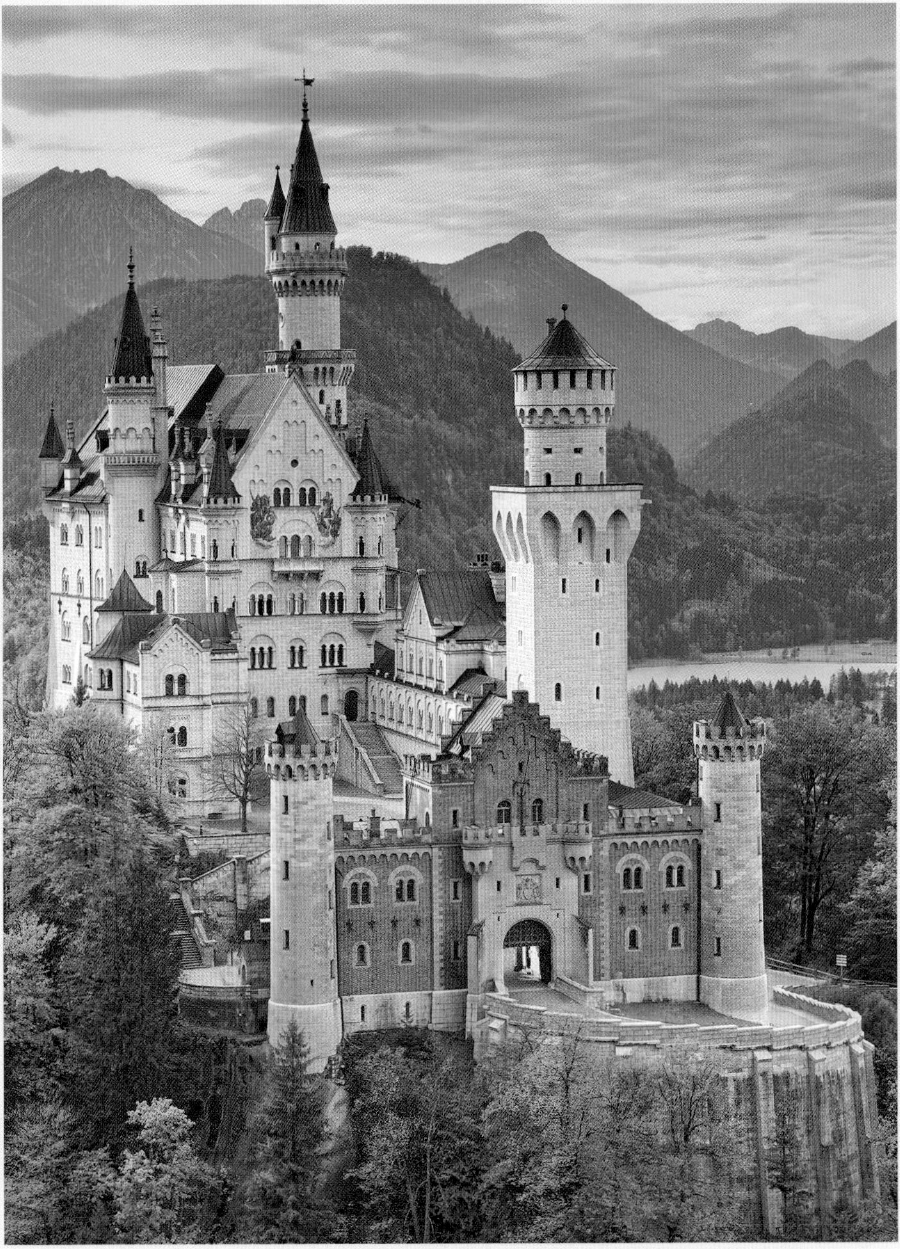

지붕 **p.168** 탑 **p.174** 중정 **p.175** 기둥 **p.177** 몰딩 **p.181** 첨탑 **p.184** 돌 **p.192** 벽돌 **p.195** 유리 **p.206**

사그라다 파밀리아

Sagrada Família

1881 ~

안토니 가우디: 바르셀로나, 스페인

안토니 가우디
독실한 가톨릭 신자이자 건축가이며 공예가였던 가우디는 1884년 바르셀로나에 있는 사그라다 파밀리아 대성당 건축을 책임졌다. 가우디는 수학적인 구조를 바탕으로 건축했지만, 대부분 계획대로 하지 않고, 별난 아이디어를 가지고 즉흥적으로 모델을 만들면서 건축물을 지었다.

안토니 가우디(1852~1926)는 바르셀로나에 높은 첨탑과 표현력이 뛰어난 조각 파사드가 있는 사그라다 파밀리아를 지었다.

카탈루니아에서 19세기 말에 고딕 리바이벌과 무어 건축이 뒤섞이여 모데르니스모(Morernismo)라는 양식이 생겨났다. 가우디는 스페인 풍경과 인도, 페르시아, 중국, 이집트, 일본 예술에서 가져온 개념과 자신만의 독특한 생각을 섞었다. 사그라다 파밀리아는 로마의 성 베드로 대성당을 보고 온 책 판매상이자 자선가였던 호세 마리아 보카벨라(1815~1892)의 영감에서 시작되었다.

1884년에 가우디는 이 프로젝트의 건축 책임자로 임명되어 숭고한 가톨릭 신앙이 그대로 묻어있는 거대한 돌과 유리로 대성당을 계획했다. 그러나 43년 후 그가 사망했을 때 대성당은 4분의 1만 지어진 상태였다. 가우디는 자연에서 영감을 받아 형태를 만들었지만, 거대한 건물 전체는 성경 내용을 묘사했다.

하지만, 대성당이 라틴 십자가 형태를 하고 있는 것 이외에는 전통을 따르는 것이 거의 없다. 그리스도의 탄생과 수난 그리고 부활을 상징하는 기념비적인 외부 파사드가 세 군데 있다. 대성당은 모자이크와 유리로 장식된 4개의 높은 종탑이 있다. 탑은 전도사와 사도를 상징하는 반면에 성스러운 인물 조각상은 평범한 바르셀로나 시민이 모델이었다. 다양한 색의 모자이크와 털모양 방울이 달린 첨탑은 가톨릭 주교의 모자 미트라와 반지 그리고 지팡이를 상징한다.

다른 주요 작품

카사 바트요, 안토니 가우디, 1904~1906, 바르셀로나, 스페인
카사 밀라, 안토니 가우디, 1906~1912, 바르셀로나, 스페인
파크 구엘, 안토니 가우디, 1900~1914, 바르셀로나, 스페인

고딕 리바이벌 **p.32** 아르 누보 **p.36**

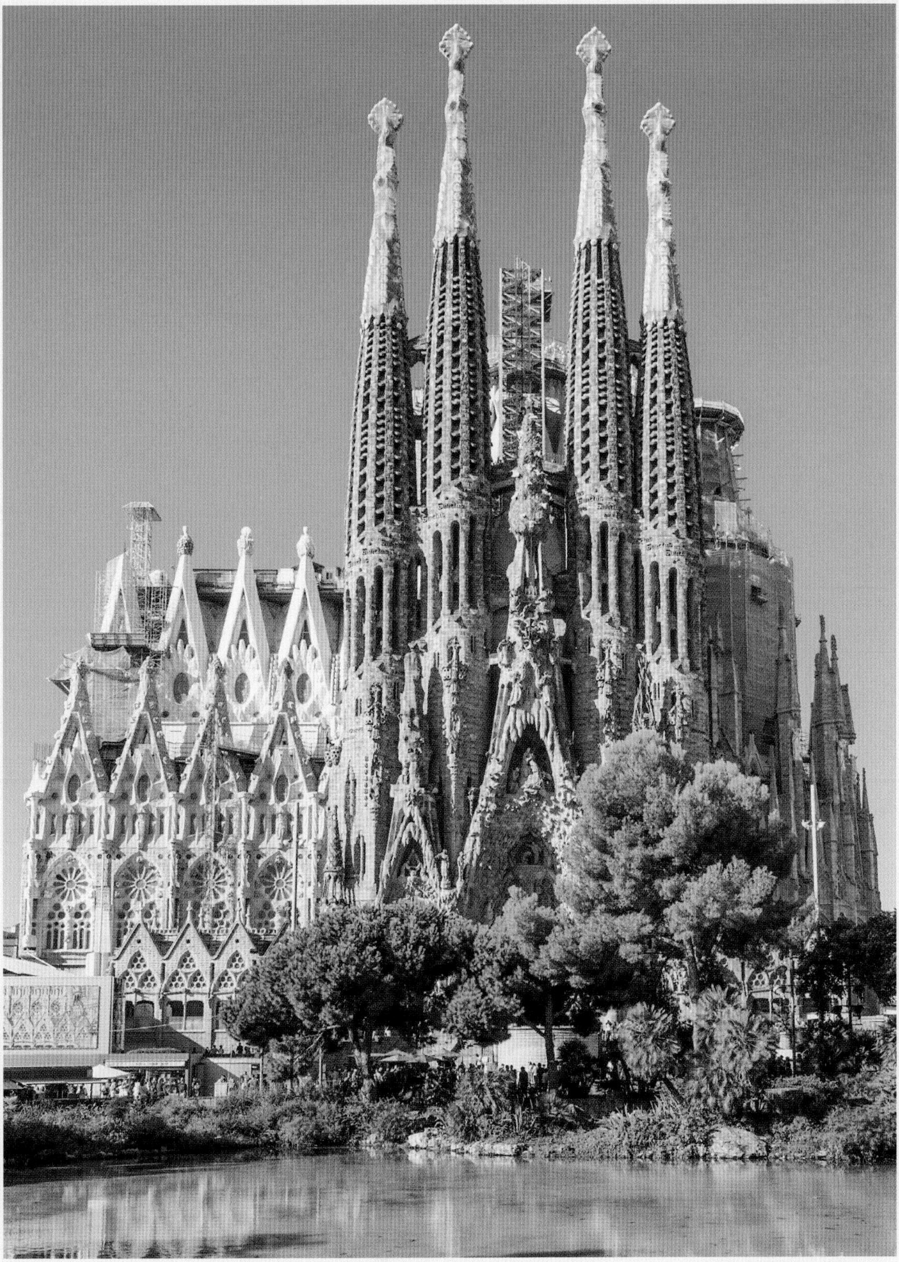

지붕 **p.168** 아치 **p.173** 탑 **p.174** 신랑 **p.182** VAULT **p.183** 첨탑 **p.184** 포티코/포치 **p.186**
돌 **p.192** 스테인드 글라스 **p.207**

웨인라이트 빌딩
Wainwright Building

1891

루이스 설리번 · 댄크마 애들러: 세인트 루이스, 미국

다른 주요 작품

오디토리움 빌딩, 애들러 & 설리번, 1889, 시카고, 미국
릴라이언스 빌딩, 다니엘 번햄, 존 루트, 찰스 애트우드, 1890~1895, 시카고, 미국
칼슨 피리 스캇 앤 컴퍼니 빌딩, 루이스 설리번, 1899, 시카고, 미국

루이스 설리번(1856~1924)과 댄크마 애들러(1844~1900) 설계로 지은 웨인라이트 빌딩은 세계 최초의 고층 건물 중 하나이다. 세인트 루이스 브루어스 협회의 사무 공간이었던 웨인라이트 빌딩은 금융가 엘리스 웨인라이트(1850~1924)의 이름을 빌려와 지어진 것으로 주초, 주신, 주두 세 부분으로 나누어진 전통 기둥 구조에서 건축 모티브를 가져왔다.

이 건축물은 테라코타 파사드로 덮인 철골 구조 건축물로 현대 건축 기법을 사용했다. 1층에는 큰 유리창이 있는 가게가 있고, 높은 층에는 쉽게 진입이 가능한 사무실이 있으며, 꼭대기 층에는 물탱크같은 시설이 있다. 모든 창문은 기둥과 교각 기둥 뒷편에 설치되어 수직성이 강조되었다. 각 층 테라코타 패널에는 잎 모양 부조 장식이 새겨져 있다. 9층에는 원형 창을 둘러싼 구불거리는 잎 소용돌이 무늬가 프리즈로 장식되어 있다.

설리번은 "[마천루]는 어느 곳에 있든지 높아야만 한다. 높은 곳에서 가지는 힘은 건축물 안에서 영광과 자부심으로 존재하여야 한다. 마천루는 어디에 있든 자랑스럽게 아래부터 위까지 단 하나의 비뚤어짐이 없는 유닛으로 완전하고 당당하게 솟아올라 있어야만 한다."고 말했다. 고전적인 기둥 배치임에도 건축물은 현대 건축 구조로 기하학적인 형태와 유기적인 장식이 의도적으로 사용되었다.

루이스 설리번과 댄크마 애들러
많은 사람들이 '마천루의 아버지'이자 '모더니즘의 아버지'로 여기는 루이스 설리번은 프랭크 로이드 라이트의 멘토이기도 하다. 독일 태생의 미국인 건축가 댄크마 애들러는 건축가이자 토목기사였으며, 혁신적이고 기능적인 모던 건축으로 알려진 애들러 & 설리번에서 설리번과 동업자로 가장 잘 알려져 있다.

시카고 학파 p.34

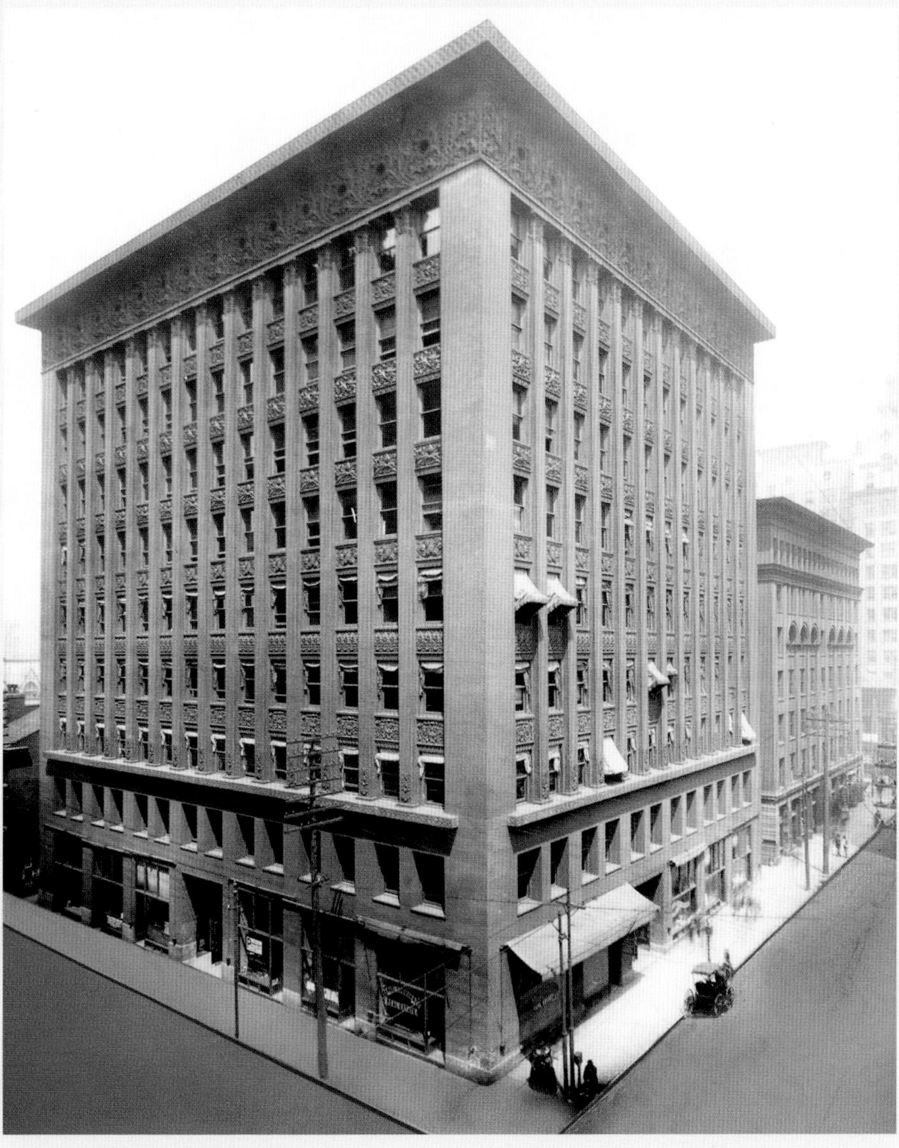

창문 p.167 지붕 p.168 탑 p.174 계단 p.176 기둥 p.177 돌 p.192 유리 p.206

칼츠플라츠 지하철 역

Karlsplatz Underground Station

1899

오토 바그너: 빈, 오스트리아

19세기 후반에 빈은 규모뿐만 아니라 지위가 상승하고, 인구 역시 증가해 음악, 예술, 건축, 철학 모두에서 세계적인 수도가 되었다.

1894년, 오토 바그너(1841~1918)가 빈 미술 아카데미에서 건축학 교장으로 임명된 해에 그는 역과 다리가 있는 도시 철도망 설계 의뢰를 받았다. 바그너는 일을 시작한 지 7년 만에 계획, 설계, 건설 등 모든 것을 진행했고, 칼츠플라츠 역 입구를 1899년에 야심차게 건설했다.

그는 형식과 절제로 디자인했지만, 당시의 아르 누보 양식을 사용해 유려한 곡선을 지상과 지하에 부분적으로 반영했다. 선로 건너에 2개의 파빌리온을 서로 마주 보게 지었고, 아치형 금속 프레임 지붕 아래에 멋진 꽃과 기하학 문양으로 프리즈를 장식했다. 대리석 슬라브를 외부 철골조 위에 고정했고, 건축물은 도시 철도 전체에 걸쳐 연두색, 금색, 흰색으로 컬러를 배합했다. 대칭미와 단순미가 강조된 칼츠플라츠 역은 당시에 매우 혁신적이었다. 바그너는 이 건축물이 빈에서 꾸준한 사랑을 받길 원했다. 바그너가 영향력 있는 회원으로 활동했던 빈 분리파가 설립되기 2년 전에도 그는 건축물을 지을 때 단체에서 제시한 예술 원칙을 따랐다.

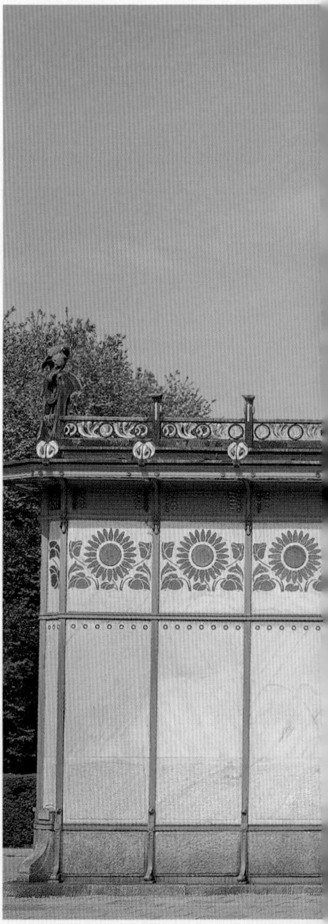

아르 누보 p.36

다른 주요 작품

빈 분리파 빌딩, 요제프 마리아 올브리히, 1897, 빈, 오스트리아
타셀 호텔, 빅토르 오르타, 1893–1894, 브뤼셀, 벨기에
프라하 시민회관, 오스발드 폴리브카, 안토닌 발사넥, 1912, 프라하, 체코

오토 바그너

1894년부터 1913년까지 빈 분리파의 선구적인 건축가이자 회원이었던 오토 바그너는 빈 미술 아카데미의 건축 학교장이었다. 감각적인 건축가였던 그는 적절히 절제된 장식으로 건축물을 지으면서 빈의 현대화에 일조했다.

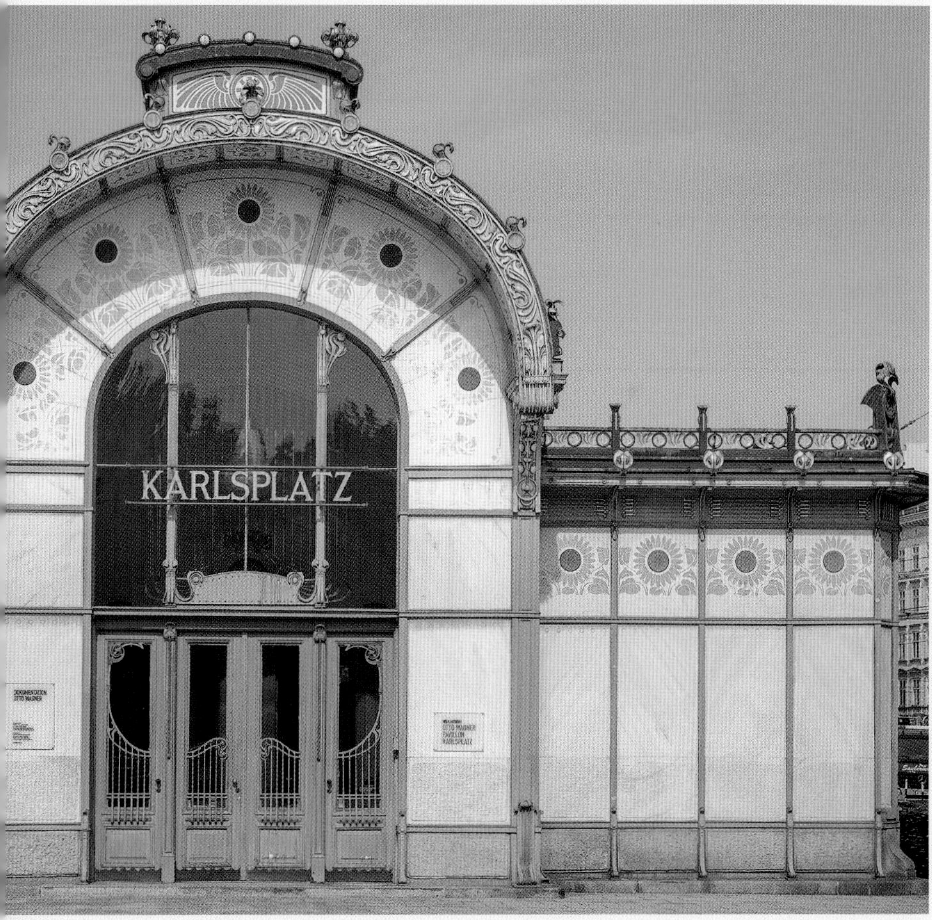

창문 p.167 지붕 p.168 아치 p.173 계단 p.176 기둥 p.177 대리석 p.200 유리 p.206 철 p.208

젠네 모스크 Great Mosque of Djenné

1907

건축가 미상 · 이스마일라 트라오레(재건축): 젠네, 말리

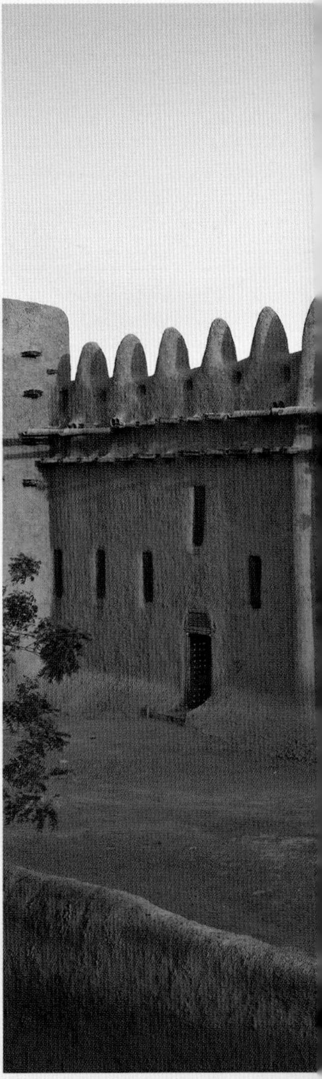

13세기에 지어진 젠네 모스크는 수단 사하라 건축 양식의 대표적인 건축으로, 진흙 건축물 중에서 가장 크다.

햇볕에 구운 진흙 벽돌과 모래에 모르타르를 섞은 석고를 발라 지어진 젠네 모스크는 처음에 두 개의 탑과 벽으로만 둘러싸여 있었지만, 몇 년 뒤에 증축되었다. 1907년에 건축물이 재건되면서 기도 방향을 알려주는 키블라 벽 주변으로 세 개의 큰 미나레트(첨탑)가 추가되었다. 각 미나레트의 꼭대기에는 원뿔 모양의 피너클(작은 첨탑)이 있고, 예배당 안에는 90개의 거대한 직사각형 기둥이 서있다. 북쪽과 남쪽 벽에는 작은 창문이 불규칙하게 설치되어 있다.

모스크는 매년 바니 강이 범람할 때 피해를 입지 않도록 넓은 단 위에 건축되었다. 안으로 갈수록 점점 폭이 좁아지는 두께 1미터 정도의 외벽과 나무로 장식된 지주 그리고 피너클이 있는 18개의 사각형 버트레스가 튼튼한 외관을 만들어내고 있다. 로디에 팜 나뭇가지 묶음은 평소에는 장식용으로 벽에 매달려 있지만, 매년마다 수리를 할 때 발 받침대 용도로도 사용된다. 로디에 팜 지붕은 뾰족하고 높은 아치가 있는 9개의 내벽에 받쳐져 진흙으로 덮여있고, 그 위에 석고가 매끄럽게 발라져 있어 모스크가 마치 조각처럼 보인다.

다른 주요 작품

징게레베르 모스크, 건축가 미상, 1327, 팀북투, 말리
보보 디울라소 그랜드 모스크, 건축가 미상, 1890년경, 보보 디울라소, 부르키나 파소
라라방가 모스크, 건축가 미상, 1421, 라라방가, 가나

이슬람교 p.20

이스마일라 트라오레

이스마일라 트라오레(연대 미상)는 젠네의 수석 석공으로, 1907년 프랑스인이 모스크를 재건할 때 돈을 받고 일을 했다. 토속적인 재료를 사용해서 건축물 전면에 돌출된 야자수 기둥을 넣은 것은 여러 모로 전통적이지만, 모스크의 대칭 형태는 약간 프랑스 영향을 받은 것으로 보인다.

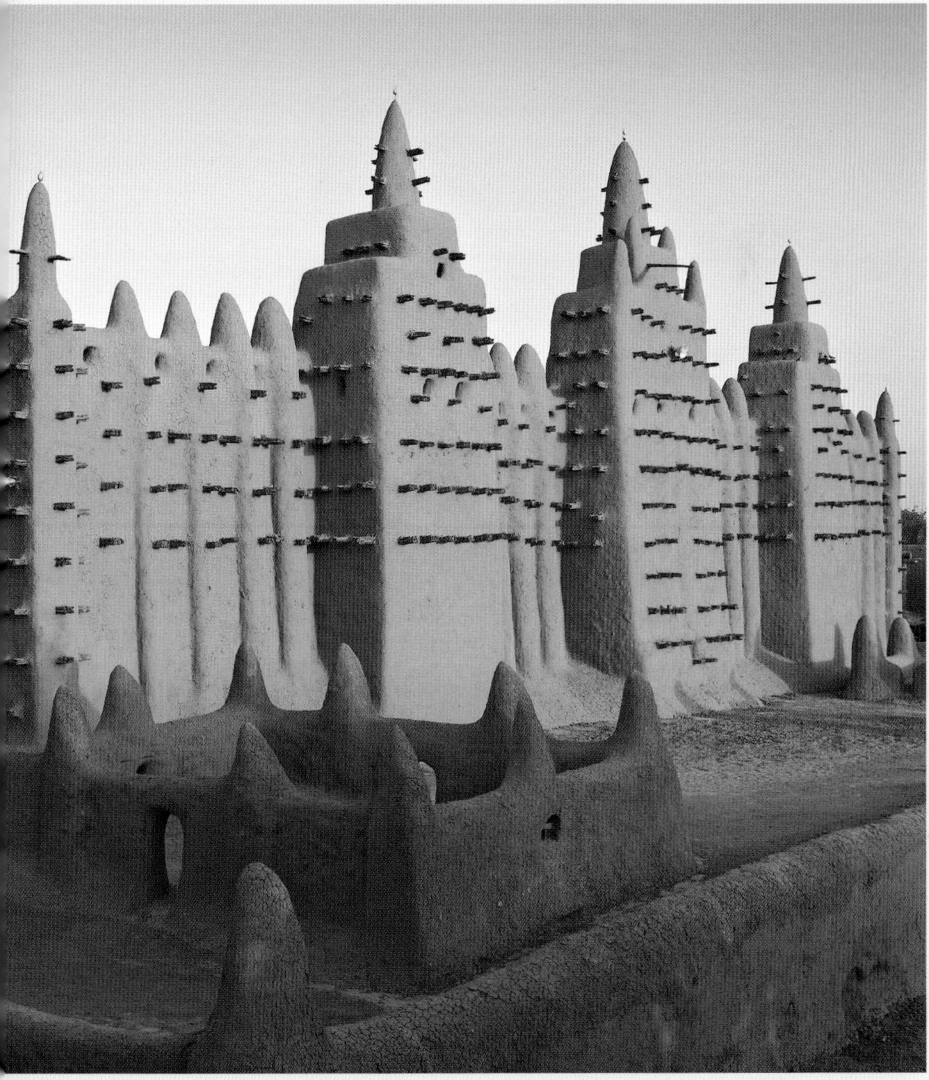

창문 **p.167** 지붕 **p.168** 아치 **p.173** 탑 **p.174** 계단 **p.176** 버트레스 **p.178**
진흙벽돌/어도비 **p.193** 석고 **p.203**

리트벨트 슈뢰더 하우스
Rietveld Schröder House

1924
~
1925

게리트 리트벨트: 위트레흐트, 네덜란드

게리트 리트벨트
리트벨트는 어렸을 때 캐비닛을 만드는 일을 배웠고, 1906년부터 1911년까지 위트레흐트에서 보석의 도안을 그리는 제도사로 일하다가 가구 제작 사업을 시작했다. 그의 건축 작품은 데 스틸의 가구 디자인 원리를 따르고 있다. 1950년대에 그는 주로 공공주택사업 일을 했었다.

1924년 네덜란드 사교계 명사이자 약사인 트루스 슈뢰더 슈레더(1889~1985)는 자신과 세 아이가 함께 살 집을 지으려고 게리트 리트벨드(1888~1964)에게 의뢰했다. 이 작은 주택은 1920년대 네덜란드 예술가와 건축가로 이루어진 데 스틸 그룹의 이상을 대표하는 건축물이다.

이전의 모든 건축물과 근본적으로 다르게 2층 규모로 지어진 이 주택은 주 계단 주변으로 1층이 배치되었고, 2층은 벽을 자유롭게 배치할 수 있는 열린 생활 공간으로 만들어진 것이 특징이다. 항상 예술에 관심이 있었지만, 건축가나 디자이너로서 경험이 없었고, 교육조차 받지 못했던 슈뢰더 슈레더는 자신이 원하는 것이 무엇인지 알고 있었다. 리트벨트는 처음에 유연한 거주 공간을 만들어 달라는 그녀의 요청이 불가능한 것이라고 생각했다. 그러나, 그는 결국 방을 분리하고, 미닫이와 회전 패널 시스템을 만들어 수많은 변형이 가능한 확장 공간을 만들었다.

그는 수직선으로 이루어진 평면 위에 발코니가 있는 집을 만들었다. 색상은 내외부 공간 구분없이 흰색과 회색, 검은색 그리고 원색으로 제한된 데 스틸의 아이디어를 그대로 고수했다. 데 스틸의 엄격한 기준에 따라서 창문조차도 벽과 90도 각도로만 열 수 있다. 기초와 발코니는 콘크리트로, 벽은 벽돌과 회반죽으로, 창틀과 문 그리고 바닥은 나무로 만들었다.

데 스틸 p.41

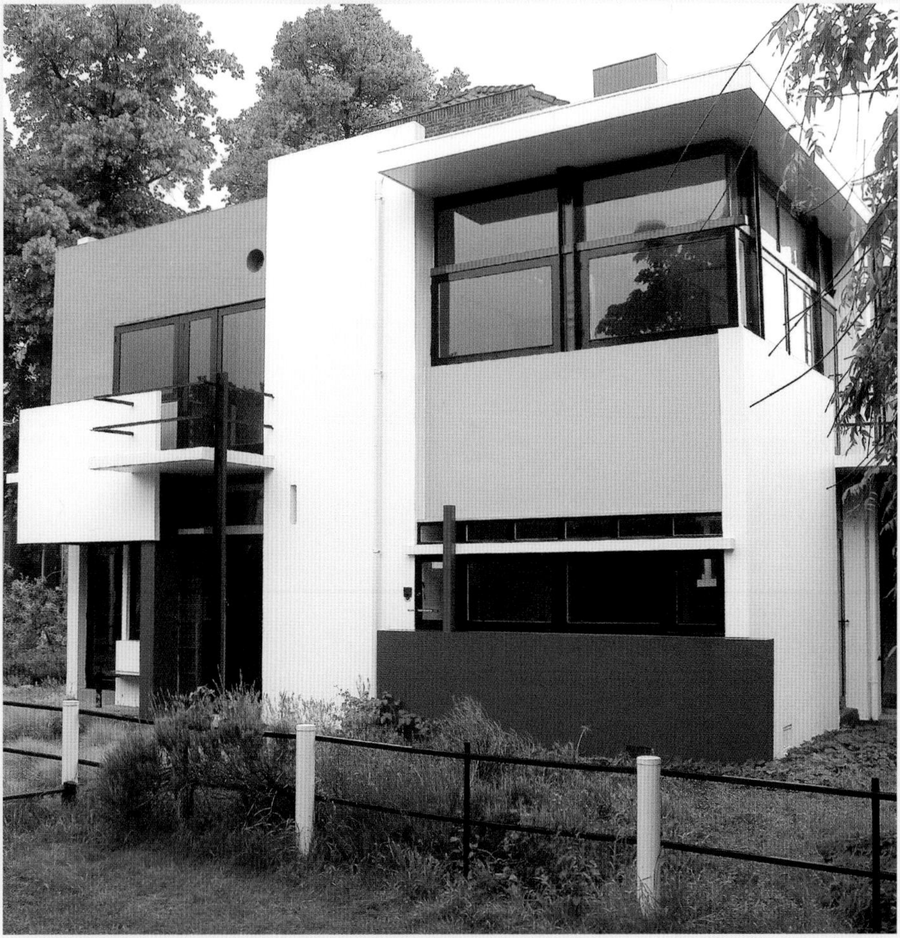

다른 주요 작품

카페 데 유니, J.J.P.오우트, 1925, 로테르담, 네덜란드
오베트, 소피 토이베르 아르프, 장 아르프와 테오 반 되스버그, 1926~1928, 스트라스부르, 프랑스
임스 하우스, 찰스 앤 레이 임스, 1949, 로스엔젤레스, 미국

윈도우 **p.167** 지붕 **p.168** 발코니 **p.170** 계단 **p.176** 벽돌 **p.195** 나무 **p.196** 콘크리트 **p.201** 석고 **p.203**

바우하우스 빌딩
Bauhaus Building

1925 ~ 1926

발터 그로피우스: 데사우, 독일

1919년 바이마르에서 발터 그로피우스(1883~1969)가 설립한 바우하우스는 산업과 공예 그리고 예술을 더 가까이 두고, 사물이 어떻게 설계되고 만들어지는지 개척하는 것을 목표로 한 디자인 학교였다.

1925년 바우하우스가 데사우로 이전하면서 그로피우스는 비대칭적인 형태로 된 날개와 블록이 있는 바우하우스의 새 캠퍼스를 설계했다. 공간은 작업실, 스튜디오, 도서관, 식당, 기숙사, 강의실, 교수실 그리고 회관 등 모두 그 기능에 맞게 만들었다. 날개 형태로 펼쳐진 워크숍 건물과 직업 훈련 학교는 각 3층으로 된 2개 블록이 사무실이 있는 2개층 다리와 연결했다. 그리고, 학생과 주니어 마스터가 거주하는 기숙사는 5층 블록 안에 동일한 형태의 원룸 28개로 구성했다. 원로 거장과 감독을 위해 근처 부지에 집을 설계했다(43쪽 참조).

그로피우스는 건물을 형태보다 기능을 강조해 불필요한 장식이 없고, 벽돌로 채운 철근 콘크리트로 지었다. 강철 유리바가 특징인 창문은 넓은 워크숍 파사드 전체 무게를 받치는 골조 위로 유리 커튼월을 만드는 데 사용했다. 평평한 지붕은 회색, 흰색, 검은색으로, 문은 빨간색으로 제한한 색상 조합으로 획일화했다. 깔끔한 선은 바우하우스의 인더스트리얼하고 미니멀한 미학을 잘 보여주고 있으며, 내부 설비는 모두 학교 워크숍에서 만들었다.

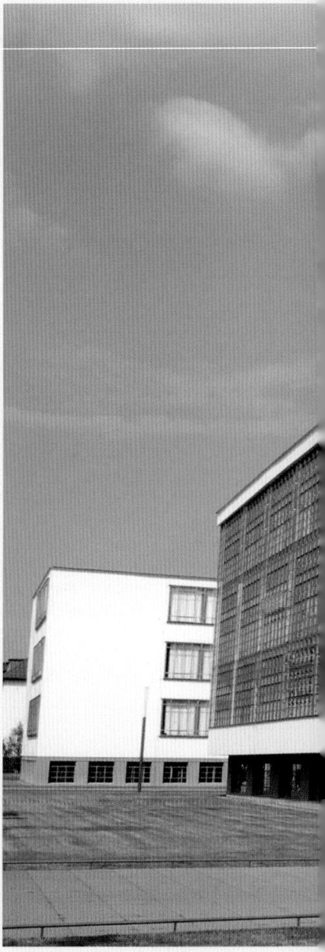

발터 그로피우스
베를린 태생의 그로피우스는 아돌프 마이(1881~1929)와 건축을 시작하기 전 1910년에 페터 베렌스(1868~1940) 회사에서 함께 일했다. 그는 1919년에 바우하우스를 설립했고, 1919년부터 1928년까지 바우하우스 교장이었다. 평생 루이스 설리번이 처음 말한 형태가 기능을 따른다는 원리를 고수했다. 1934년에 그는 영국으로 이주한 뒤에 1937년에 미국으로 이민을 갔다.

모더니즘 p.37 바우하우스 p.43

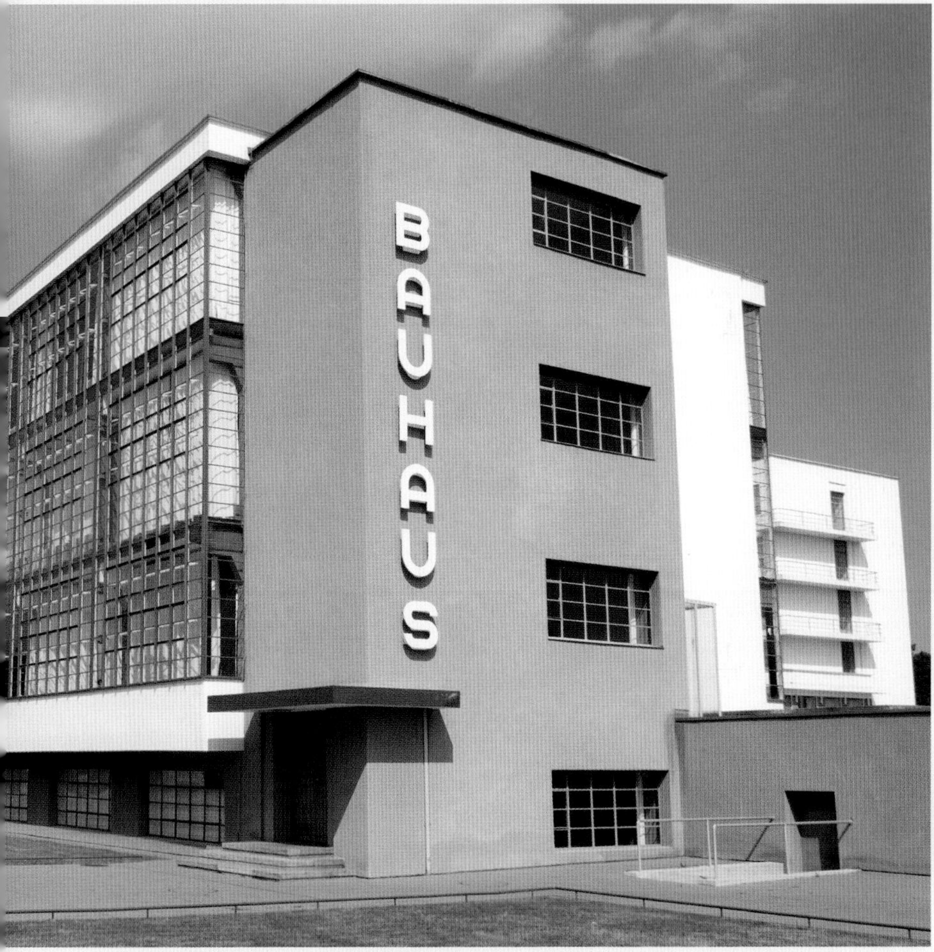

다른 주요 작품

파구스 공장, 발터 그로피우스와 아돌프 마이어, 1911~1925, 니더작센, 독일
ADGB 노동조합학교, 하네스 마이어, 1928, 베르나우 바이 베를린, 독일
데사우 퇴르텐 주거단지, 발터 그로피우스, 1926~1928, 데사우, 독일

→ 창문 **p.167** 지붕 **p.168** 계단 **p.176** 벽돌 **p.195** 콘크리트 **p.201** 유리 **p.206** 강철 **p.209**

크라이슬러 빌딩 Chrysler Building

1928 ~ 1930

윌리엄 밴 앨런: 뉴욕, 미국

다른 주요 작품

시카고 거래소, 홀라버드 앤 루트, 1920~1930, 시카고, 미국
엠파이어 스테이트 빌딩, 슈리브 램 앤 하먼, 1929~1931, 뉴욕, 미국
록펠러 센터, 레이먼드 후드, 1930~1939, 뉴욕, 미국

윌리엄 밴 앨런(1883~1954)이 설계한 크라이슬러 빌딩은 1930년에 완공되었을 때 세계에서 가장 높은 타워였다. 이 마천루는 지상에서부터 첨탑 끝까지 총 77층 3,862개의 창문으로 구성된 높이 319미터 빌딩이다.

그가 크라이슬러 빌딩을 크라이슬러 모터스의 본사로 지었을 당시에 305미터 규모의 최초 인공 구조물이었다. 넓은 바닥에서 첨탑 꼭대기까지 건물 폭이 점차 좁아진다. 그는 강철 프레임과 석재 그리고 장식용 접합 강판으로 채워진 빌딩을 갈매기, 햇살, 분수, 부채꼴 무늬, 흑백 수평선 그리고 기하학 패턴으로 장식했다. 광택이 있고, 녹이 슬지 않는 스테인리스 스틸인 '니로스타'를 외부 장식, 창틀, 왕관, 바늘 등에 넓게 사용했고, 1층 로비는 대리석과 크롬으로 장식했다. 이 모든 양상은 1925년 파리 전시회에서 등장한 아르 데코 양식에서 비롯되었다.

밴 앨런은 원래 타워 꼭대기에 유리 돔을 올리려고 했었지만, H. 크레이그 세버런스가 크라이슬러 빌딩과 동시에 맨해튼 은행 건물을 짓고 있다는 걸 알아버렸다. 그래서 그는 높이 경쟁에 질 수 없어 첨탑으로 변경해 올렸다. 첨탑은 1929년 10월에 네 부분으로 조립되어 세워졌다. 현대식 진공 청소 시스템과 32개의 고속 리프트를 갖춘 이 건물은 효율성에서도 단연 세계 최고였다.

윌리엄 밴 앨런

밴 앨런은 프랫 인스티튜트에서 교육을 받고, 뉴욕 건축사무소 몇 군데에서 일하다가 1908년에 장학금을 받고 파리의 에콜 데 보자르에서 공부한 뒤에 뉴욕으로 돌아왔다. 그는 이전 사업 파트너였던 H. 크레이그 세버런스(1879~1941)와 세계에서 가장 높은 건축물 건설 공모전에 참여했었다.

모더니즘 p.37 아르 데코 p.44

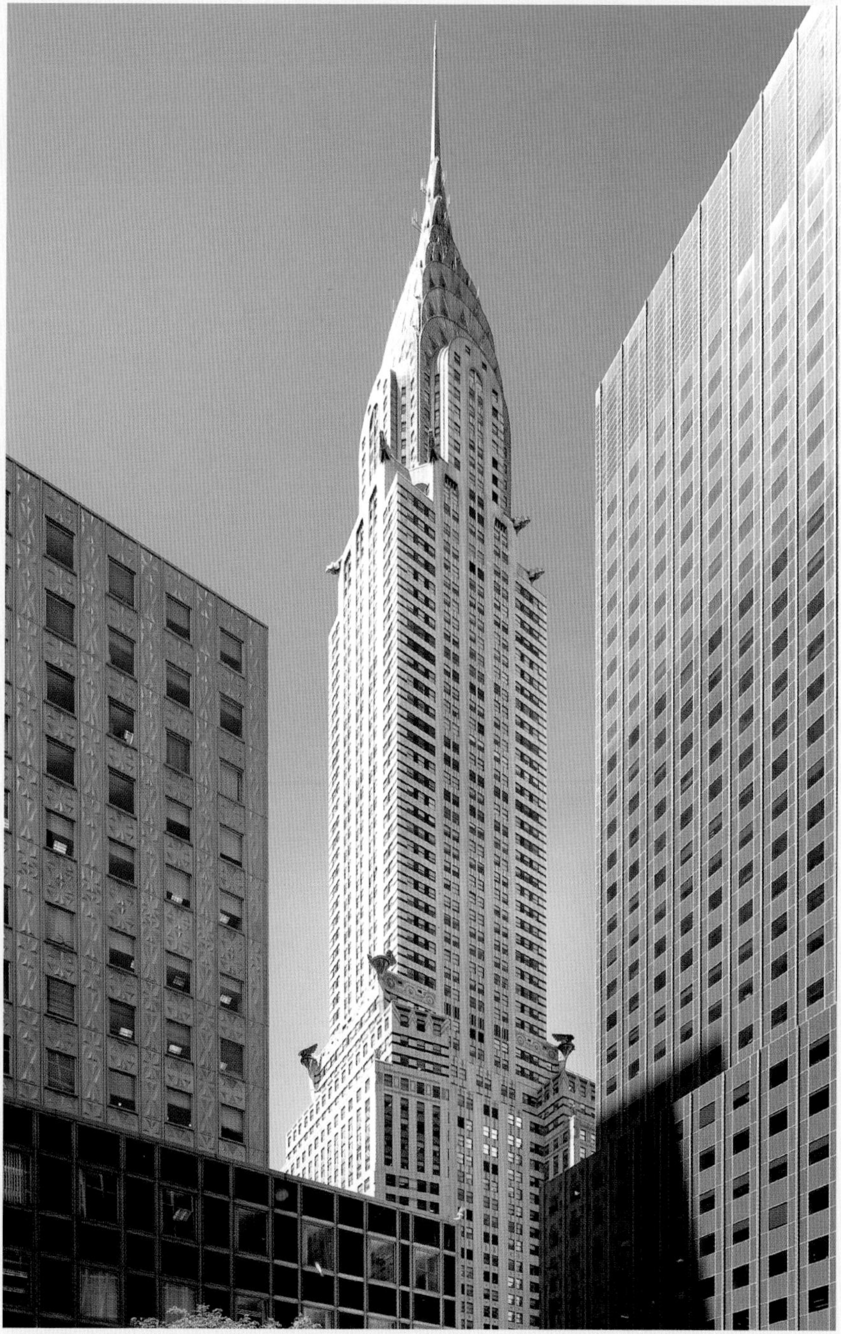

창문 **p.167** 계단 **p.176** 첨탑 **p.184** 벽돌 **p.195** 콘크리트 **p.201** 유리 **p.206** 강철 **p.209**

빌라 사보아 Villa Savoye

르 코르뷔지에 · 피에르 잔느레: 푸아시, 프랑스

1929
~
1930

다른 주요 작품

빌라 슈타인, 르 코르뷔지에, 1926, 보크레송, 프랑스
투겐다트 하우스, 루트비히 미스 반 데어 로에, 1930, 브르노, 체코
스위스 파빌리온, 르 코르뷔지에, 1932, 파리, 프랑스

수평창, 필로티, 평평한 지붕, 탁 트인 내부가 있는 빌라 사보아는 국제 양식의 전형적인 건축물이다.

주말 별장으로 설계된 이곳은 르 코르뷔지에(1887~1965)의 가장 잘 알려진 건축 작품으로 그의 사촌 피에르 잔느레(1896~1967)와 함께 지었다. 파리 교외에 지어진 단독주택인 빌라 사보아는 '집은 살기 위한 기계'라는 르 코르뷔지에만의 원칙을 따른 주택이다. 이 건축물은 또한 1923년에 그가 지은 저서 『건축을 향하여』에서 정의한 다섯 가지 원칙을 이야기하고 있다. 건물을 지상 위로 들어올린 필로티, 자유로운 파사드, 자유로운 평면, 가느다랗고 긴 수평창, 그리고 옥상 정원이 그것이다.

오른쪽. 르 코르뷔지에의 아이디어로 흰색 필로티 위에 지은 집은 1층 공간이 비어서 건축물이 가벼워 보이는 동시에 주차가 가능하다.

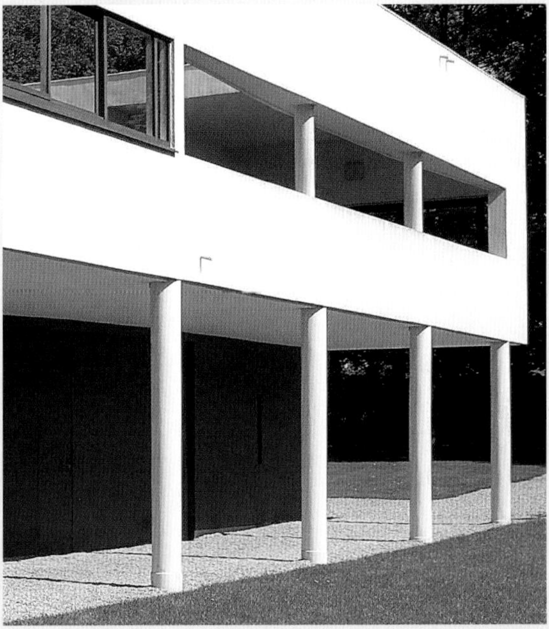

모더니즘 p.37 국제주의 양식 p.42

아래. 계단과 경사로는 모두 옥상 정원과 테라스로 이어진다. 르 코르뷔지에 자신에게도 옥상 정원은 집에서 가장 중요한 방 중 하나로 사람들이 햇빛을 받을 수 있는 혜택을 누리게 해 주었다.

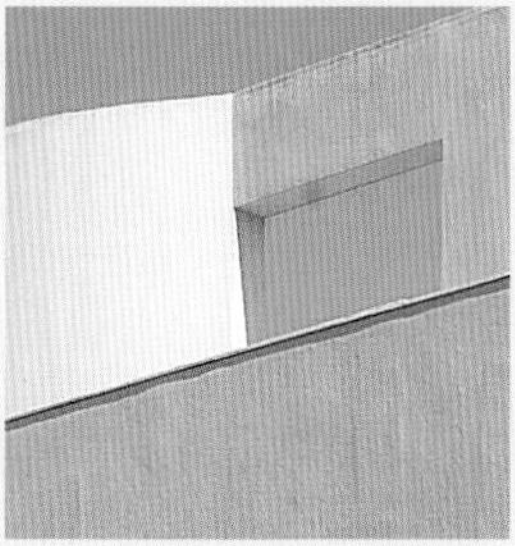

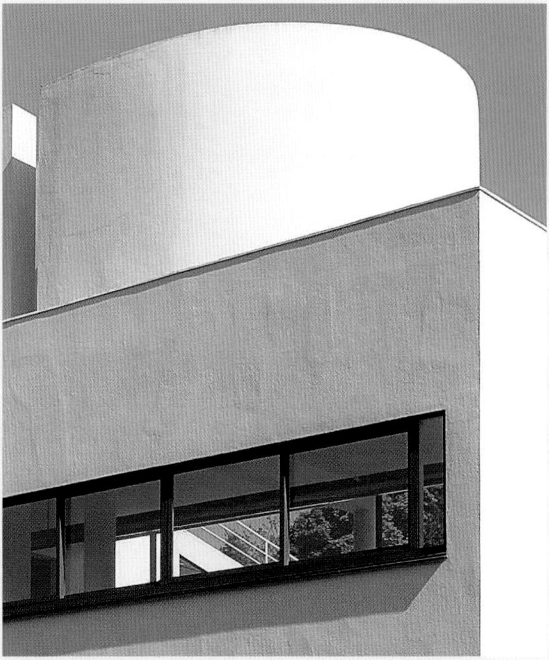

오른쪽. 하중을 견디는 외벽 의존도가 낮아지면서 긴 수평창과 강철 프레임 유리가 새로운 국제 양식을 상징하게 되었다.

구조적으로 제약이 없는 빌라 사보아는 하얀 외부 파사드와 긴 수평창을 만들 수 있어 넓은 공간에 빛이 넘쳐 들어온다. 이 건물은 주로 직선을 사용한 것이 특징이지만, 내부 계단은 곡선을 사용했으며, 경사로는 활발한 느낌이 든다. 필로티는 건축물이 지면에 떠있기 때문에 입구 가까운 곳에 주차를 할 수 있다. 그러나 수직 홈통과 창문틀이 부족해서 지붕에서 내려오는 빗물이 누수되어 건축물 흰 표면에 얼룩이 생기고 침식이 일어나는 문제가 발생해 미관을 해쳤다.

르 코르뷔지에

본명 샤를 에두아르 잔느레인 그는 스위스 태생으로 건축가가 되기 전에 판각가 교육을 받았었고, 베를린의 페터 베렌스와 파리에서 오귀스트 페레(1874~1954)와 함께 일을 한 후에 이름을 르 코르뷔지에로 바꿨다. 모더니즘 건축과 국제 양식의 선구자인 그는 1922년 사촌 피에르 잔느레와 함께 건축 원칙을 만들었고, 우아한 기능 건축물 설계로 명성을 날렸다.

창문 **p.167** 계단 **p.176** 필로티 **p.188** 콘크리트 **p.201** 스터코 **p.205** 유리 **p.206** 강철 **p.209**

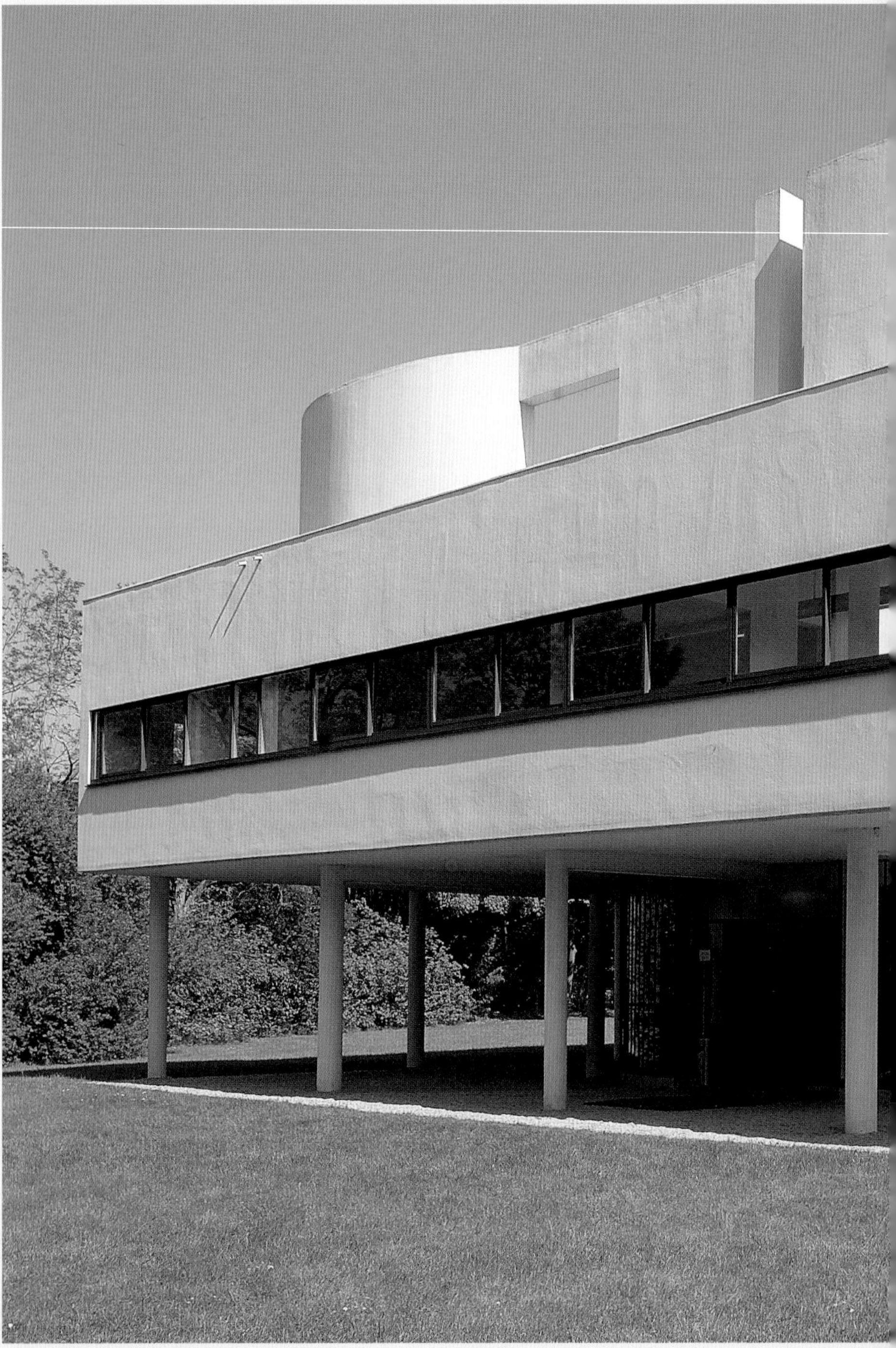

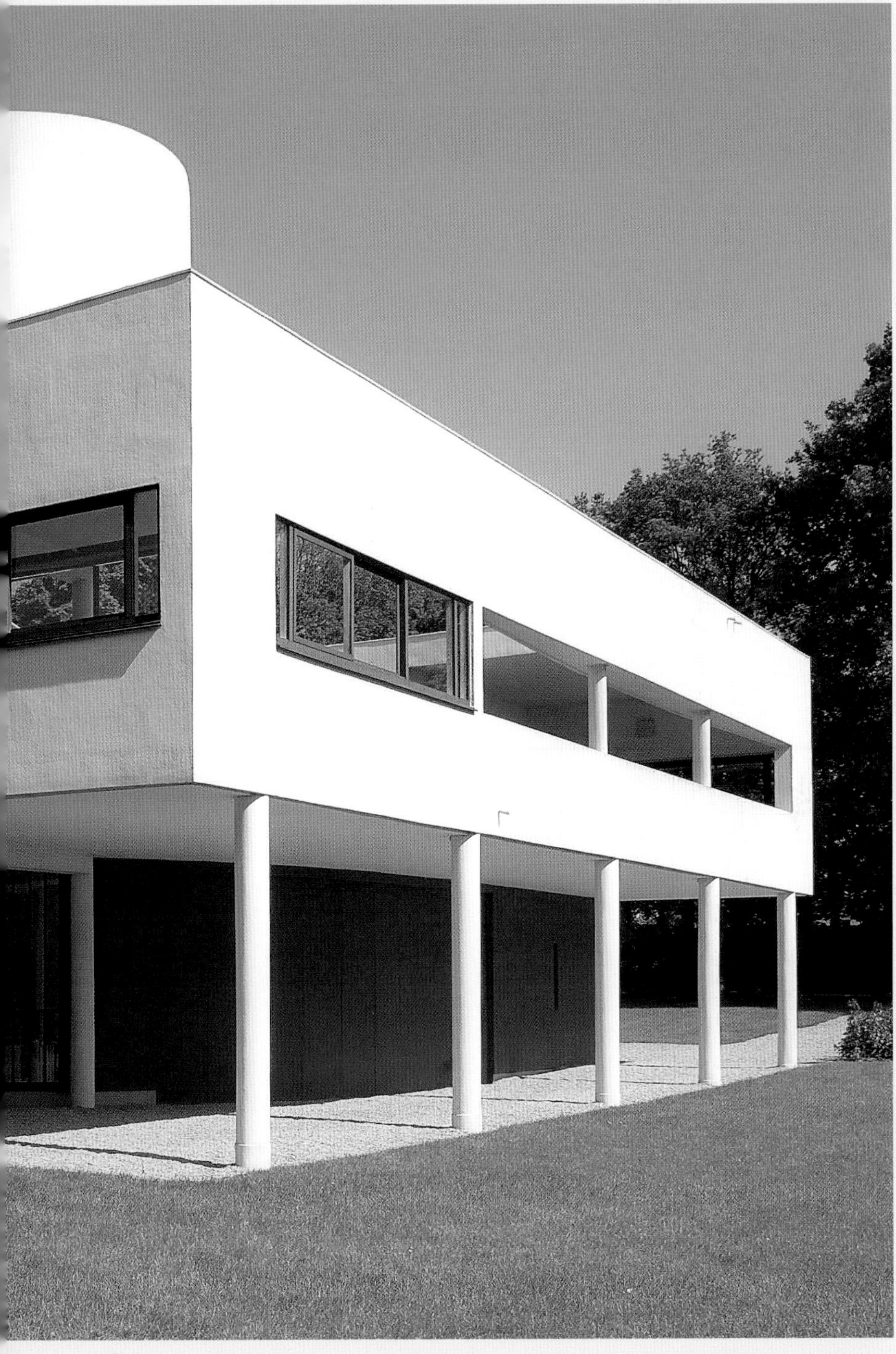

폴링워터(낙수장) Fallingwater

1936 ~ 1939

프랭크 로이드 라이트: 펜실베니아, 미국

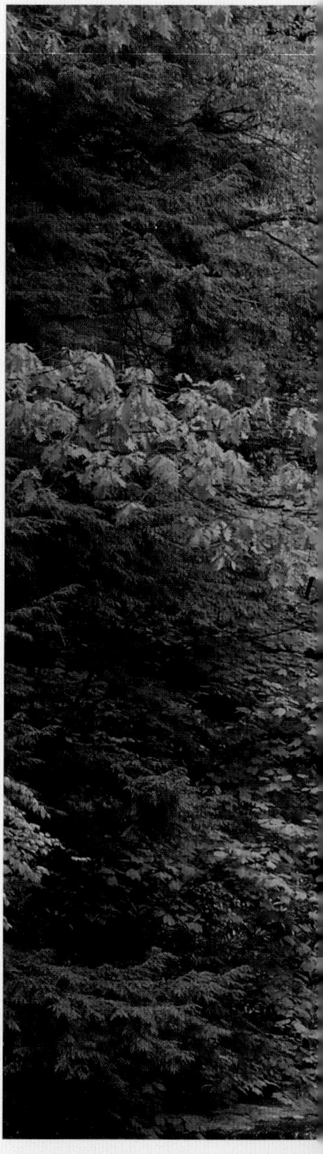

깊이 우거진 숲 속에서 폭포 위로 튀어나온 바위 위에 지어진 폴링워터 캔틸레버 발코니는 마치 건물이 중력을 거스르는 것처럼 보인다.

프랭크 로이드 라이트(1867~1959)의 가장 잘 알려진 작품 중 하나인 폴링워터는 부유한 백화점 주인의 의뢰로 설계되었다. 이 건축물은 쟁반처럼 튀어나온 발코니와 넓은 창문이 있어서 거실과 침실에서 확 트인 경관을 볼 수 있고, 발코니는 강철로 보강해야 할 정도로 무겁지만, 돌과 콘크리트로 만들어져 마치 산줄기 위에 떠있는 풍경의 일부처럼 보인다. 라이트가 건축물과 조화롭게 디자인한 판석 바닥과 가구는 유기적인 건축을 묘사한 것이다.

라이트는 건축물 외부를 돌 계단과 굽은 길로 본관, 게스트 하우스, 차고를 연결했고, 내부 거주 공간을 부지에 있던 바위 주변에 만들었다. 코킹한(방수 처리한) 돌 사이에 설치한 붉은 가로 금속 막대에 유리를 끼워 넣어 창문 중 일부는 창틀이 없다. 라이트는 부드럽고 거친 질감, 무겁고 가벼운 재료, 투명하고 불투명한 요소를 사용해 시각적인 대비를 만들어냈다.

프랭크 로이드 라이트
가장 위대한 미국 건축가 중 한 명인 프랭크 로이드 라이트는 시카고의 루이스 설리번 회사에서 근무하기 전에 먼저 엔지니어링을 공부했다. 1897년에 그는 시카고 미술공예운동 협회 설립을 도왔다. 1900년과 1901년 사이에 그는 방을 서로 연결해서 확장할 수 있는 건축물 '프레리 하우스'를 처음 완성했을 때 그의 명성은 더욱 커졌다.

모더니즘 p.37 유기적 건축 p.38

다른 주요 작품

로비 하우스, 프랭크 로이드 라이트, 1909~1910, 시카고, 미국
솔로몬 R. 구겐하임 미술관, 프랭크 로이드 라이트, 1953~1959, 뉴욕, 미국
존슨 왁스 빌딩, 프랭크 로이드 라이트, 1936~1939, 러신, 미국

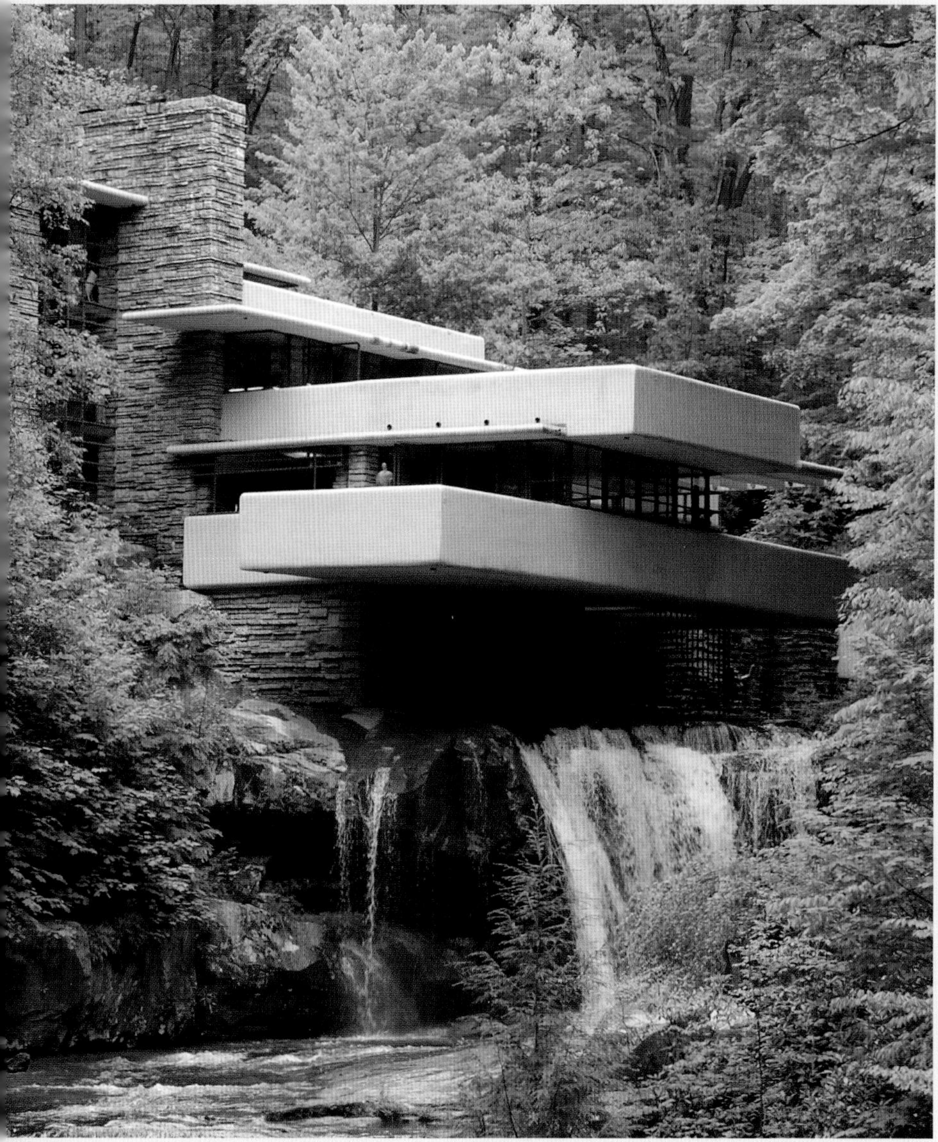

→ 창문 **p.167** 발코니 **p.170** 캔틸레버 **p.189** 돌 **p.192** 콘크리트 **p.201** 유리 **p.206** 강철 **p.209**

시그램 빌딩 Seagram Building

1954~1958

루트비히 미스 반 데어 로에: 뉴욕, 미국

다른 주요 작품

레버하우스, 스키드모어, 오윙스, 메릴, 1951~1952, 뉴욕, 미국
제스퍼슨 오피스, 아르네 야콥센, 1953~1955, 코펜하겐, 덴마크
피렐리 타워, 지오 폰티, 1956~1958, 밀라노, 이탈리아

모더니즘의 전형인 시그램 빌딩은 뉴욕시의 파크 애비뉴에서 27미터 안으로 들어간 두 분수가 있는 계단식 광장에 위치하고 있다.

루트비히 미스 반 데어 로에(1886~1969)가 설계한 38층 강철 유리 타워인 시그램 빌딩은 화강암으로 깔린 광장과 극적인 대조를 이루고 있다. 그는 로비 위에 있는 사무실 공간 벽체를 유연하게 이동할 수 있는 평면으로 계획했고, 광천장 패널로 마감해 공간을 밝게 만들었다. 건축물 전체에 아주 넓은 회색 토파즈 유리창을 층층마다 바닥에서 천장까지 설치해 풍부한 자연광이 들어온다.

깨끗하고 매끈한 선으로 지은 초고층의 시그램 빌딩은 이후 오피스 빌딩의 모델이 되었다. 미스는 철골조가 밖에서 보이길 원했지만, 미국 건축법에서는 모든 구조용 강철은 콘크리트같은 내화성 재료 안에 덮여 있을 것을 요구했다. 하지만, 여전히 구조가 보이는 파사드를 만들고 싶어한 미스는 철골조는 그대로 숨겨 놓고, 1,360톤의 비내력 청동 금속 빔 쉘로 대형 유리창을 둘러싸 건물의 독특한 색을 그대로 표현했다. 시그램 빌딩은 건축 당시 청동, 트래버틴, 대리석 등 가격이 비싼 재료를 사용했기 때문에 세계에서 가장 비싼 초고층 빌딩이 되었다.

루트비히 미스 반 데어 로에

페터 베렌스의 견습생이었던 미스 반 데어 로에는 이후 베를린에서 자신의 건축 사무실을 열었다. 미스는 건축물에 장식을 제거하고, 강철과 유리, 대리석 그리고 트래버틴과 같은 재료를 사용했다. 1930년부터 1933년까지 그는 바우하우스의 교장이었으며 1938년에 그는 미국으로 이민을 가면서 세계 최고의 모더니즘 건축가 중 한 명으로 자리매김했다.

모더니즘 **p.37** 국제주의 양식 **p.42** 바우하우스 **p.43**

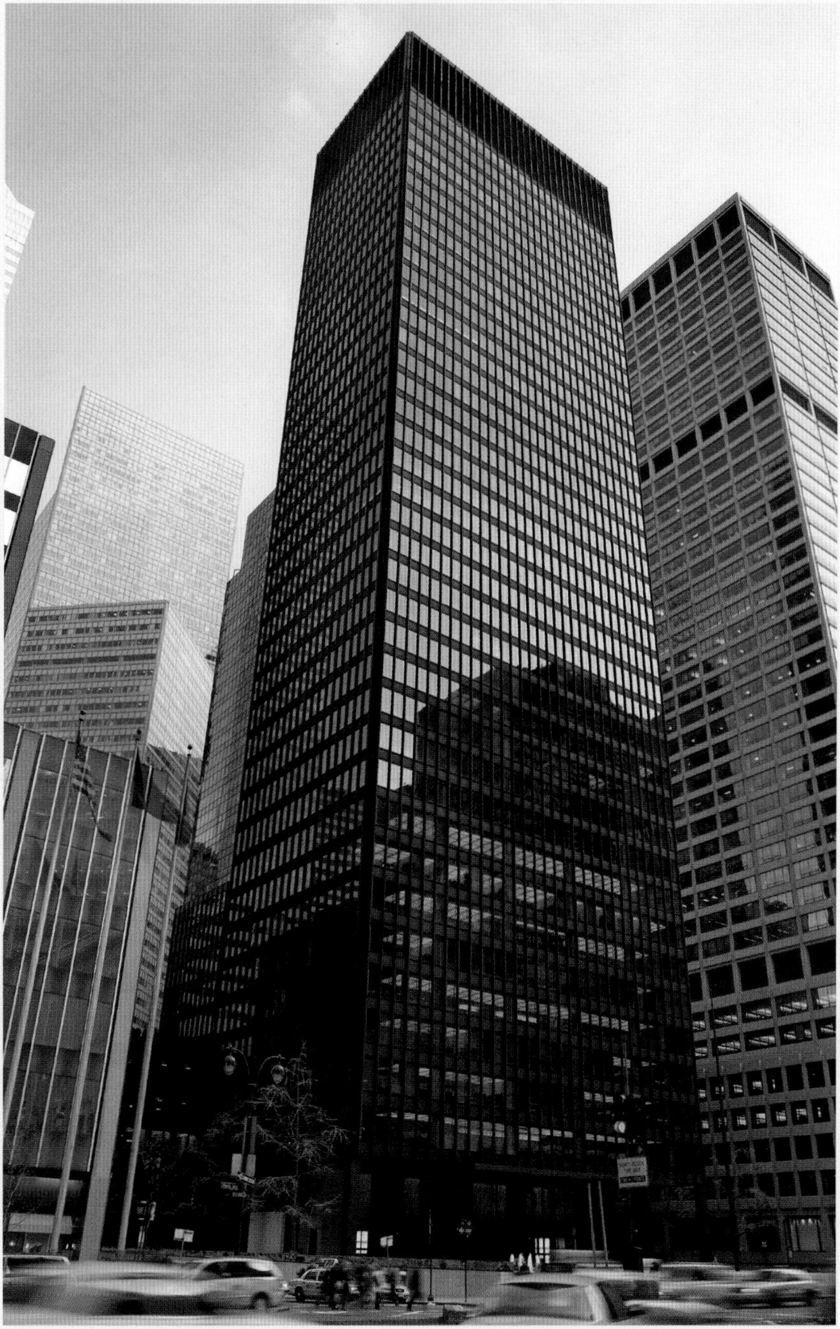

창문 **p.167** 타워 **p.174** 계단 **p.176** 기둥 **p.177** 대리석 **p.200** 유리 **p.206** 강철 **p.209**

시드니 오페라 하우스

Sydney Opera House

1957 ~ 1973

요른 웃손: 시드니, 오스트레일리아

1956년에 오스트레일리아 뉴사우스웨일스 정부는 '시드니의 베넬롱 포인트 국립 오페라 하우스' 국제 공모전을 개최했다.

당시 잘 알려지지 않은 덴마크 건축가였던 요른 웃손(1918~2008)은 두 개의 넓은 홀을 서로 겹쳐진 하얀 지붕으로 덮어 둥근 조각과 같은 건물 모양으로 설계해 대회에서 우승했는데, 이것은 모더니즘 건축의 평범한 직사각형 형태와 달라 밋밋한 모더니즘 건축의 틀을 크게 깨뜨렸다. 웃손은 건축물 꼭대기의 둥근 형태를 오렌지 껍질을 벗긴 부분에서 영감을 받았다고 했다. 하지만, 기술적인 문제가 곧 드러났는데, 1961년에 영국의 공학자 오베 아룹(1895~1988)이 98개의 동일한 늑재 조각으로 재단한 콘크리트 구체로 해결책을 제안했다. 그러나 건축 비용이 증가하자 오스트레일리아 정부와의 여러 분쟁 끝에 아쉽게도 웃손은 결국 사임했다. 이후 정부는 그를 대신해 세 명의 지역 건축가로 구성된 위원회를 만들어 오페라 하우스를 무엇보다도 더 실용성있게 내부 계획을 변경했지만, 결국 웃손의 디자인으로 대부분 다시 진행했다.

지붕은 2,194개의 미리 만들어진 얇은 콘크리트를 강철 케이블로 제자리에 고정한 뒤에 반짝거리고 매트한 흰색 세라믹 타일로 장식되었다. 거대한 유리 커튼월은 지붕에서 바닥까지 이어서 설치되었다. 오페라 하우스는 해수면 아래 25미터 깊이에 있는 580개 콘크리트 교각 기둥에 받쳐졌다. 내부는 분홍색 화강암으로 마감되었고, 둥근 콘크리트 늑재로 부채모양 천장이 만들어졌다.

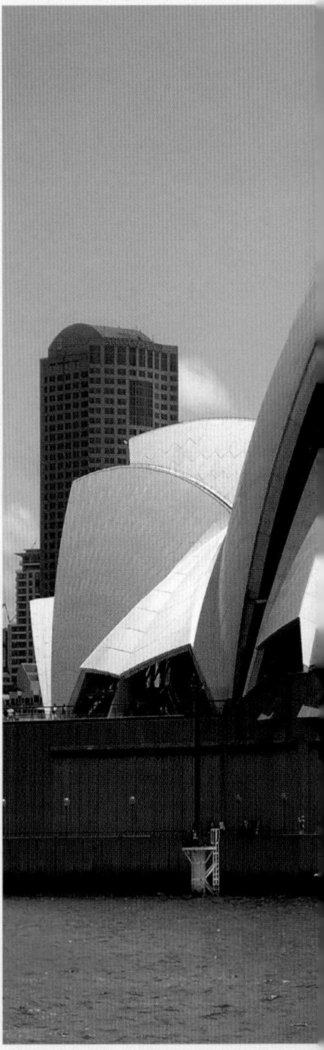

모더니즘 **p.37** 유기적 건축 **p.38** 표현주의 **p.40**

다른 주요 작품

국립 요요기 경기장, 단게 겐조, 1963~1964, 도쿄, 일본
올림픽 경기장, 귄터 베니쉬, 프라이 오토, 1968~1972, 뮌헨, 독일
웃손 센터, 요른 웃손, 2005~2008, 올보르, 덴마크

요른 웃손

웃손은 그의 고향인 코펜하겐에서 자신의 설계사무실을 열기 전 스웨덴 건축가 군나르 아스플룬드(1885~1940) 사무실에서 일했고, 핀란드 건축가이자 디자이너인 알바 알토(1898~1976)와 1년 동안 함께 일했다. 그는 시드니 대회에서 우승하기 전에는 덴마크에서 주로 주택 설계를 했었다. 나중에는 유럽에서 일을 했지만, 시드니에서 너무 많은 사람들이 웃손에게 건축 의뢰가 주어지자 그를 경계할 정도의 문젯거리가 생기고는 했다.

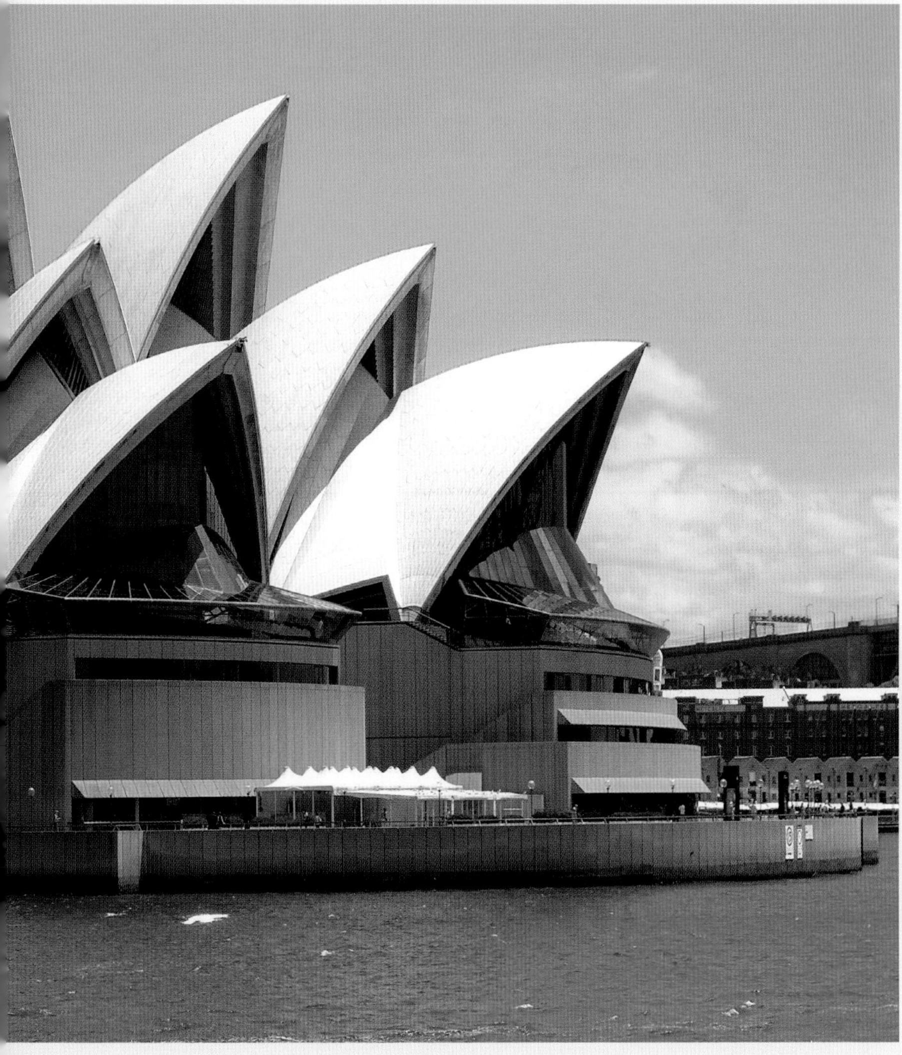

→ 지붕 **p.168** 아치 **p.173** 기둥 **p.177** 돌 **p.192** 콘크리트 **p.201** 유리 **p.206** 강철 **p.209**

브라질리아 대성당
Cathedral of Brasilia

1958
~
1970

오스카 니마이어: 브라질리아, 브라질

브라질의 새로운 브라질리아 대성당은 1956년에서 1960년까지 건축가 오스카 니마이어(1907~2012)와 그의 친구 루시우 코스타(1902~1998)의 계획으로 지어졌다. 니마이어는 콘크리트를 사용하여 유기적인 형태의 조각과 같은 대성당을 설계했다.

곡선 형태로 똑같이 생긴 16개 기둥이 건축물을 바깥쪽에서 빙 둘러싸 왕관과 같은 외관을 이루고 있는 브라질리아 대성당의 형태는 매우 드라마틱하다. 완전 대칭으로 모든 건축 선례에서 벗어나 있기 때문이다. 그는 각 분리된 지점에서 갈라져 바깥에서부터 지붕 눈까지 하얀 기둥들을 한 곳으로 모아 콘크리트 원반을 떠받드는 지붕을 만들었고, 중앙 원반 위에는 십자가가 있다. 약 4,000명의 신도들을 수용할 수 있는 건축 내부를 지름 약 70미터의 단일 공간으로 계획했다.

기둥 사이 공간에 유리를 끼워 낮에는 내부에 빛이 범람한다. 대성당 곳곳에 평범하게 생긴 유리가 있지만, 높은 제단 주변만큼은 프랑코 브라질 예술가 마리안 페레티가 디자인한 파란색과 녹색 소용돌이 모양의 스테인드 글라스를 설치했다. 무난하게 직사각형으로 만들어진 흰색 제단은 컬러 유리, 곡선 기둥과 대비된다. 기둥은 각각 위아래가 얇아지는 형태로 내부에서 봤을 때 마치 중력을 받지 않는 것처럼 보인다. 건물 옆에 있는 별도의 종탑은 위로 갈수록 좁아지는 콘크리트 기둥으로 지어져 4개의 종이 걸려있는 20미터 수평 빔을 지지한다.

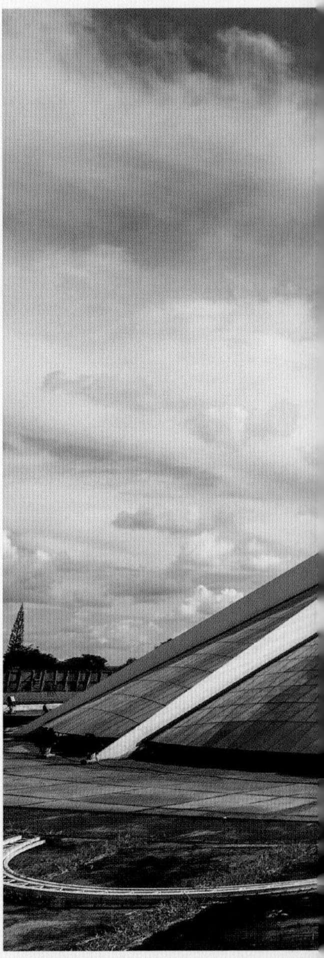

모더니즘 **p.37** 미래주의 **p.39**

다른 주요 작품

에디피시오 코판, 오스카 니마이어, 195~1961, 상파울로, 브라질
팔라시우 다 아우보라다, 오스카 니마이어, 1957~1958, 브라질리아, 브라질
니테로이 현대미술관, 오스카 니마이어, 1991~1996, 리우 데 자네이루, 브라질

오스카 니마이어

리우 데 자네이루에서 태어난 오스카 니마이어는 브라질리아 도시 건축물 설계로 가장 인정받은 미래주의 건축 양식의 핵심 주창자였다. 그는 또한 뉴욕 유엔 본부에서 1948년에서 1952년에 걸쳐 다른 건축가들과 공동 작업을 했었고 철근 콘크리트 조형물을 만드는 전문가이기도 했다.

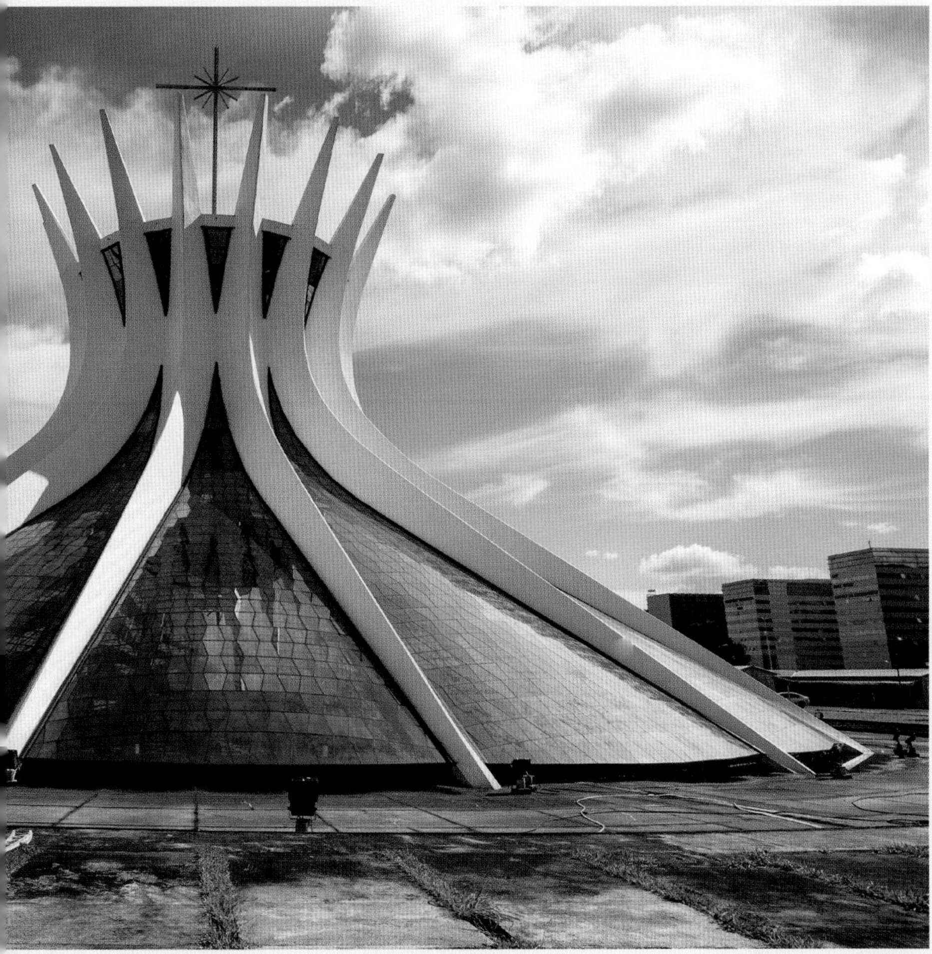

→ 지붕 **p.168** 기둥 **p.177** 콘크리트 **p.201** 유리 **p.206**

해비타트 67 Habitat 67

1966 ~ 1967

모쉐 사프디: 몬트리올, 캐나다

이스라엘계 캐나다 건축가 모쉐 사프디(1938~)가 1967년 몬트리올 세계 박람회에서 파빌리온으로 설계한 해비타트 67은 원래 실험용이었다.

주거비를 줄일 수 있는 새로운 형태의 주거 공간을 만들 목적으로 조립식 모듈러 유닛의 가능성을 연구한 이 프로젝트는 1961년 몬트리올의 맥길 대학에서 '사프디의 건축학 석사 논문을 위한 3차원 모듈러 빌딩 시스템'으로 시작되었다. 사프디는 설계를 하면서 마을에서 사는 것처럼 고층빌딩에서도 그것이 가능하다고 믿었다.

그는 이 단지를 12층까지 계획했고, 모양과 크기가 모두 다른 15개 디자인으로 된 158개 가구로 1개에서 4개로 된 서로 다른 철근 콘크리트 '박스'로 구성했다. 이는 먼저 조립 라인에서 제작한 후에 크레인으로 다양한 조합으로 쌓아 내부 강철 케이블로 서로 연결해 총 354개의 조립식 콘크리트 유닛으로 만들었다.

각 가구는 60제곱미터에서 160제곱미터에 이르는 크기에 침실이 1개에서 4개 정도 있고, 테라스 장식과 채광창이 달려 있다. 주민들은 보도와 다리를 지나 꼭대기 층까지 연결된 3개의 승강기로 주거공간에 들어갈 수 있다. 아마도 해비타트 67은 사프디 자신이 자라왔던 이스라엘의 도시 하이파 토착 건축에서 영감을 받았던 것 같다. 사프디는 사생활을 보호하기 위해 인접한 주민들을 각각의 유닛(박스)로 분리했다. 옥상 정원으로 풍부한 자연 채광을 받을 수 있게 했다. 그는 이 건축물을 개인이나 공동으로 사용할 수 있는 전통 고층 건물과 동등한 수준으로 개선했다.

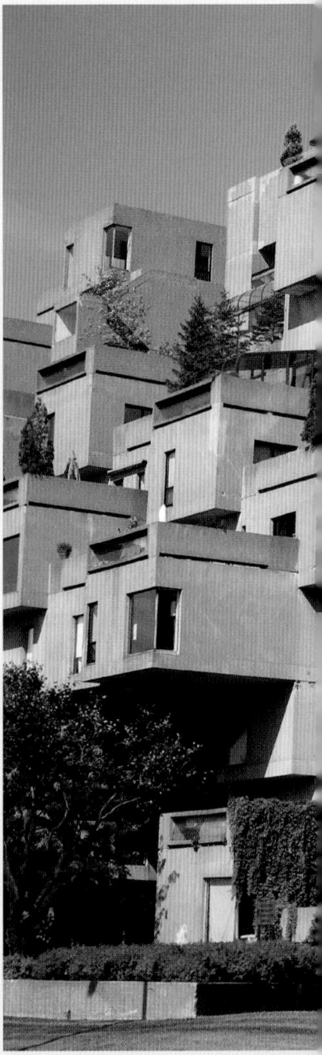

모쉐 사프디

해비타트 67를 짓고 나서 사프디는 세계적으로 매우 혁신적인 건축물 설계 경력을 쌓기 시작했다. 1954년에 그의 가족이 이스라엘에서 캐나다 몬트리올로 이사하면서 1961년에 건축학 첫 학위를 받았고, 필라델피아에서 루이스 칸(1901~1974)과 함께 견습 생활을 한 뒤에 그는 몬트리올로 돌아와 1964년에 자신의 건축사무소를 설립했다. 이후 1970년에 예루살렘에 자신의 또 다른 회사를 설립했다.

브루탈리즘 p.46

다른 주요 작품

한자비어텔, 알바 알토, 1955~1957, 베를린, 독일
바비칸 에스테이트, 챔버린, 파웰, 본, 1963~1975, 런던, 영국
월든7, 리카르도 보필, 1972~1975, 바르셀로나, 스페인

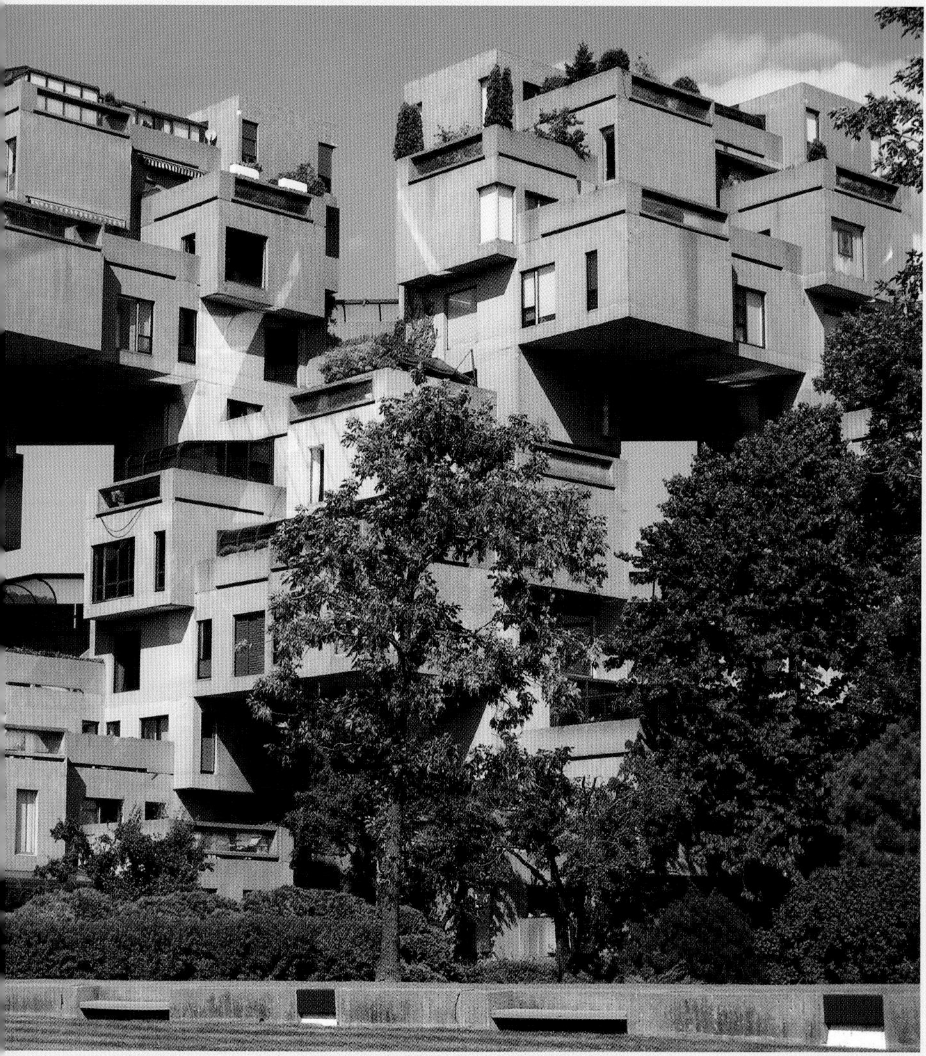

→ 계단 **p.176** 기둥 **p.177** 테라스 **p.187** 콘크리트 **p.201** 유리 **p.206** 강철 **p.209**

몬트리올 바이오스피어

Montreal Biosphere

1966
~
1967

버크민스터 풀러: 몬트리올, 캐나다

1965년, 미국 정보국은 버크민스터 풀러(1895~1983)에게 1967년에 개최될 몬트리올 세계 박람회에서의 미국관 설계를 의뢰했다. 현재 몬트리올 바이오스피어로 알려진 건축물이다.

풀러는 지름이 76미터이고 높이가 61미터인 4분의 3 지오데식 구를 설계했는데, 높이는 20층 건물과 맞먹는다. 지속 가능하고 복제가 쉬운 설계 형식에서 나오는 효율적인 재료와 모듈 구조에 매료되었던 그는, 거의 20년 동안 지오데식 돔으로 자신의 디자인을 완성해나갔다. 돔은 육각형 모양으로 된 내부와 강철 막대로 만든 삼각형 시스템 두 겹으로 되어 있다. 각 패널은 투명한 아크릴 패널로 밀봉되었고, 컴퓨터 제어로 그늘막이 조절 가능한 내부는 일정한 온도로 유지된다. 삼각형이 완벽한 형태라고 생각했던 풀러는 자신의 설계와 비슷한 크기로 만들어진 전통 건물에서 재료의 50분의 1만 사용하여 건축 구조 제작이 가능하다는 것을 보여주었다. 바둑판처럼 나누어진 삼각형은 단순하지만, 최대의 효율성을 갖추고 있다.

박람회 기간 동안 7단계로 된 4개의 테마관과 당시 존재했던 것 중에 가장 길었던 37미터 에스컬레이터가 설치된 미국관, 바이오스피어는 6개 층으로 이루어져 있었다. 바이오스피어는 1976년 화재로 돔의 아크릴 판넬이 소실되었다가 현재는 환경 문제를 이야기하는 박물관으로 운영되고 있다.

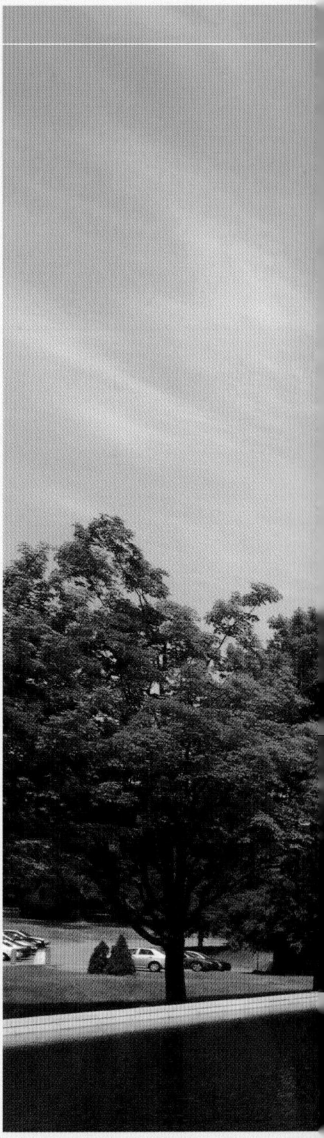

버크민스터 풀러

버크민스터 풀러는 매사추세츠 출신의 발명가이자 디자이너였고, 작가이자 건축가였다. 그는 약 30권의 책을 출판했고 28개의 디자인 특허를 가지고 있었으며 47개의 명예 학위를 받았다. 그는 주로 건축 설계를 했었지만, 수많은 발명품을 개발하기도 했다. 또한 그는 지오데식 돔을 대중화했다. 그는 단지 건축에만 국한되지 않고 세계적인 문제를 해결하기 위해 스스로를 '디자인 과학자'라고 불리는 것을 좋아했다.

지오데식 p.45

다른 주요 작품

골드돔, 버크민스터 풀러, 1958, 오클라호마, 미국
돔홈, 버크민스터 풀러, 1960, 일리노이, 미국
에덴프로젝트, 니콜라스 그림쇼, 1998~2001, 콘월, 영국

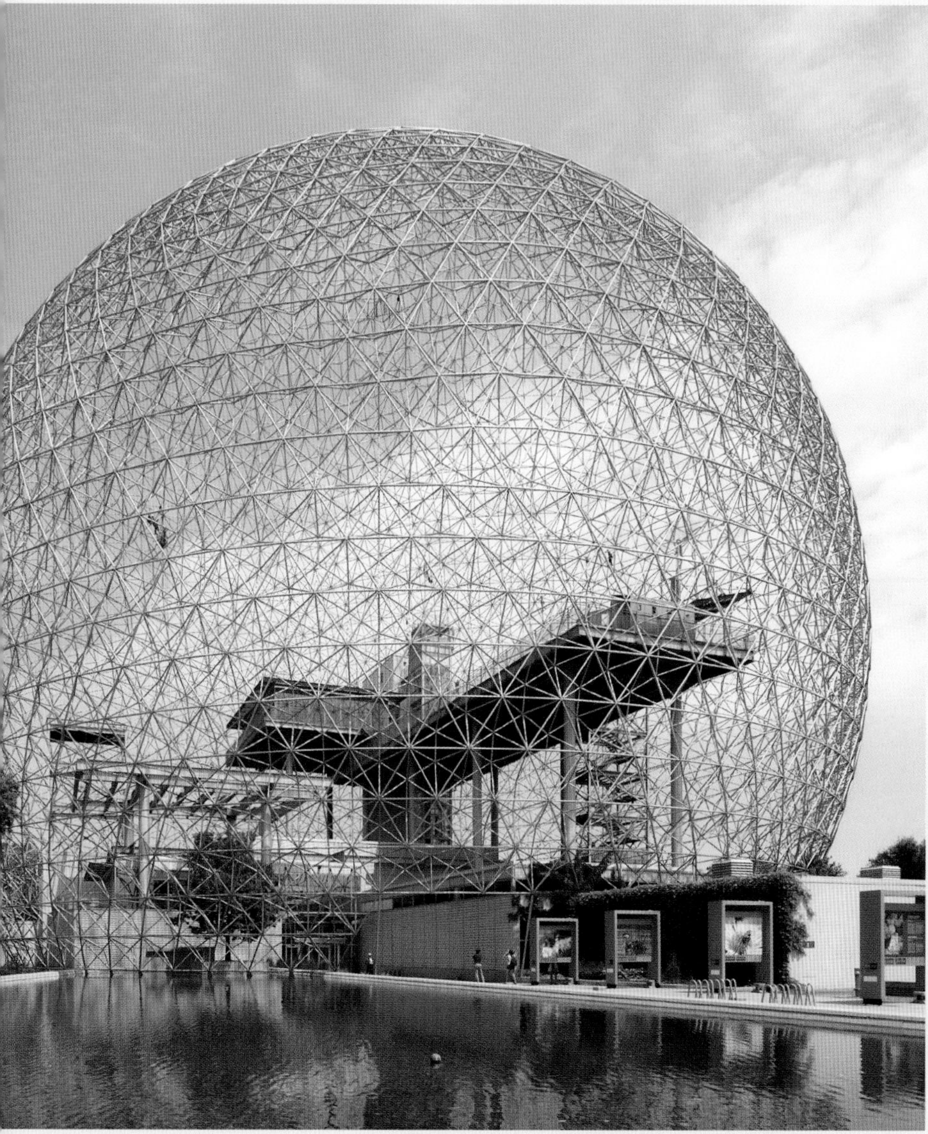

창문 **p.167** 돔 **p.172** 계단 **p.176** 중정 **p.180** 강철 **p.209** 플라스틱 **p.211**

퐁피두 센터 Pompidou Centre

리처드 로저스 · 렌조 피아노: 파리, 프랑스

1971~1977

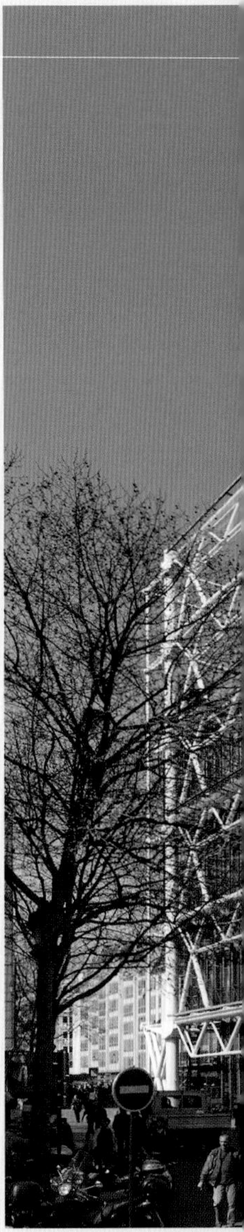

1960년대 건축 그룹 아키그램 아이디어에서 영향을 받은 파리의 조르주 퐁피두 센터는 하이테크 건축의 모범적인 작품이다.

세계에서 가장 큰 현대 예술품을 소장한 곳이기도 하고, 매우 넓은 공공 도서관이 있는 이 건축물은 다문화 단지 공모에 입상된 작품으로 영국 건축가 리처드 로저스(1933~)와 이탈리아 건축가 렌조 피아노(1937~)가 아일랜드 구조 공학자 피터 라이스(1935~1992)의 합작품이다. 그들은 종종 '바웰리즘'으로 불리는 건축양식으로 '인사이드 아웃(안과 밖에 서로 바뀐)' 건축물을 지었다. 그들은 건축물을 외부에서 볼 때 커다란 덕트와 수평 빔 그리고 대각선으로 네트워크를 지지하는 철기둥을 색으로 칠해 마치 강철 뼈대로 만든 거대한 기계와 닮게 만들었다. 파사드에 설치한 에스컬레이터는 투명한 아크릴 튜브를 둘러싸고 있다. 설비 시설을 의도적으로 눈에 띄게 노출하고 있어 대담하고 다채롭게 느껴진다.

그들은 이와 반대로 건축물 내부 천장에 설치한 밝은 색의 튜브와 덕트를 외부와 연결하고, 탁 트인 갤러리와 큰 창문으로 공간을 단순하고 넓어 보이게 만들었다. 하이테크 양식은 1970년대에 로저스, 피아노, 노먼 포스터(1935~) 이외에 콘크리트, 철근, 유리 등의 모더니즘 재료를 건축에서 배제했던 몇몇 다른 건축가가 개발했으며, 그들은 현대 기술과 재료를 항상 숨기는 것이 아니라 솔직하게 공개하는 것이 목표였다.

로저스 & 피아노

리처드 로저스는 런던의 건축 협회와 뉴욕의 예일대에서 공부하던 중에 노먼 포스터를 만났다. 잠깐 동안 그들은 수 로저스(1939~), 웬디 포스터(1937~1989)와 함께 Team 4를 결성해 함께 일했다. 로저스는 상징적인 건축물을 계속해서 설계했다. 제노바의 건축가이자 공학자인 렌조 피아노는 런던의 더 샤드(2009~2012)를 비롯한 여러 혁신적인 디자인 건축물을 만들었다.

하이테크 p.49

다른 주요 작품

로이드 빌딩, 리처드 로저스, 1978~1986, 런던, 영국
HSBC 빌딩, 포스터앤파트너스, 1983~1986, 홍콩
노스 미시건 애비뉴 875번지(존 핸콕 센터), 스키드모어, 오윙스, 메릴, 1965~1969, 시카고, 미국

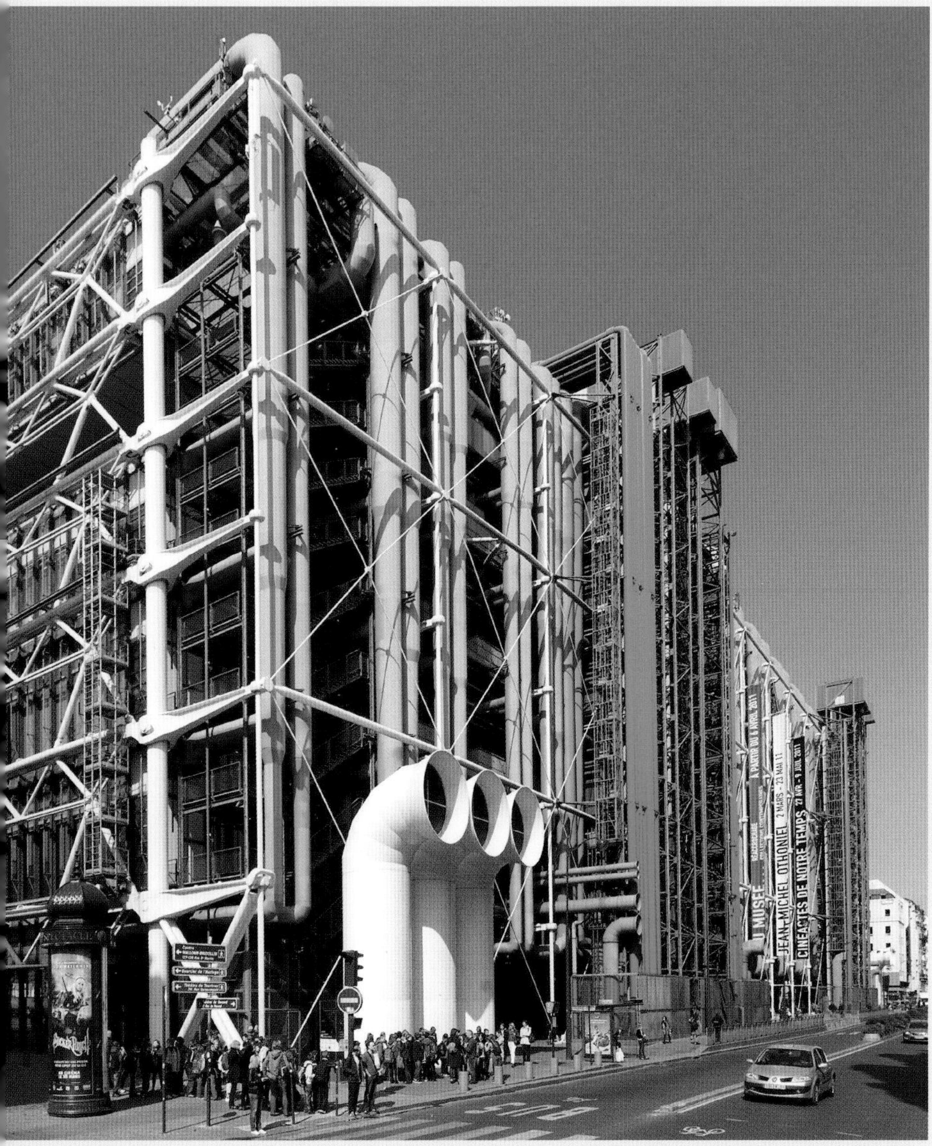

창문 **p.167** 기둥 **p.177** 콘크리트 **p.201** 유리 **p.206** 강철 **p.209**

포틀랜드 빌딩 Portland Building

1980
~
1982

마이클 그레이브스: 오리건, 미국

다른 주요 작품

AT&T빌딩, 필립 존슨 앤 존 버기, 1980~1984, 뉴욕, 미국
휴마나 빌딩, 마이클 그레이브스, 1982~1985, 루이빌, 미국
퍼시픽 디자인 센터, 시저 펠리, 1975, 로스엔젤레스, 미국

포틀랜드 빌딩(포틀랜드 시민 서비스 빌딩)은 깨끗하고 군더더기 없는 모더니즘에서 벗어나 15층 사무실 건물로 첫 개장을 했다.

대규모의 공모전에서 입상한 포틀랜드 빌딩은 미국 건축가 마이클 그레이브스(1934~2015)가 설계했으며 그는 고전 기둥 양식에 따라 주초, 주신, 주두를 갖춘 건축 설계안을 제출하면서 우승했다. 질감과 컬러가 다양한 작고 네모난 창문이 규칙적으로 배열된 외관은 20세기 초반부터 많은 오피스 건축 양식을 장악했던 철과 유리로 된 박스 형태의 모더니즘 건물과는 대조적이다. 청록색 테라코타로 된 푸른 파사드는 하늘과 땅 그리고 잔디와 어우러지고, 기둥과 페디먼트 그리고 프리즈처럼 장식 띠가 있는 박스 형태에서 당당한 존재감이 드러난다.

기존 오피스의 지루한 디자인에서 벗어난 포틀랜드 빌딩은 매우 빠듯한 예산임에도 공공 기관 사무실과 임대 사무실 그리고 푸드 코트 등을 만들었다. 포틀랜드 빌딩이 혁신적인 건물이긴 해도 그레이브스는 과거 건축을 모방하는 것이 목표였기 때문에 다른 곳에서 사용된 유색 강화 콘크리트와 섬유 유리와는 대조적으로 포틀랜드의 역사적인 건물에서 흔히 볼 수 있는 재료를 모방해 매끈한 테라코타 파사드를 만들었다. 최신 건축 트렌드를 과감하게 버려 주변에서 찬사와 경멸을 동시에 받은 만큼 인테리어를 저렴하게 시공해 입주자에게 문제가 생긴 걸로 밝혀졌다.

마이클 그레이브스

최초의 포스트모더니스트 중 한 명인 마이클 그레이브스는 자신만의 건축 철학으로 프린스턴 대학에서 40여 년 동안 건축학 교수로 근무했다. 이탈리아의 급진적인 디자인 그룹 멤피스 멤버였던 그는 현대적이고 포스트모던한 건축물과 1985년 알레시의 휘슬 주전자와 같은 제품 디자인으로 인정받고 있다. 포틀랜드 빌딩은 재건축을 위해 2020년 12월까지 문을 닫았었다.

포스트모더니즘 p.47 ←

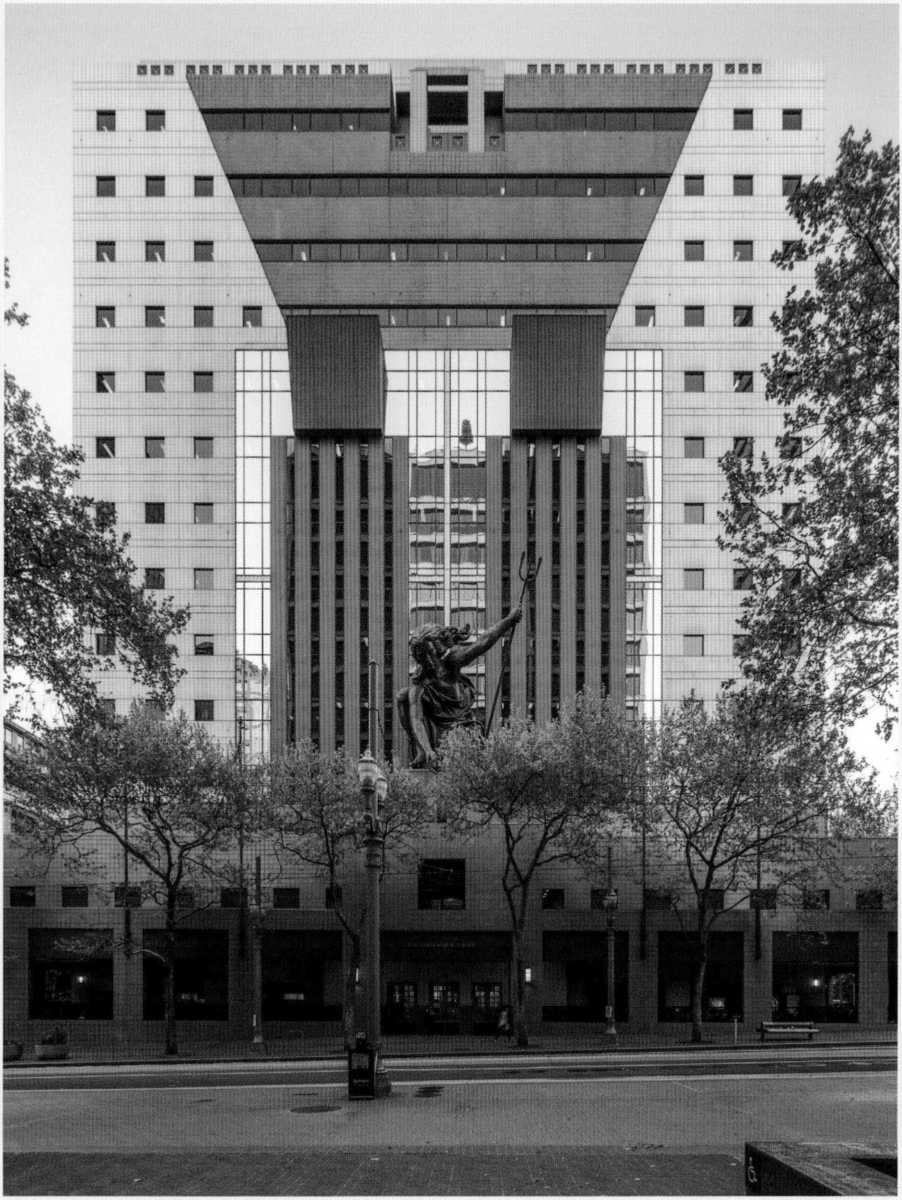

창문 **p.167** 콘크리트 **p.201** 유리 **p.206** 강철 **p.209**

비트라 소방서 Vitra Fire Station

1989 ~ 1993

자하 하디드: 베일 암 라인, 독일

비트라 소방서는 이라크계 영국 건축가 자하 하디드(1950~2016)의 첫 번째 국제적인 작품으로 기하학 형태를 혼합해 창조된 역동성에서 그녀의 기술이 보인다.

비트라 캠퍼스는 공장과 전시실 그리고 디자인 박물관으로 이루어진 복합 건축물이다. 1981년 화재로 비트라 단지 대부분이 소실된 비트라는 유명한 건축가들에게 새로운 건축 설계를 의뢰했었다. 단지 재건축에서 전과 같이 재난의 위험을 줄이기 위해 소방서를 계획했다. 이 프로젝트로 하디드는 비상하는 새와 닮은 구조물을 만들면서 선들이 중앙으로 집중하는 것처럼 보이게 날카롭고 각진 평면을 설계했다. 그 건물은 현장에서 콘크리트로 주조되었다. 그러나 산업용 소방에 대한 정부 요건이 변경되면서 이후에 소방서 대신 전시 공간으로 사용되었다.

전체적으로 직각 없이 길고 좁은 평면에 벽체는 겉으로 보기엔 반듯하고 부드러우나 내부에는 구멍이 있고 기울어지거나 접혀 있다. 하디드는 장식과 색이 없는 순수함과 단순함을 강조했다. 심지어 창문들은 프레임조차 없고 지붕 역시 외피와 테두리가 없다. 면이 교차하는 곳에서 생기는 비스듬한 각도는 운동 감각이 느껴지고, 벽체는 이동하고 미끄러지는 것처럼 보여 다른 관점에서 볼 때 건축물이 드라마틱하게 변화하는 것처럼 보인다.

자하 하디드

프리츠커 상을 받은 최초의 여성 건축가인 자하 하디드는 상호 연결되는 공간과 역동적인 형태가 특징인 진보적 해체주의 설계로 많은 상을 받았다. 레바논의 수탄 베이루트와 런던에서 공부한 뒤에 1980년 런던에서 자신의 건축사무소를 열었다. 그녀는 새로운 공간 개념을 가진 작품으로 건축과 도시 디자인의 경계를 확장했다.

해체주의자 p.51

다른 주요 작품

하이데르 알리예프 센터, 자하 하디드, 2007~2012, 바쿠, 아제르바이잔
MAXXI 21세기 국립 로마 현대미술관, 자하 하디드, 1998~2010, 로마, 이탈리아
런던 아쿠아틱스 센터, 자하 하디드, 2008~2011, 런던, 영국

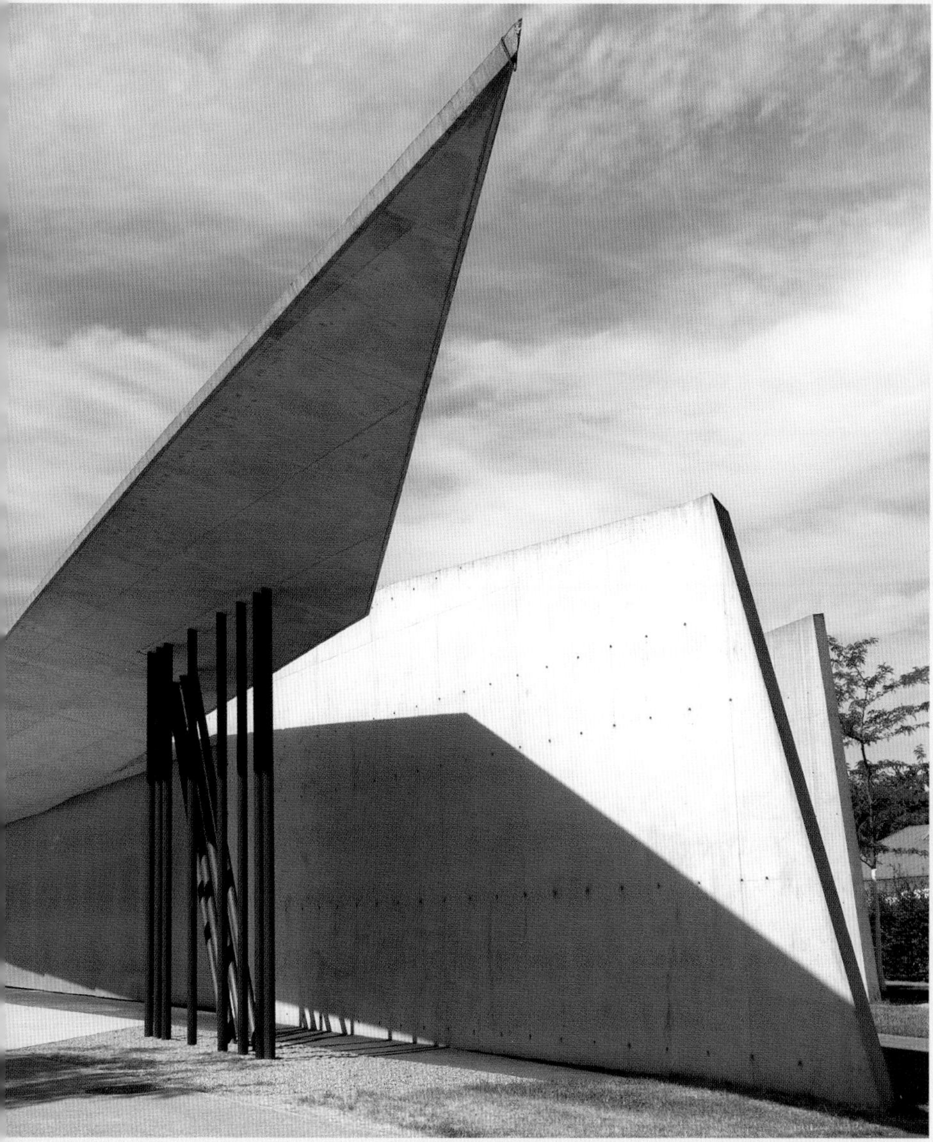

창문 **p.167** 기둥 **p.177** 콘크리트 **p.201** 유리 **p.206** 스틸 **p.209**

모리야마 하우스
Moriyama House

2002 ~ 2005

니시자와 류에: 도쿄, 일본

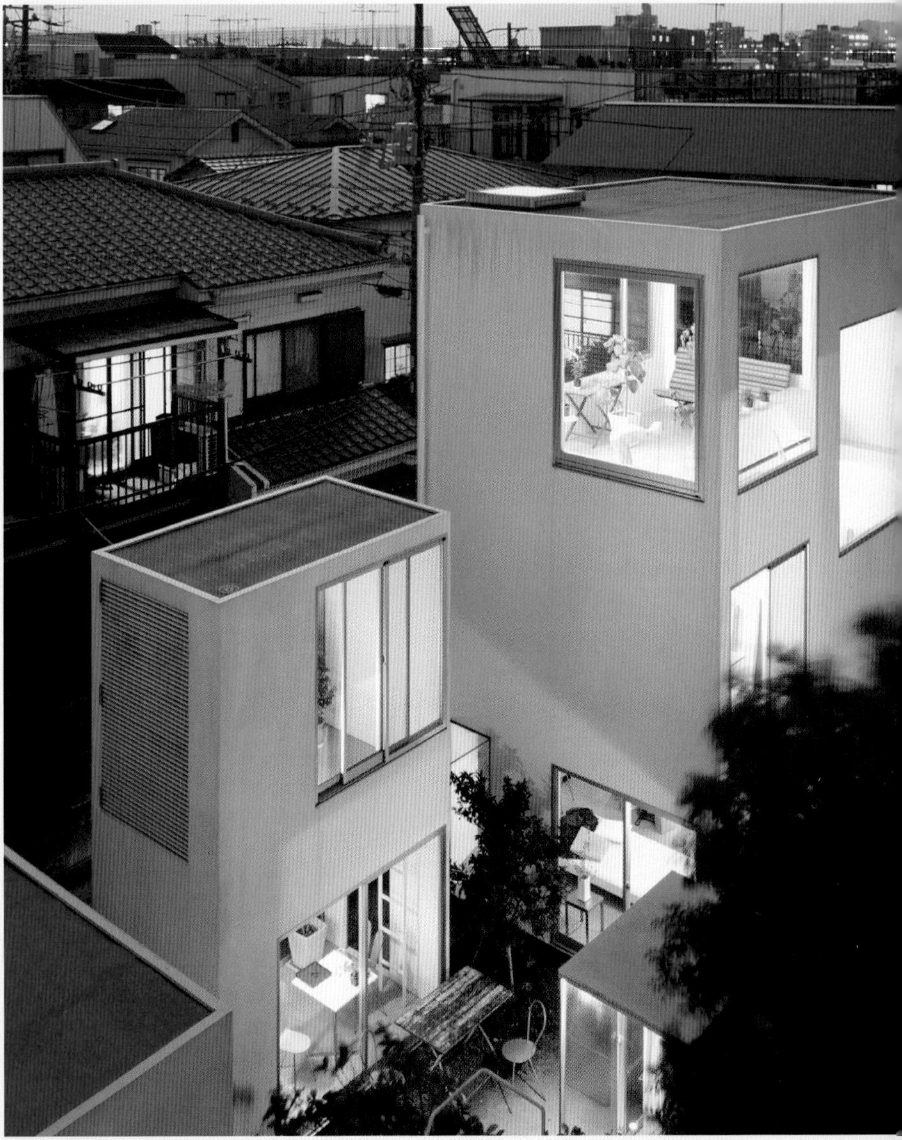

미니멀리즘 **p.48**

다른 주요 작품

후나바시 아파트, 니시자와 류에, 2002~2004년, 치바, 일본
러브 플래닛 뮤지엄, 니시자와 류에, 2003, 오카야마, 일본
테시마 미술관, 니시자와 류에, 2010, 가가와, 일본

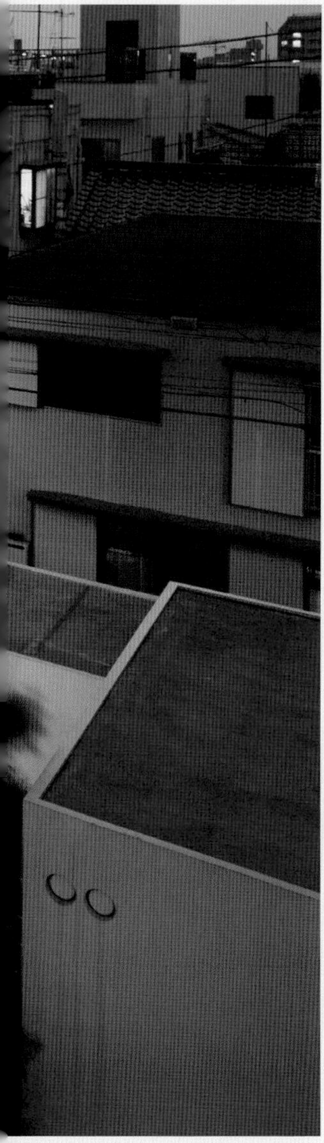

흰색 콘크리트 유닛으로 지어진 모리야마 하우스는 의도적으로 일본의 전통 건축에 도전했다.

모리야마 하우스는 일본의 건축가 니시자와 류에(1966~)가 설계한 도쿄 교외에 위치한 실험 주거 프로젝트이다. 불규칙한 패턴으로 10개의 흰 육면체와 유닛을 쌓아 만든 3층 규모의 모리야마 하우스는 6명의 입주자와 주인이 함께 쓰는 공동 공간이기도 하고, 공적 공간과 사적 공간의 관계를 강조하는 개인 공간이기도 하다. 주인은 침실과 거실, 식당, 욕실 그리고 닫혀있는 베란다가 있는 4개의 유닛을 사용한다.

프리미엄 공간으로 된 조립형 박스는 강철판이 보강된 아주 얇은 내하력 벽체로 두께가 불과 6센티미터밖에 되지 않아 창문을 넓게 활용할 수 있고, 실내 공간을 최대로 키울 수도 있다. 유리 복도는 서로 다른 공간을 이동하는 곳이며, 건물 주변에서 물리적으로 서있는 벽은 없다. 각 상자는 적어도 하나 이상 큰 창이 있지만, 큐브가 배열된 방식 때문에 어떤 창문도 다른 창을 마주 보고 있지 않아 서로의 프라이버시가 보장되고, 공간과 유닛 주변의 경계가 모호하다. 작은 골목과 안뜰이 있는 모리야마 하우스는 니시자와가 설계한 실험적 주거 프로젝트 중 하나로 도시를 축소해 놓은 것 같다.

니시자와 류에

니시자와 류에는 1997년 도쿄에 자신의 회사를 설립했으며, 그 이전에는 세지마 가즈요(1956~)와 함께 SANAA(세지마 앤 니시자와 앤 어소시에이츠)를 공동 설립했다. 그는 2010년에 프리츠커 상을 수상했다. 니시자와는 SANAA와 함께 일하면서도 독립적으로 도시 생활 솔루션 만들면서 많은 혁신적인 프로젝트를 수행해 왔다. 그는 또한 여러 대학에 출강하는 건축학 교수이다.

창문 p.167 지붕 p.168 중정 p.175 콘크리트 p.201 유리 p.206 스틸 p.209

보스코 베르티칼레

Bosco Verticale

2009 ~ 2014

스테파노 보에리 아키테티: 밀라노, 이탈리아

이탈리아 밀라노의 비즈니스 구역에 있는 두 동의 주거용 타워는 보스코 베르티칼레, 즉, '세로 숲'의 첫 번째 건축 사례이다.

두 타워 중 높은 타워는 높이가 111미터로 26층이고, 낮은 타워는 높이가 76미터로 18층이다. 두 타워의 테라스에는 480그루의 중대형 나무, 300그루의 소형 나무, 11,000개의 다년생 식물과 피복 식물, 5,000개의 관목이 자라고 있다. 스테파노 보에리 아키테티의 이탈리아 건축가 스테파노 보에리(1956~)와 지아난드레아 바레카(1969~) 그리고 지오반니 라 바라(1969~)는 원예학자, 식물학자들과 함께 도시 건설에서 오는 스모그를 줄이고 이산화탄소를 흡수해 산소를 생산할 목적으로 보스코 베르티칼레를 설계했다. 식물에 약 1,600여 마리의 새와 나비가 서식하고 있는 이 건축물은 생물 다양성을 높이고 도시 생태계를 일으키는 것을 목표로 하는 건축 개념을 가지고 있다.

효율적인 비용으로 밀라노의 대기질을 개선하는 보스코 베르티칼레는 많은 사람에게 건축적으로 중요한 단계임을 보여주었다. 건축물에서 자라는 식물은 여름에 실내로 들어오는 햇빛을 가려주고, 겨울에는 거친 바람을 차단하여 적당한 온도를 유지한다. 거리의 교통에서 발생되는 소음 공해와 먼지로부터 내부 공간을 보호한다. 그리고 건물은 태양전지판에서 나오는 재생 에너지를 사용하며, 폐수를 여과하기 때문에 자급자족할 수 있다.

스테파노 보에리 아키테티

1999년 스테파노 보에리와 지아난드레아 바레카 그리고 지오반니 라 바라가 밀라노에 스테파노 보에리 아키테티를 설립했다. 이들은 각종 국제 설계 공모 수상 경력은 물론 주요 대학에서 건축과 도시 계획 강의를 하고, 유수의 건축 잡지사들과 협업해 왔다. 그들은 전 세계적으로 지속 가능한 건축물을 설계하고 있다.

다른 주요 작품

베딩턴 제로 에너지 개발 단지(베드제드,BedZED), 빌 던스터, 2000~2002, 런던, 영국

원 센트럴 파크, 포스터앤파트너스, 아틀리에 장 누벨, PTW 아키텍츠, 2012~2013, 시드니, 오스트레일리아

비아 베르데, 페르난도 오르티스 모나스테리오, 루이스 헤라르도 멘데스, 2016, 멕시코시티, 멕시코

지속 가능한 건축 p.50

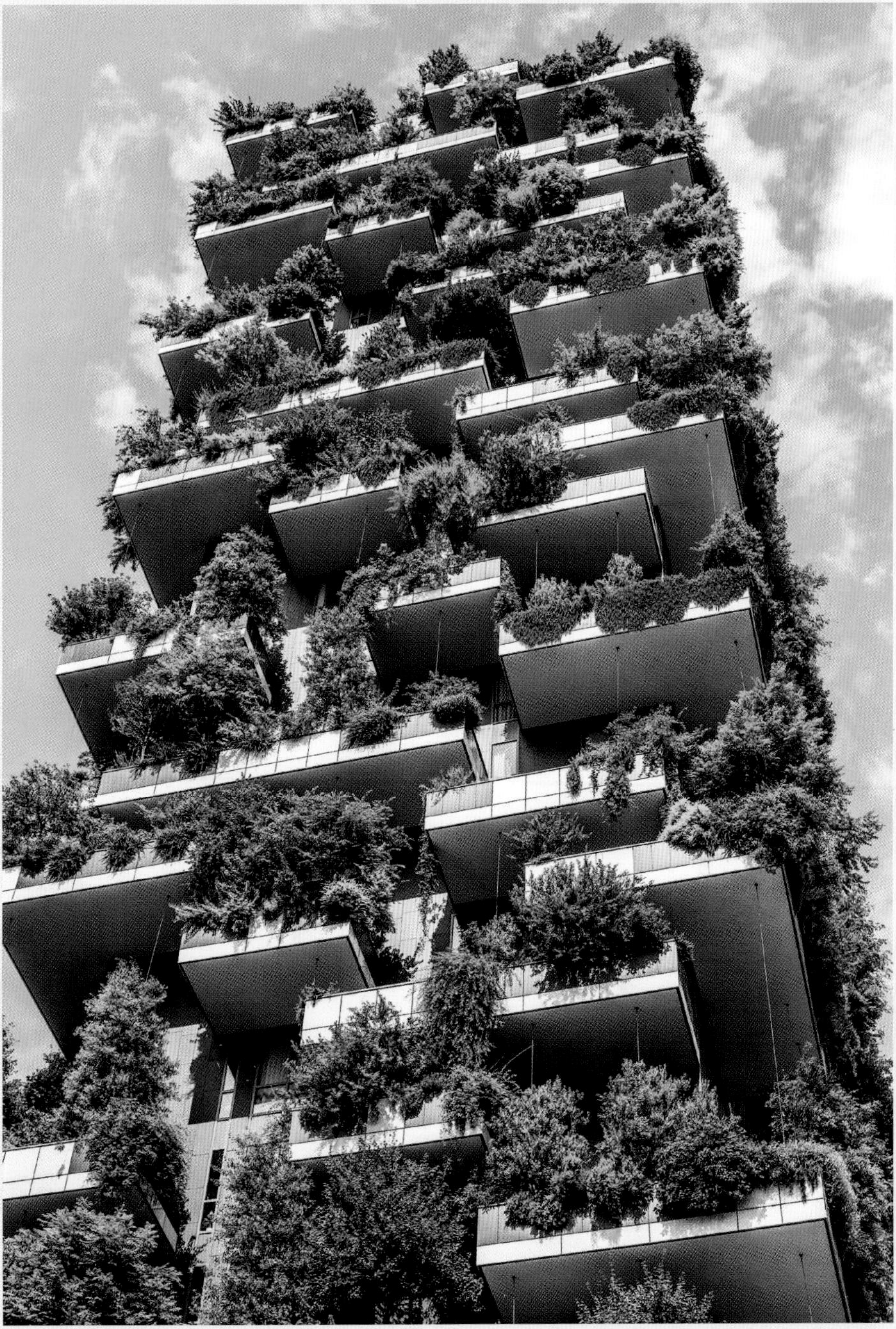

→ 발코니 **p.170** 타워 **p.174** 테라스 **p.187** 벽돌 **p.195** 유리 **p.206** 재생자원 **p.213**

엘프필하모니 Elbphilharmonie

2016 ~ 2017

헤르조그 & 드 뫼롱: 함부르크, 독일

오래된 벽돌 창고 위에 지어진 엘프필하모니는 고대 그리스 원형 경기장의 형태 일부를 빌려와 땅을 깎은 뒤 지질과 건축을 결합했다.

엘베 강둑에 있는 엘프필하모니는 1966년에 소실된 창고 외관을 그대로 유지한 채로 약 1,700개의 철근 콘크리트 더미가 건물을 받쳐 들고 있다. 약 1,000개의 곡선형 유리창으로 이루어진 물결 모양 지붕 형태의 유리 파사드 조합은 돛과 파도를 닮기도 했고 아주 큰 크리스탈을 닮기도 했다. 엘프필하모니는 높이가 108미터로 함부르크에서 사람이 거주하는 가장 높은 건물로 건축회사 헤르조그 & 드 뫼롱에서 설계했다.

건축물은 전체 26층으로 8층까지는 벽돌 파사드로 이루어져 있다. 1층 동쪽 정문에 둥글게 굽은 에스컬레이터는 건물 하단의 벽돌 섹션에서 가장 높은 층에 위치한 전망 테라스인 플라자와 연결된다. 플라자에서는 함부르크와 엘베 강을 360도 조망할 수 있다. 건축물 상부 유리층에는 2,100명을 수용할 수 있는 그레이트 콘서트 홀, 550명을 수용할 수 있는 리사이틀 홀, 170명을 수용할 수 있는 카이스트디오로 3개의 공연장이 있다. 건물 상부 유리 파사드는 하늘과 강 그리고 도시가 비쳐지고, 아래에 있는 창고 형태와 대비된다.

헤르조그 & 드 뫼롱

스위스 건축회사 헤르조그 & 드 뫼롱의 설립자와 수석 파트너의 자크 헤르조그(1950~)와 피에르 드 뫼롱(1950~)의 경력은 서로 거의 일치한다. 둘 다 취리히에 있는 스위스 연방 공과 대학교에 다녔으며, 그들은 런던의 뱅크사이드 발전소를 현대 미술 갤러리인 테이트 모던으로 개축하는 등의 혁신적인 건축 설계를 했었다.

포스트모더니즘 p.47

다른 주요 작품

테이트 모던, 헤르조그 & 드 뫼롱, 1997~2000, 런던, 영국
포럼 빌딩, 헤르조그 & 드 뫼롱, 2002~2004, 바르셀로나, 스페인
40 본드 스트리트, 헤르조그 & 드 뫼롱 2006~2007, 뉴욕, 미국

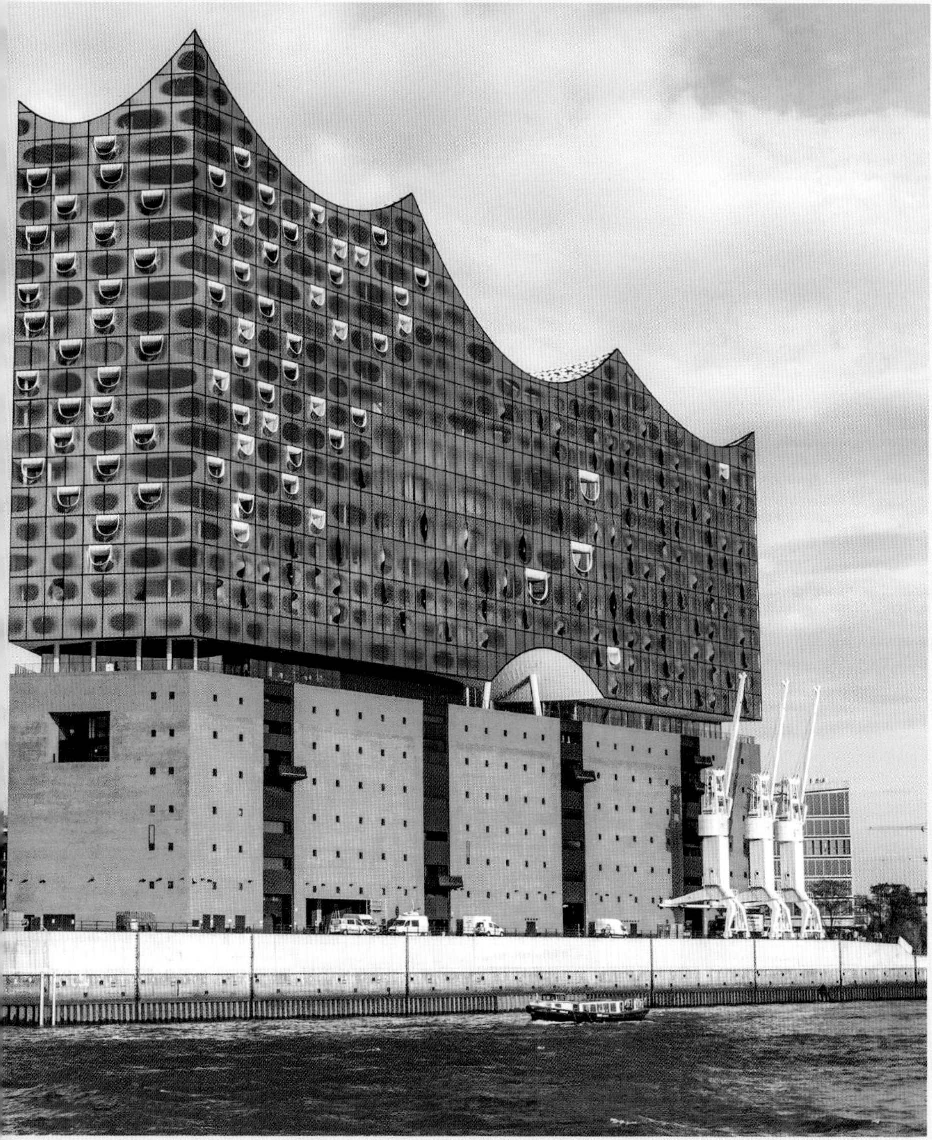

→ 창문 **p.167** 지붕 **p.168** 콘크리트 **p.201** 유리 **p.206** 스틸 **p.209**

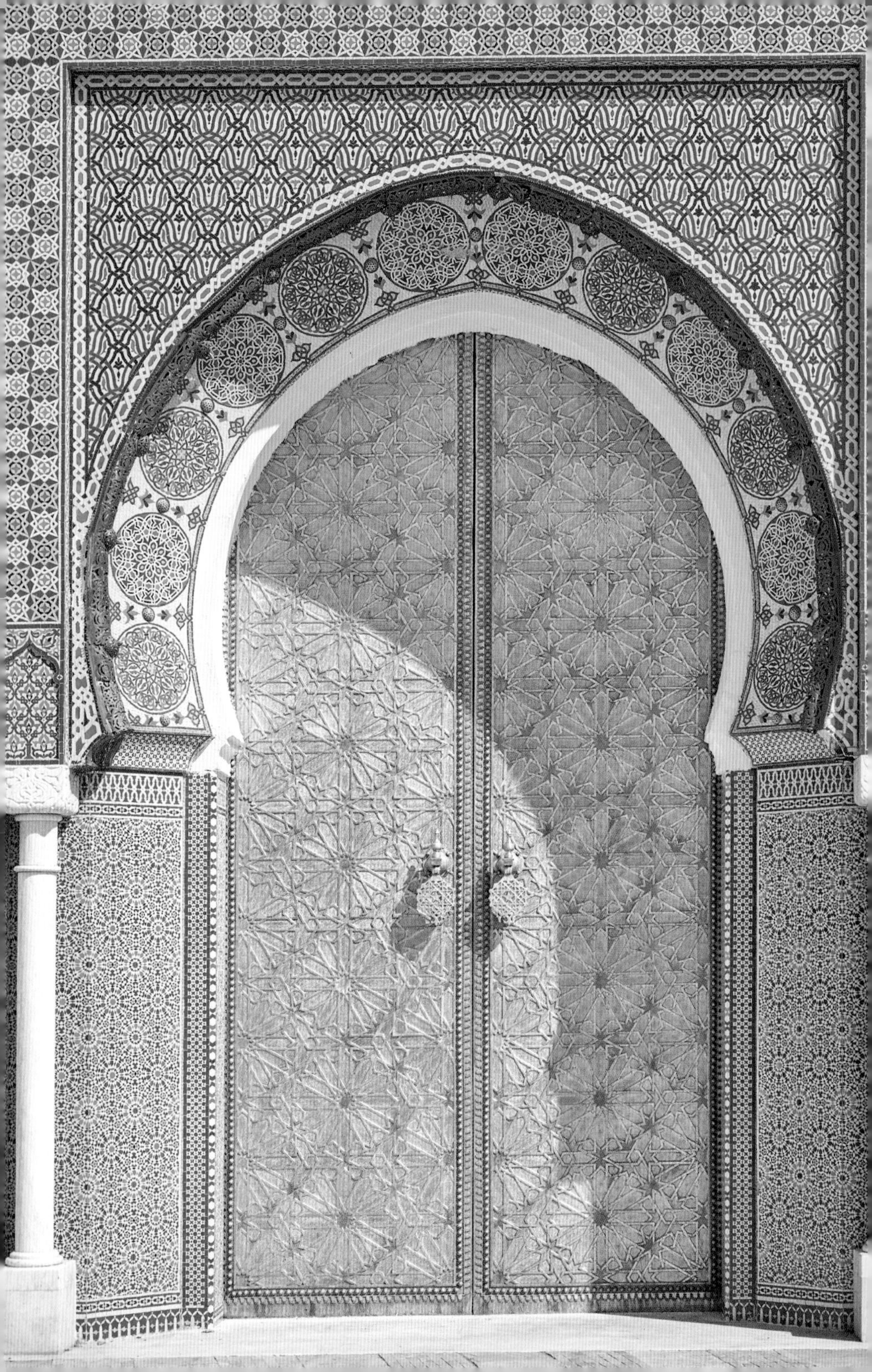

ELEMENTS
요소

벽 Wall

주요 건축가: 존 내시 • 조르주 외젠 오스만 • 찰스 배리 • 에드윈 루티엔스 • 에르네 에브라 • 에로 사리넨 • 엘리엘 사리넨

벽은 방이나 건물의 공간을 분할하거나 둘러싸는 데 사용되는 구조 요소로 내력벽과 비내력벽 그리고 무수히 많은 실용적인 목적으로 사용된다.

벽의 종류에는 내력벽, 공동벽, 커튼월, 칸막이벽 등이 있다. 단열과 방수를 위한 공동벽은 두 개의 벽 사이에 공간이 있다. 커튼월(curtain wall)은 중세 시대에 요새화된 벽으로 건물을 둘러싸는 데 사용되었지만, 요즘 들어서는 주로 지붕을 지지하지 않는 외벽을 말한다. 20세기 후반부터 보편화된 그린월(Greenwall)은 새로운 주거지의 공기질을 향상할 목적으로 벽에 식물을 심은 형태이다.

처음에 벽은 나뭇가지에 진흙을 발라서 만든 초벽이나 돌과 벽돌로 쌓아 올렸지만, 모더니즘 시대에 와서는 철근 콘크리트나 강철, 유리로 벽을 쌓아 올렸다. 대부분 벽돌이나 돌에 콘크리트나 모르타르를 사용해 벽을 세웠지만, 그저 쌓기만 하는 돌벽은 엄선된 돌로 독특하게 만들어졌다.

주요 핵심

핀란드 헬싱키 중앙역은 엘리엘 사리넨(1873~1950)이 설계했다. 1919년에 완공된 헬싱키 중앙역은 핑크빛이 도는 회색 핀란드 화강암으로 덮여있다. 두꺼운 벽돌의 인상적인 외관은 핀란드 미술공예운동 양식을 따랐다. 내벽에는 로마네스크 양식의 문이 있고, 다른 벽에는 반원형의 창문이 있다.

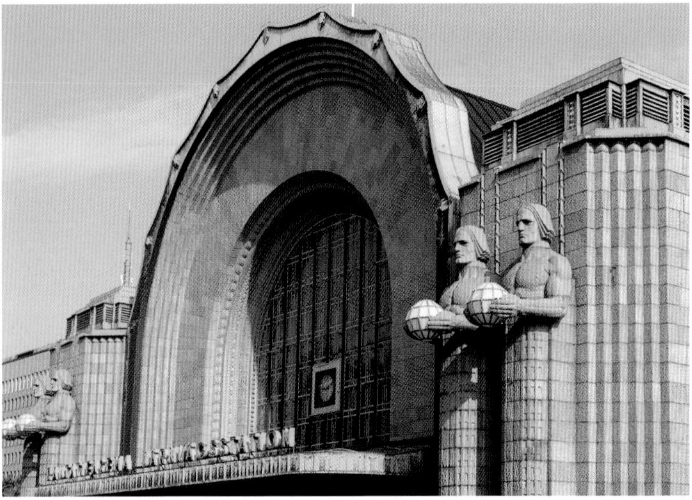

헬싱키 중앙역, 엘리엘 사리넨, 1914~1919, 헬싱키, 핀란드

고대 그리스 **p.14** 콜럼버스 미대륙 발견 이전 **p.13** 고딕 **p.25** 국제주의 양식 **p.42** 바우하우스 **p.43** 알함브라 **p.80** 태양의 신전 **p.88** 젠네 모스크 **p.126**

천장 Ceiling

주요 건축가: 도미니쿠스 짐머만 • 이니고 존스 • 쥘 아르두앙 망사르 • 엘리엘 앤 에로 사리넨 • 폴 요하네스 펠츠 • 반 시게루

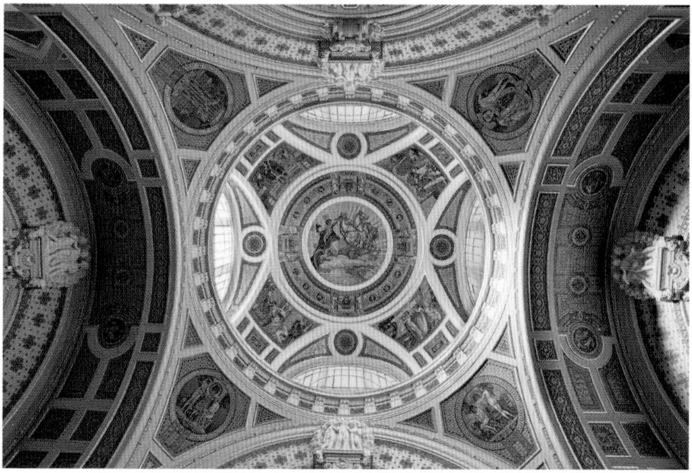

세체니 온천, 죄죄 치글러, 1909~1913, 부다페스트, 헝가리

지붕보와 장선 아래를 덮는 천장 마감은 공간을 분리하고 층간 소음을 방지하는 데 도움이 된다. 천장은 다양한 재료로 만들 수 있지만, 목재와 석고가 가장 일반적인 재료이다. 천장은 장식을 하지 않거나, 그림이나 조각 등으로 장식할 수 있으며, 천장과 벽 사이에 만나는 부분은 석고 몰딩이나 조각된 코니스로 장식해서 감출 수 있다. 대부분의 중세 대성당은 볼트(둥근 천장)이 있으며, 보가 노출된 천장이 있는 경우도 있다.

오목한 형태의 패턴으로 된 격자 천장은 고대 로마와 르네상스 건축에서는 흔했고, 천장 모서리는 다양한 형태의 화려한 조각으로 장식되었다. 고딕 시대에는 대체로 보와 같은 구조물에만 그림을 그려 넣었지만, 바로크와 로코코 시대에 와서는 천장에도 부조, 소용돌이 문양, 화환을 화려하게 그려 넣었다.

슬라브 아래에 매달린 내림 천장(가천장)은 설비 시설이 들어갈 수 있는 공간으로 유용하게 만들어진다. 그러나 일부 하이테크 건축물은 의도적으로 건물의 구조와 기계 요소를 천장을 노출했다.

주요 핵심

부다페스트의 세체니 온천은 네오 바로크와 네오 르네상스 양식이 혼합된 형태로 죄죄 치글러(1850~1905)가 설계했다. 세체니 온천은 유럽에서 가장 큰 약탕으로, 2개의 온천에서 물이 공급된다. 물의 신과 여신 이야기로 무겁게 장식된 천장은 물에 대한 은유와 비유 표현이 특징이다.

르네상스 **p.26** 로코코 **p.30** 네오클래식 **p.31** 포스트모더니즘 **p.47** 알함브라 **p.80** 베르사유 궁전 **p.102** 퐁피두 센터 **p.150**

문 Door

주요 건축가: 콰이샹 • 장 드 쉘 • 피에르 드 몽트뢰유 • 윌리엄 밴 앨런 • 로렌초 기베르티

주요 핵심
문은 사람이 출입할 수 있도록 만들어졌지만, 건물을 보호하기도 하고 환영과 경고의 메시지를 전달하기도 한다. 모로코 페즈에 있는 다르 알 마크젠의 거대한 왕궁은 외부 위험에서 사람들을 보호하기 위해 젤리지 타일 세공으로 장식된 놋쇠 문으로 제작되었다. 문은 13세기에 지어진 원본을 복제한 것이다.

공간으로 들어오게 하거나 혹은 막는 역할을 하는 문은 시간이 지나면서 유행과 재료 그리고 건축 방식에 따라 급격하게 변화해 왔다. 고대의 문은 대부분 나무로 만들어졌는데, 성경(열왕상 6장, 31~35)에 묘사된 솔로몬 왕 성전의 문처럼 조각과 세공이 된 올리브 나무가 금으로 입혀졌다. 고대 이집트 무덤의 돌문이나 나무문은 장식되지 않아 사후 세계로 가는 길처럼 보이고, 고대 그리스와 로마의 많은 문 역시 웅장한 포티코 뒤에서 장식 없이 밋밋하게 서있다.

아치형 출입구는 초기 기독교 건축에서 많이 사용했고, 이슬람과 고딕 건축에서는 뾰족한 아치가 발달했다. 중세 시대의 성문은 커다란 금속과 나무 격자 모양으로 만든 포트큘리스(내리닫이 쇠창살문)로 내부를 보호했다. 또 다른 형태의 격자문은 일본식 쇼지인데, 나무 틀 위에 반투명 종이를 얹은 것이다. 르네상스 시대부터 19세기 후반까지 문은 웅장하게 보이기 위해 사치스러운 몰딩과 장식을 달아 무겁고 화려했다. 하지만 20세기 동안에는 단순한 양식의 문이 더 많이 생겨났다.

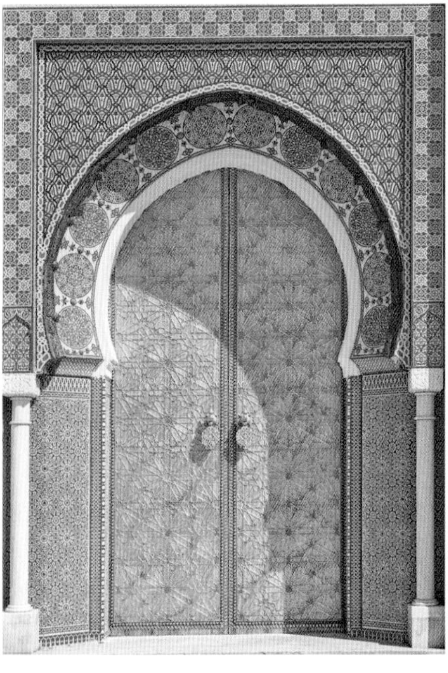

다르 알 마크젠, 건축가 미상, 13세기, 페즈, 모로코

이슬람교 **p.20** 고딕 **p.25** 르네상스 **p.26** 바로크 **p.29** 신고전주의 **p.31**
아르 누보 **p.36** 아르 데코 **p.44** 크라크 데 슈발리에 **p.76** 베르사유 궁전 **p.102**

창문 Window

주요 건축가: 외젠 비올레르뒤크 • 카를 프리드리히 싱켈 • 필립 존슨 • 구로카와 기쇼

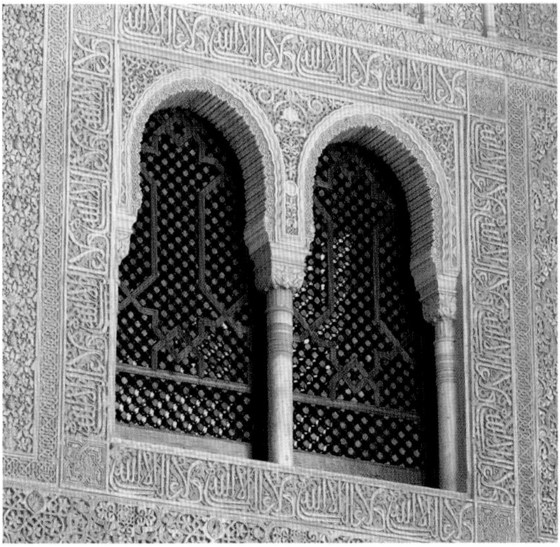

주요 핵심
많은 창문 양식 중에는 세로로 열리는 내리닫이 창과 옆으로 열리는 여닫이 창이 가장 흔하다. 르네상스 시기에 프랑스에서 여닫이 창이 많이 만들어져 프랑스 창이라는 꼬리표가 붙게 되었다. 대형 규모의 건축 계획에서는 종종 여러 개의 창문끼리 결합되기도 한다. 알함브라 궁전의 두 자매 방에 설치된 이중 아치형 격자 창문이 그렇다.

알함브라 궁전, 건축가 미상, 1238~1358, 그라나다, 스페인

건축물 장식으로 배열된 창문은 빛과 공기를 받아들일 수 있게 만들었다. 로마 시대에도 아직 유리창은 등장하지 않았고, 고대 중국, 한국, 일본에서는 창문에 종이를 사용하는 경우가 많았다.

초기 기독교와 비잔틴 교회 그리고 이슬람 사원에서는 대리석이나 시멘트를 두른 유리창을 사용했고, 고딕 건축업자가 납으로 만든 스테인드글라스를 들여왔다. 14세기 영국 주택 건물에는 납작한 동물 뿔로 창문을 만든 경우가 많았지만, 17세기 대부분 건물에서는 유리창을 일반적으로 사용했다. 창은 대체로 기포가 생기고 뒤틀려 있거나 잔물결 무늬가 남은 채로 창틀에 고정되어 있었지만, 19세기에 들어서 이러한 불완전한 모양은 대부분 없어졌다. 20세기 후반에는 바닥에서 천장까지 설치 가능한 안전유리가 개발되었다. 단열을 위해 이중 혹은 삼중으로 만들어진 유리는 대체로 모더니즘 오피스 건축물에 설치되었다. 국제주의 양식 건축은 건축물 모서리를 두른 직각 띠 형태의 창으로 수평을 강조하는 밋밋한 강철 프레임 창문이 특징이다.

고딕 **p.25** 르네상스 **p.26** 바로크 **p.29** 국제주의 양식 **p.42** 바위돔 사원 **p.68**
샤르트르 대성당 **p.78** 태양의 신전 **p.88** 레드 하우스 **p.116** 웨인라이트 빌딩 **p.122**

지붕 Roof

주요 건축가: 프랑수아 망사르 • 안토니 가우디 • 샬롯 페리아 • 요른 웃손 • 프라이 오토

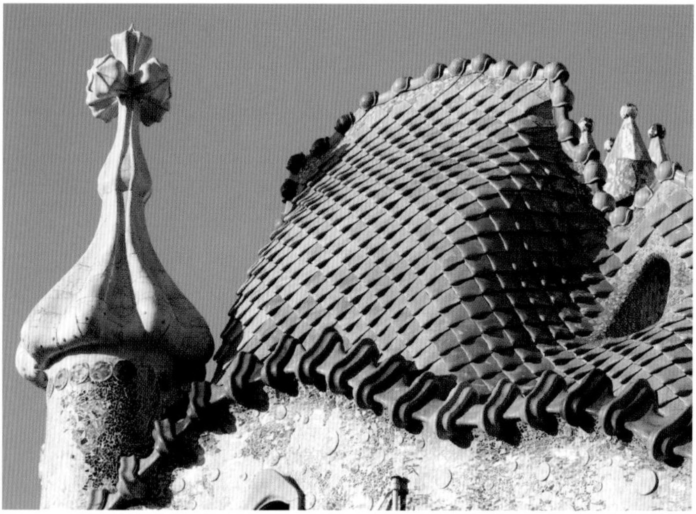

카사 바트요, 안토니 가우디, 1904~1906, 바르셀로나, 스페인

여러 가지 건축 요소 중에서 지붕은 건축물의 연대를 추정할 수 있다. 예를 들어 급경사 지붕은 중세 시대와 프랑스 르네상스 시대, 미술공예 시대, 고딕 리바이벌 시대에 나타난 특징이며, 평평한 지붕은 모더니즘, 데 스틸, 바우하우스, 국제주의 양식의 특징이다.

경사 지붕과 페디먼트는 전형적인 고대 그리스 신전의 특징이었고, 외팔들보 지붕은 유럽 고딕의 특징이었다. 르네상스 시대 유럽 북해 연안 저지대에서는 복합적인 형태의 박공이 유행하였고, 로마에서는 모임 지붕이 더 유행하였다. 프랑스의 프랑수아 망사르(1598~1666)가 설계한 망사르 지붕은 거의 수직에 가까운 두 개의 경사면이 있는 4면으로 된 모임 지붕이다.

베이징 자금성에 있는 문연각(1776)의 검은 지붕은 그곳이 화재가 발생할 때 귀중한 책을 보호하는 곳이라는 것을 알려주는 것처럼 일부 아시아 건축에서는 지붕 색깔로 특정 건축을 구분한다. 모든 지붕이 보기에는 평평한 것처럼 보이지만, 약간 불룩하거나 경사가 있어 빗물이 바깥으로 흐를 수 있게 만들어졌다.

주요 핵심

지붕 형태에 영향을 미치는 요인이 기후일 수도 있고, 지붕에 사용된 재료일 수도 있지만, 주로 일부 건축가의 창의적인 생각이 지붕의 형태를 좌우한다. 예를 들자면, 안토니 가우디의 카사 바트요(1904~1906)의 지붕은 용의 등을 닮았고, 요른 웃손의 시드니 오페라 하우스의 지붕은 항구에 정박해 있는 요트의 출렁이는 돛을 반영한 것과 같다.

고딕 **p.25** 르네상스 **p.26** 팔라디안 **p.28** 아르 누보 **p.36** 비문사원 **p.64**
린슌카쿠 **p.100** 칼츠플라츠 지하철 역 **p.124** 시드니 오페라 하우스 **p.142**

굴뚝 Chimney

주요 건축가: 도메니코 다 코르토나 • 매튜 딕비 와이엇 • 루돌프 슈타이너 • 안토니 가우디

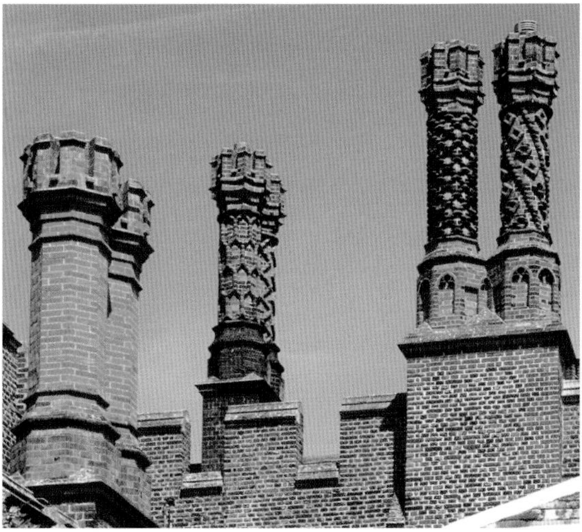

주요 핵심
일반적으로 굴뚝은 19세기 말과 20세기 초에 형태가 더 단순해졌지만, 1906에서 1912년까지 가우디는 바르셀로나 카사 밀라(36쪽 참조)에 이국적인 조각품처럼 생긴 굴뚝 28개를 만들었다. 그러나 실용적인 목적이 있었다. 일부는 연기 배출에 사용되었고, 다른 일부는 공기 정화의 초기 형태였다.

햄프턴 코트 궁전, 건축가 미상, 1515~1694, 이스트 몰시, 영국

굴뚝은 연기를 배출할 목적으로 만들어져 나중에 환기구의 초기 형태가 되었다. 최초의 굴뚝은 12세기에 북유럽의 대저택에서 만들어 졌지만, 그로부터 약 400년이 지나서야 대중적으로 보편화되었다. 가정용 굴뚝을 처음 지었을 때 방 중앙에 있던 난로를 벽으로 옮겨 벽체 안에 있는 굴뚝으로 연기를 바깥으로 배출했다. 여러 개의 벽난로가 층 바로 위에 서로 연속해 있어서 같은 벽면을 통해 연기를 배출할 수 있었다. 가장 초기 굴뚝 중 일부는 내부에 설치되지 않고, 외벽에 돌출되어 있는데, 가끔 대저택 지붕에서 이런 형태가 나타난다.

15세기와 16세기에 이르러 자신의 부와 명망을 과시하기 위해 집 굴뚝 장식을 하는 것이 유럽 전역에서 유행했다. 예를 들면, 브리스톨 손베리 성의 조각품(1511~1521)과 햄프턴 코트 궁전(1515~1694)의 화려한 붉은 벽돌 양식(1515~1694)이 있다. 18세기 후반 산업혁명 이후에 연기를 대기 중으로 높이 뿜을 수 있는 높고 가느다란 공장 굴뚝은 많은 도시에서 흔히 볼 수 있었다.

르네상스 **p.26** 바로크 **p.29** 로코코 **p.30** 아르 누보 **p.36** 레드 하우스 **p.116**

발코니 Balcony

주요 건축가: 암브로지오 부온비치노 • 칼 킬버그 • 안토니 가우디 • 폴 만델스탐

난간에 둘러싸인 발코니는 건축물에서 돌출된 플랫폼이다.

발코니의 대부분을 코벨이나 브래킷으로 지지하지만, 일부는 캔틸레버로 지지하는 경우도 있다. 초기에는 돌이나 나무로 지었고, 벽돌로 지을 때도 있었다. 나중에는 주철과 철근 콘크리트 그리고 강화 유리로 지었다. 고전 건축에서는 지붕이 있는 오목한 발코니를 로지아라고 하며, 내부 발코니를 갤러리라고 한다.

교회와 중세 시대 대형 홀의 갤러리는 전통적으로 합창단이나 음악가가 사용할 수 있도록 지어졌다. 이슬람 국가에서 신도는 미나레트에 있는 발코니에 가서 기도를 한다. 경사진 바닥으로 만들어진 극장에서 관람객들이 무대를 볼 수 있도록 내부 발코니와 관람석을 지었다. 로마 성 베드로 성당(90쪽 참조)과 런던의 버킹엄 궁전(1703~1855)과 같은 많은 공공 건축물의 파사드에는 중요한 인물이 연설할 수 있도록 눈에 잘 띄는 발코니가 있다. 바르셀로나 카사 바트요(1904~1906)를 지은 안토니 가우디처럼 몇몇 건축가들은 두개골과 비슷하게 생긴 발코니를 설계했다.

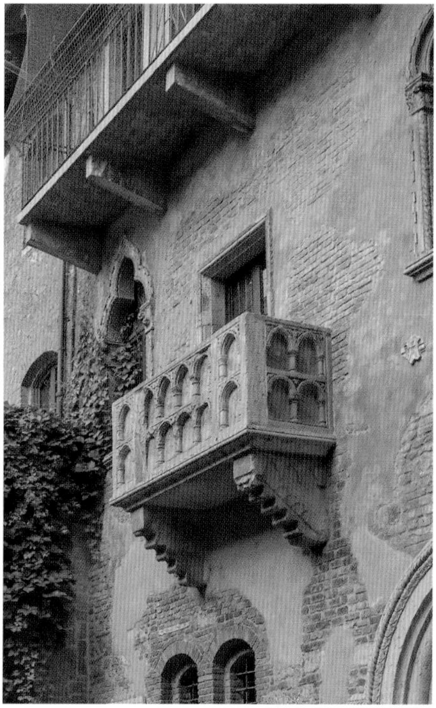

카사 디 줄리에타(줄리엣의 집), 건축가 미상, 13세기, 베로나, 이탈리아

주요 핵심

셰익스피어의 러브 스토리인 『로미오와 줄리엣』에서 잘 알려진 줄리엣의 집은 13세기 이탈리아 베로나에 지어졌다. 이 집은 1930년대 말에 할리우드에서 관광객의 관심을 끌려고 작품을 각색한 뒤에 지역 박물관에서 건축물의 일부를 가져와 발코니를 만들어 유명해졌다. 그래서 단이 없는 난간이나 난간만 있는 얕은 발코니를 가리켜 줄리엣 발코니라고 한다.

일본 양식 **p.18** 르네상스 **p.26** 바로크 **p.29** 로코코 **p.30** 신고전주의 **p.31**
아르 누보 **p.36** 지속 가능한 **p.50** 리트벨트 슈뢰더 하우스 **p.128** 폴링워터(낙수장) **p.138**

아케이드 Arcade

주요 건축가: 지오반니 본 • 바르톨로메오 본 • 잔 로렌초 베르니니 • 벤자민 헨리 라트로브 • 토마스 제퍼슨

아케이드는 고대 로마인들이 최초로 지은 건축 형태인데, 기둥이나 교각 기둥으로 세운 일종의 아치형 통로이다.

가장 초기의 건축 사례는 로마인들이 건설한 수로교이다. 나중에 로마인은 3층 규모의 80개 개구부가 있는 대형 아케이드인 콜로세움을 지었다. 비잔틴과 이슬람 건축 양식으로도 아케이드를 지었다. 고딕과 바로크 양식 교회에는 복도 아래에 큰 아케이드가 있고, 그 위에 더 작은 아케이드인 트리포리움이 있다.

로마인은 또한 보도교에도 아케이드를 지었다. 중세 시대에 만들어진 회랑은 아케이드로 지어졌고, 이슬람 사원은 대부분 아케이드 중정이 있다. 볼로냐, 파도바, 베네치아, 토리노와 같은 르네상스와 바로크 도시의 큰 거리와 광장에는 아케이드가 줄지어 서 있다. 아케이드라는 용어는 나중에 아치로 둘러싸인 쇼핑 공간을 지칭하는 말로 사용되기도 하였다.

로마네스크 건축의 특징인 블라인드 아케이드는 단단한 벽에 층으로 겹친 형태이다. 콜로네이드는 아케이드와 유사한데 엔타블러처를 상단에 얹은 기둥을 행으로 배열한 형태로 고대 그리스 사원이나 앙코르와트에서 볼 수 있다.

주요 핵심

아케이드와 회랑은 베네치아 궁전 건축에서 흔히 볼 수 있는 특징으로 1층 콜로네이드 윗쪽에 개방된 로지아가 파사드를 이루고 있다. 베네치아의 궁전인 카 도로(1428~1430)와 도제의 궁전이 대표적인 사례이다. 둥글고 뾰족한 아치의 주두는 개와 사자, 새 그리고 아칸투스 잎으로 장식되어 있다.

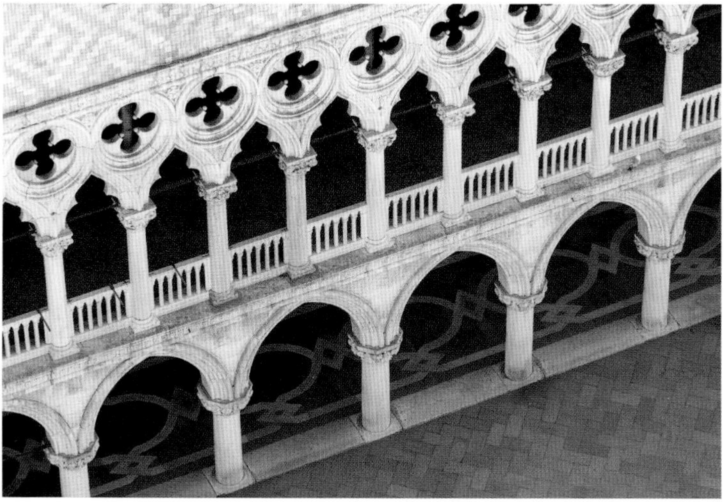

도제의 궁전, 필리포 칼렌다리오, 안토니오 리조, 안토니오 다 폰테, 안드레아 팔라디오, 1340~1580, 베네치아, 이탈리아

고대 그리스 **p.14** 고대 로마 **p.16** 이슬람교 **p.20** 고딕 **p.25** 바로크 **p.29** 로코코 **p.30**
신고전주의 **p.31** 바위 돔 **p.68** 샤르트르 대성당 **p.78**

돔 Dome

주요 건축가: 필리포 브루넬레스키 • 프란체스코 보로미니 • 과리노 과리니 • 토마스 유스틱 월터 • 버크민스터 풀러

돔은 고대 중동, 인도, 지중해에서 처음 나타난 반구형 구조물이다.

가장 초기 사례는 오두막과 무덤에서 발견되었지만, 판테온과 같은 최초의 큰 돔은 로마인이 만들었다. 초기 기독교와 비잔틴 건축에서 돔은 중요한 건축 요소였기에 비잔틴 건축가는 사각 기단 위에서 돔을 지탱하는 펜덴티브를 발명했다. 돔은 르네상스와 바로크 시대 건축가들이 타원형과 양파형 등 다양한 형태로 만들어 널리 사용되었다. 돔은 모스크바의 성 바실리 대성당(94쪽 참조)과 같은 러시아 교회뿐만 아니라 오스트리아, 체코, 무굴 인도, 중동, 중앙아시아에도 나타났다.

이후에 돔은 인기가 없어지나 했더니 신고전주의 시대에 다시 두각을 나타냈다. 20세기 후반에 들어서면서 몇몇 건축가는 콘월의 에덴 프로젝트(211쪽 참조)의 아레나, '바이옴(생물군계)'에서 사용한 플라스틱 시트나 섬유 유리처럼 특이한 재료를 연구하기 시작했다. 버크민스터 풀러의 지오데식 돔(45페이지 참조)은 완전한 구조물로 지상에 바로 세울 수 있는 유일한 대형 돔이다.

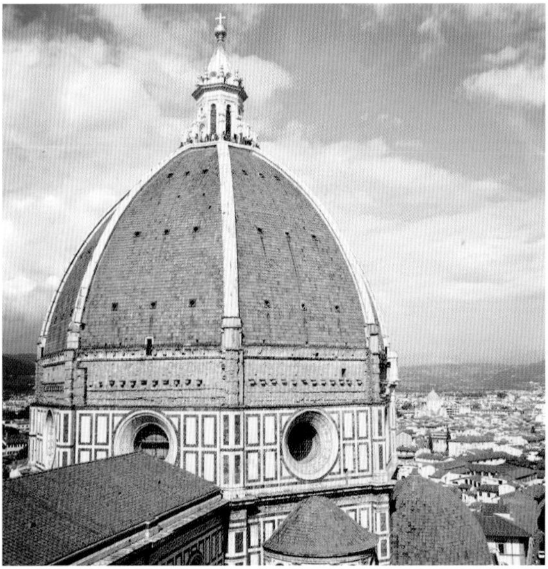

주요 핵심

1418년에 피렌체에서 대성당을 덮을 지름 46미터 규모의 돔 설계 공모전이 열렸다. 필리포 브루넬레스키가 임시 지지대를 사용하지 않고 지을 수 있는 팔각형 돔이 당선되었다. 그는 외부의 팔각형 돔을 자체적으로 내부에서 지지할 수 있는 반구형 벽돌 돔을 만들었다.

산타마리아 델 피오레, 필리포 브루넬레스키, 1294~1436, 피렌체, 이탈리아

고대 로마 **p.16** 비잔틴 **p.17** 르네상스 **p.26** 신고전주의 **p.31** 판테온 **p.60**
아야 소피아 성당 **p.62** 바위 돔 **p.68** 산타마리아 델 피오레 대성당 **p.82** 성 베드로 대성당 **p.90**

아치 Arch

주요 건축가: 에드윈 루티엔스 • 샤를 지로 • 요한 오토 폰 슈프레켈젠 • 산토스 드 카르발류 • 에로 사리넨

개구부를 넓히고 무게를 떠받치는 데 사용한 둥근 아치는 로마인이 제국 전역에 육교와 수로, 금고 그리고 개선문 등에서 광범위하게 사용했다.

아치는 돌끼리 서로 무게와 힘을 받아 제자리에 고정된다. 아치는 기원전 2000년 메소포타미아에서 만들어진 최초의 사례가 있다. 곡선 아치는 홍예석이라고 불리는 쐐기 모양의 돌 블록으로 구성되어 있으며, 정밀하게 절단된 블록이 인접한 블록을 제자리에 단단하게 눌러 고정한다. 중앙 홍예석을 키스톤(쐐기돌)이라고 부른다. 첨두 아치에는 키스톤이 없다.

무어 아치 또는 키홀 아치라고도 알려진 말굽 아치는 7세기에 서고트 족이 처음 사용했고, 코르도바(22쪽 참조)의 대 모스크(784~987)에 이 아치를 많이 적용했다. 말굽 아치는 북아프리카 전역에서 유행했고, 유럽에서 고딕 건축의 요소로 많이 사용했다. 고딕 양식에는 첨두아치뿐만 아니라, 볼록하고 오목한 곡선으로 만들어져 첨두가 더욱 과장된 오지 아치도 있다.

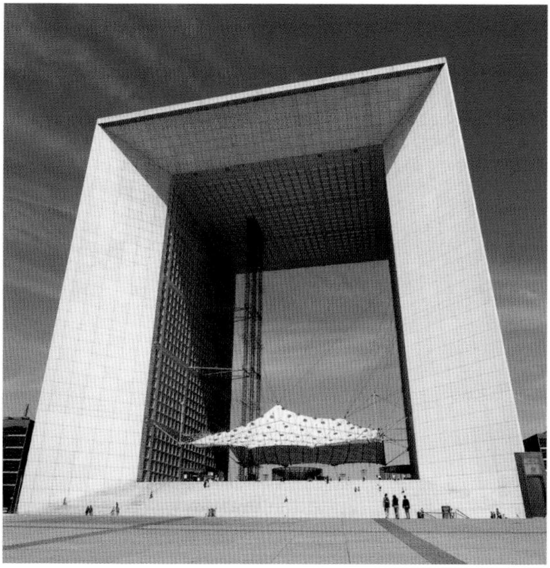

그랑다르슈 드 라 데팡스, 요한 오토 폰 슈프레켈젠, 1985~1989, 파리, 프랑스

주요 핵심

많은 아치를 기념비로 세웠는데, 로마의 콘스탄티누스 아치(315)가 그렇다. 처음에 라 그랑다르슈 드 라 프레르니테라고 불렸던 파리의 라 그랑다르슈 드 라 데팡스(프랑스 신개선문)는 유리, 콘크리트, 대리석으로 만들었으며, 요한 오토 폰 슈프레켈젠(1929~ 1987)이 엔지니어 에릭 레이첼(1941~2012)과 함께 인도주의적 이상에 대한 기념물로 설계했다.

고대 로마 **p.16** 힌두교 **p.19** 이슬람교 **p.20** 무어 **p.22** 로마네스크 **p.24** 고딕 **p.25** 르네상스 **p.26** 모더니즘 **p.37** 바위돔 사원 **p.68**

타워 Tower

주요 건축가: 조토 디 본도네 • 구스타브 에펠 • 안토니 가우디 • 윌리엄 F. 램 • 산티아고 칼라트라바

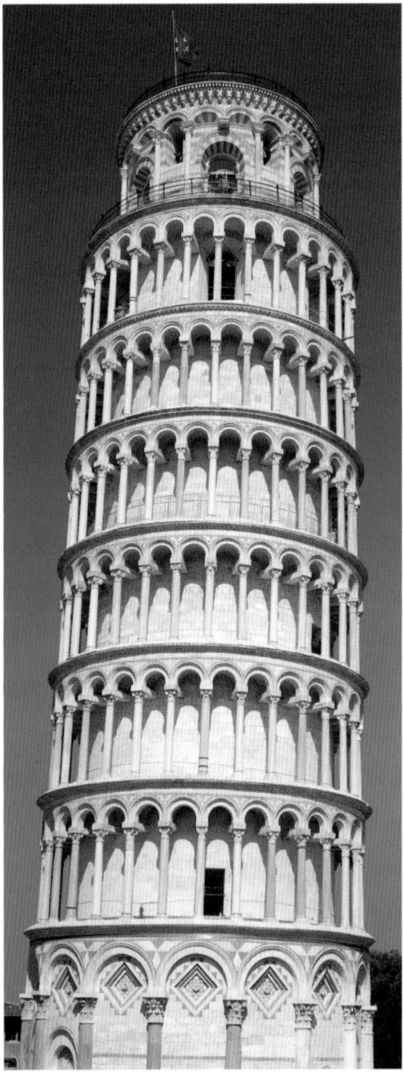

피사의 사탑, 디오티살비, 안드레아 피사노, 1173~1327, 피사, 이탈리아

물에서부터 시계까지, 집에서 종까지, 그리고 에펠에서 피사까지 이르는 타워는 가로 폭보다 세로로 높이가 더 긴 건축물이다.

힘에 대한 인상이 멀리서도 전달될 수 있게 의도적으로 건설된 타워는 전통적으로 성과 예배 장소 위에 세워졌다. 타워는 공간 활용도가 높고, 주변 경계가 쉽고, 낮고 넓은 건물보다 먼 거리를 볼 수 있어 공격자를 쉽게 방어할 수 있다. 중세와 르네상스 시대에는 교회, 모스크의 타워와 첨탑이 도시의 스카이라인을 지배했고, 20세기 초부터는 고층 건물이 타워가 되었다.

1889년에 파리의 에펠탑(208쪽 참조)을 건설했을 때 금속 프레임으로도 높은 구조물을 지을 수 있다는 것을 보여주었다. 그로부터 42년 뒤에 뉴욕에서 지어진 엠파이어 스테이트 빌딩(44쪽 참조)은 443미터에 달했다. 빌딩의 안테나는 원래 비행선 도킹 스테이션으로 계획했었다.

주요 핵심

기독교에서 중요한 역할을 하는 종은 종소리를 사람들에게 전달할 수 있게 높은 탑에 놓여져 기념 의식에서 신도를 모을 때 사용한다. 타워 중 일부는 교회와 연결되어 있고, 일부는 독립되어 있다. 피사의 사탑은 적절하지 않은 연약한 지반 위에 건설을 감행해 기울어졌다.

이슬람교 **p.20** 고딕 **p.25** 르네상스 **p.26** 고딕 리바이벌 **p.32** 앙코르와트 **p.74**
마리아 라흐 수도원 **p.72** 산타 마리아 델 피오레 대성당 **p.82** 시밤 **p.92**

중정 Courtyard

주요 건축가: 미켈로초 • 안드레아 팔라디오 • 로버트 애덤 • 프랭크 로이드 라이트 • 타케루 쇼지

하늘이 열려있고, 건물과 벽으로 둘러싸인 밀폐된 형태의 공간인 중정은 수천 년 동안 건축에서 흔하게 사용되었다.

여러 나라에서 다양한 용도와 정사각형, 직사각형, 원형 등 다양한 형태로 중정을 만들었다. 서기전 3000년경에 이란과 인도 그리고 중국에서 가장 먼저 중정을 지었다. 따뜻한 기후, 서늘한 기후와 상관없이 지을 수 있는 중정은 신선한 공기와 빛을 받아들이고, 사생활에 필요한 조용한 환경을 만든다.

중동의 이슬람 건축과 스페인의 무어 건축은 궁전과 같은 웅장한 건축물 가운데에 고요하고 사적인 공간인 중정을 들였다. 중정에는 중앙 분수와 나무, 아치 그리고 아케이드가 있는 것이 특징이다. 일부 이슬람 문화권에서는 중정이 여성이 개인적으로 휴식을 취할 수 있는 유일한 야외 공간이었다. 중국에서는 전통 중정을 개인 주택들이 광장을 둘러싸 만든다. 중정은 평온하고 사적인 공간으로 대부분 내부에 물과 정원이 있다.

주요 핵심

대표적인 무데하르 양식 건축물인 알카사르는 카스티야와 레온의 기독교 왕을 위해 지어진 왕궁이다. 이곳은 무어인이 이베리아에 있는 기독교 왕국으로부터 매년 100명의 처녀를 요구했다는 전설에서 유래한 '처녀의 정원'이다. 정원의 중앙에는 커다란 직사각형의 못이 있으며, 그 주변에는 선큰 정원이 있다.

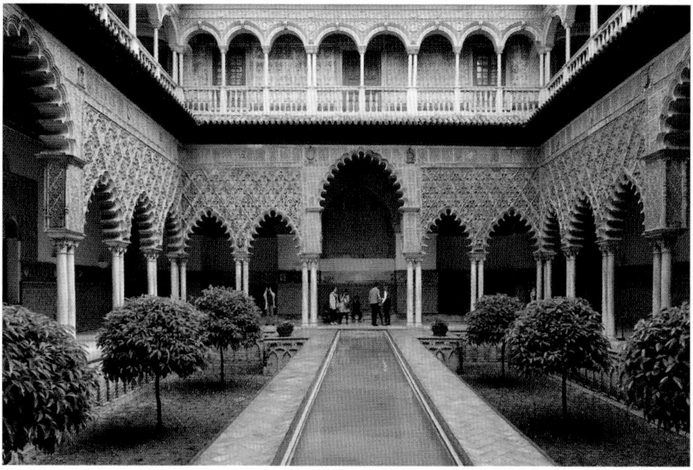

알카사르 처녀의 정원, 건축가 미상(아래층)와 루이스 데 베가(위층), 1364년경~1572, 세비야, 스페인

이슬람교 **p.20** 무어 **p.22** 르네상스 **p.26** 무갈 **p.27** 바로크 **p.29** 신고전주의 **p.31**
크락 데 슈발리에 **p.76** 베르사유 궁전 **p.102** 노이슈반슈타인 성 **p.118**

계단 Staircase

주요 건축가: 도나토 브라만테 • 미켈란젤로 부오나로티 • 안토니오 다 상갈로 더 영거 • 루이지 반비텔리 • 주세페 모모 • 헤르조그 & 드 뫼롱

계단은 기원전 1500년 크레타 크노소스 궁전과 같이 가장 오래된 건축물 중 하나로 건물 연대를 추측하는데 도움이 된다.

고대 로마인은 벽으로 둘러싸인 나선형 계단과 배럴 볼트형 계단을 도입했다. 중세 시대의 많은 성들은 좁은 탑 안에 중앙 기둥과 주변 기둥으로 둘러싸인 나선형 계단이 있었다. 계단은 칼을 가진 오른손잡이 무사가 더 넓게 움직여 오른손잡이 공격자를 제압할 수 있도록 시계 방향으로 계획되었다.

1524년에 미켈란젤로가 피렌체 라우렌치아나 도서관(1525~1571)에 넓은 개방형 내부 계단을 설계한 것이 뒤이어 많은 건축가들에게 영감을 주었다. 이 드라마틱한 계단은 웅장한 바로크 건축의 대표적인 특징이 되었다. 전통 계단은 나무와 대리석으로 만들어졌지만, 19세기 말에는 강철과 철근 콘크리트가 사용되었다. 독특하게 생긴 계단으로는 2006년 리처드 로저스 파트너십이 설계한 런던 타워 브리지 하우스의 계단과 2004년 예술가 올라퍼 엘리아슨(1967~)이 설계한 뮌헨 움슈라이붕의 구불구불한 계단이 있다.

주요 핵심

레오나르도 다빈치(1452~1519)의 샹보르 성(1519~1547)의 화려한 계단은 르네상스 시대에 이중나선 계단으로 발전된 대표적인 사례이다. 1527년에 안토니오 다 상갈로가 설계한 오르비에토의 성 패트릭의 우물은 도나토 브라만테가 1505년에 설계했던 로마 벨베데레 궁전의 나선형 계단에서 영감을 받은 것이다.

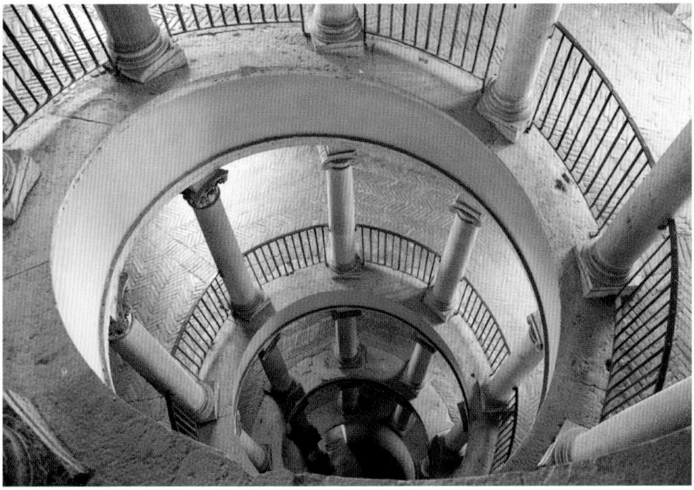

브라만테 계단, 도나토 브라만테, 1505, 로마 벨베데레, 이탈리아

로마네스크 p.24 르네상스 p.26 팔라디안 p.28 바로크 p.29 아르 누보 p.36
비문의 사원 p.64 프람바난 p.70 도제의 궁전 p.86

기둥 Column

주요 건축가: 비트루비우스 • 안드레아 팔라디오 • 존 애덤스 토마스 제퍼슨 • 제임스 호번

장식과 기능으로 모두 사용되는 기둥은 주초, 원통형 주신, 주두로 이루어진다.

일반적으로 지붕과 상인방 또는 대들보와 같은 구조물을 지지하기 위해 건축에서 기둥을 사용하지만, 고대 로마인은 관행으로 기둥 상단에 기념상을 얹었다. 대부분의 기둥을 돌로 만들어 모르타르나 가운데에 난 구멍으로 서로 고정했다. 나무나 금속 지지대는 기둥과 비슷하지만, 지주나 교각 기둥이라고 더 많이 불린다.

기둥의 주초와 주두는 하중을 분산시키는 데 도움이 된다. 대부분의 고전적인 기둥은 가운데가 약간 불룩한 엔타시스(배흘림)으로 되어있어 위로 갈수록 좁아져 곧고 길어 보인다. 고대 그리스와 로마의 기둥은 도리아, 이오니아, 코린트로 된 세 종류의 기둥 양식을 따랐지만, 로마인들은 투스칸과 콤포지트 양식 두 종류를 더 추가했다. 투스칸 양식은 다섯 가지 양식 중 가장 단순하고, 콤포지트 양식은 이오니아의 소용돌이 장식과 코린트의 아칸투스 잎이 특징인 기둥 양식이다.

주요 핵심
미국 대통령의 관저이자 집무실인 백악관은 1792년 제임스 호번이 처음 설계했다. 1820년대에 호번은 벤자민 헨리 라트로브와 함께 백악관 북쪽과 남쪽 파사드에 있는 신고전주의 양식의 두 현관을 증축 설계했다. 현관 양쪽에 배치된 하얗고 가느다란 이오니아식 기둥은 우아함과 동시에 힘이 보인다.

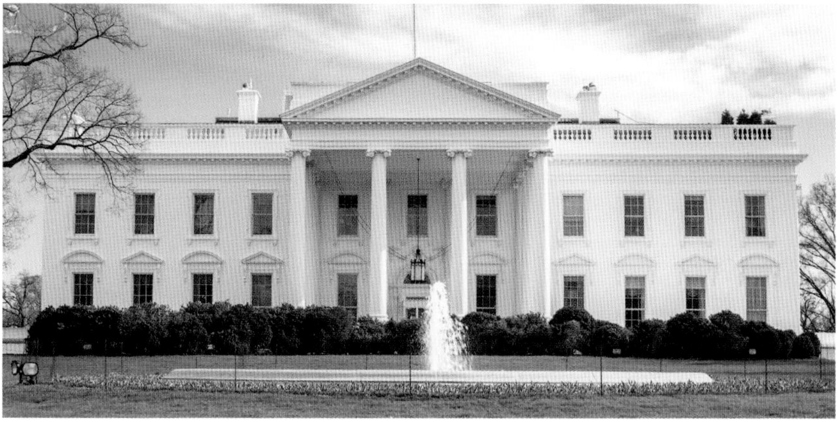

백악관, 제임스 호번, 토마스 제퍼슨, 벤자민 헨리 라트로브, 1792~1829, 워싱턴 D.C., 미국

고대 그리스 **p.14** 고대 로마 **p.16** 팔라디안 **p.28** 신고전주의 **p.31** 파르테논 **p.56**
판테온 **p.60** 바위돔 사원 **p.68** 미국 국회의사당 **p.112**

버트레스 Buttress

주요 건축가: 장 도르베 • 윌리엄 조이 • 쾰른 대성당의 게르하르트 • 마테우스 뵈블링어

석조 건물 외벽에서 튀어나온 버트레스는 건축물을 지지하는 버팀대이다.

메소포타미아 사원과 고대 로마 그리고 비잔틴 건축물에서는 그저 단순하게 수직 벽 기둥이나 버트레스로 약한 곳을 두껍게 만들어 건축물을 보강했다. 하지만, 플라잉 버트레스의 개발로 고딕 시대를 오래 이끌어 갈 수 있었다. 버트레스는 약한 건축물 벽체를 아치로 연결한 곡선형 교각 기둥이다. 버트레스로 벽에서 땅으로 이어지는 엄청난 하중을 실어 나르기 때문에 더 높은 천장과 더 얇은 벽 그리고 더 큰 창문이 있는 거대한 교회를 지을 수 있었다. 무거운 석조 구조물인 벽은 천장을 들어 올리면서 어마어마한 압력을 받지만, 플라잉 버트레스가 그 압력을 줄인다. 버트레스는 그로인 볼트의 벽 최상단에서 시작된 지붕의 무게를 직접 받아 건축물 벽체에서 돌기둥 아래 땅까지 운반한다. 행잉 버트레스는 코벨에 벽체와 연결된 버팀목이고, 코너 버트레스는 벽이 서로 만나는 지점에서 무게를 지지하는 버팀목이다.

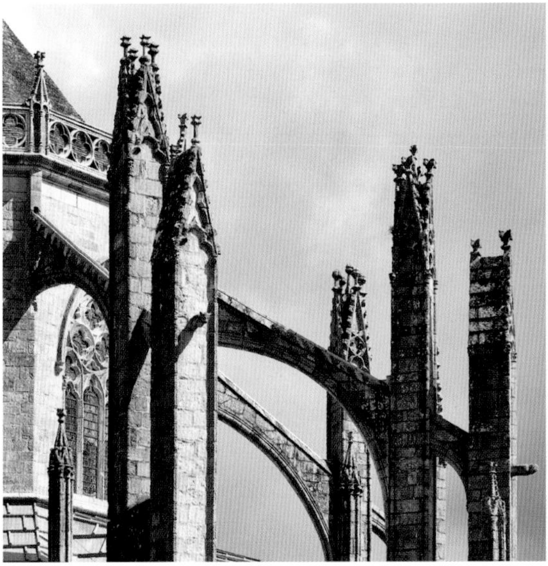

주요 핵심

플라잉 버트레스는 북유럽의 많은 고딕 성당 외관을 화려하게 꾸며주었다. 파리의 노트르담 (1163년경~1345) 대성당은 무겁지만 화려하고, 아미엥 대성당(1220~1270)과 캥페르 대성당은 더욱 섬세하다. 버트레스를 만든 사람은 알려지지 않았지만, 건축가가 버트레스를 사용하면서 창문은 더 커졌고, 하늘과 가까워진 건축물은 더 가벼워 보였다.

캥페르 대성당, 건축가 미상, 1239~1493, 브리타뉴, 프랑스

고대 로마 **p.16** 비잔틴 **p.17** 고딕 **p.25** 르네상스 **p.26** 샤르트르 대성당 **p.78**

박공 Gable

주요 건축가: 조지 길버트 스콧 • 필립 웹 • J.J.스티븐슨 • C.F.A.보이지

박공은 건축물 양쪽 끝이 뾰족한 경사면으로 된 삼각형 지붕이다.

고대 그리스 신전에서 박공을 페디먼트라고 부른다. 정면 박공(front-gable)은 파사드 정면에 있고, 측면 박공(side-gable)은 건물 측면에 있으며, 교차 박공(cross-gable)은 정면과 측면에 각각 박공이 있는 걸 말한다. 지붕 창(Gabled dormer)은 지붕에 설치된 박공 모양의 창이며, 지붕 선 위로 확장된 박공은 패러핏(난간)이라고 한다.

경사가 가파른 지붕이 많은 북유럽과 서유럽의 안트베르펜, 튀빙겐, 암스테르담, 탈린과 같은 도시에는 종종 계단 형태와 곡선 형태의 박공이 건축물에 장식되었다. 비슷한 형태로 계단식으로 만들어진 까마귀 계단 박공을 코비 스텝이라고도 부른다. 동아시아의 전통 건축에서 기와와 조각상 그리고 조각 문양 등으로 박공을 장식하는 경우가 많다. 경사가 가파른 박공은 영국에서 튜더 왕가 시대와 고딕 시대에 흔하게 사용되었고, 19세기 미국에서는 고딕 리바이벌의 건축 요소를 받아들여 카펜터 고딕 양식이 생겨났으며, 이는 뾰족한 아치와 지붕을 개조한 높은 박공이 특징이다.

주요 핵심

정교한 패러핏 박공의 가장 초기 건축물은 암스테르담 중세 후기의 타운 하우스이다. 곡면으로 된 네덜란드 혹은 플랑드르 박공은 르네상스 시대에 처음 등장해 바로크 시대로 이어졌다. 이 양식은 또한 유럽을 넘어 카리브 해의 섬 나라 바베이도스와 남아프리카와 같이 아주 멀리 떨어진 나라까지도 퍼져나갔다.

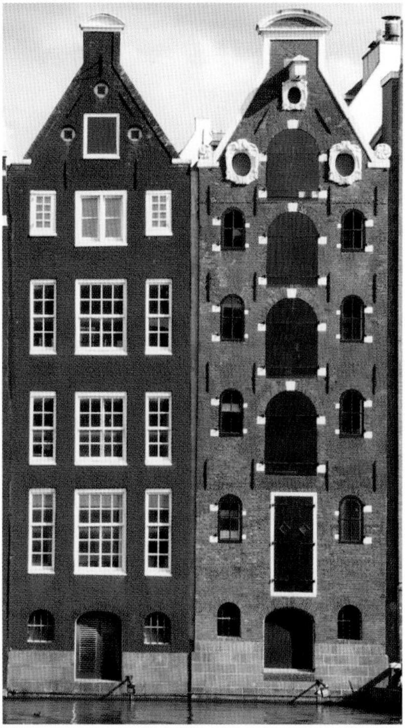

박공 주택, 건축가 미상, 17세기경~18세기, 암스테르담, 네덜란드

고딕 **p.25** 르네상스 **p.26** 바로크 **p.29** 고딕 리바이벌 **p.32** 핸콕 셰이커 빌리지 **p.110**

아트리움 Atrium

주요 건축가: 조르주 세단 • 페르디낭 샤누 • 찰스 배리 • 섬너 헌트 • 조지 와이먼 • 톰 라이트

주요 핵심
오늘날에 아트리움은 일반적으로 각 층에서 천장 없이 하늘이 보이는 갤러리와 방이 있는 중앙 정원을 말한다. 1907년과 1912년 사이에 조르주 세단(1861~1940)과 페르디낭 샤누(1872~1948)가 파리의 대형 백화점인 갤러리 라파예트에 거대한 아르 누보 유리와 강철 돔형 아트리움을 만들어서 개축했다.

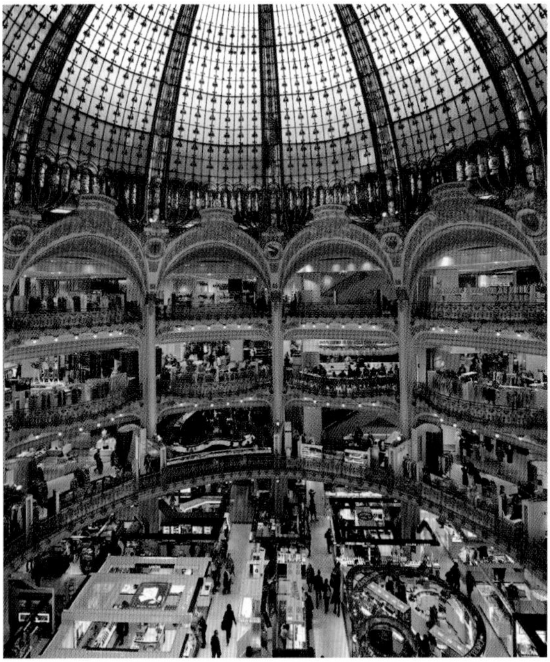

갤러리 라파예트, 조르주 세단, 페르디낭 샤누, 1907~1912, 파리, 프랑스

아트리움은 벽이나 방에 둘러싸인 넓은 공간으로 하늘을 향해 천장이 열려 있지만 때로는 유리로 덮여 있는 경우도 있다.

초기 아트리움은 고대 로마 건축물에서나 도심지 가운데 있는 저택 혹은 빌라에 하늘이 열려 있지만, 사방이 방으로 막혀있는 안마당인 콤플루비움의 형태로 갖춰져 있었다. 아트리움의 중앙, 콤플루비움 바로 아래에 빗물을 모으는 얕은 수조가 있는 임플루비움이 있다. 로마 주택 아트리움은 사치스러운 가구들로 꾸며져 있었고, 라라리움(작은 예배당)과 아르카(집 금고) 그리고 주인 흉상까지 갖추고 있었다.

로마의 성 베드로 대성당 서쪽 입구에는 카를로 마테르노가 설계한 열주식 포티코로 둘러싸인 커다란 아트리움이 있다. 유리로 덮인 아트리움은 19세기 후반과 20세기 초반에 점차 대중화되었다. 하늘을 볼 수 있기 때문에 공간은 빛의 변화로 역동적인 느낌이 든다.

고대 로마 **p.16** 비잔틴 **p.17** 로마네스크 **p.24** 르네상스 **p.26**
신고전주의 **p.31** 아르 누보 **p.36** 마리아 라흐 수도원 **p.72** 성 베드로 대성당 **p.90**

몰딩 Moulding

주요 건축가: 잔 로렌초 • 베르니니 • 크리스토퍼 렌 • 발다사레 롱게나 • 도미니쿠스 짐머만 • 요한 밥티스트 짐머만

주요 핵심
많은 건축 작품 중에서도 특히 르네상스, 바로크, 로코코 시대의 궁전과 교회는 화려한 몰딩을 사용하는 것으로 잘 알려져 있다. 바이에른에 있는 로코코 비스키르헤의 정교한 천장과 런던에 있는 세인트 폴 대성당 내부를 보면 잘 알 수 있다. 두 건축물 모두에 아치 통로와 벽 그리고 천장에 복잡한 몰딩이 사용된 것이 특징이고 종종 금으로 치장되었다.

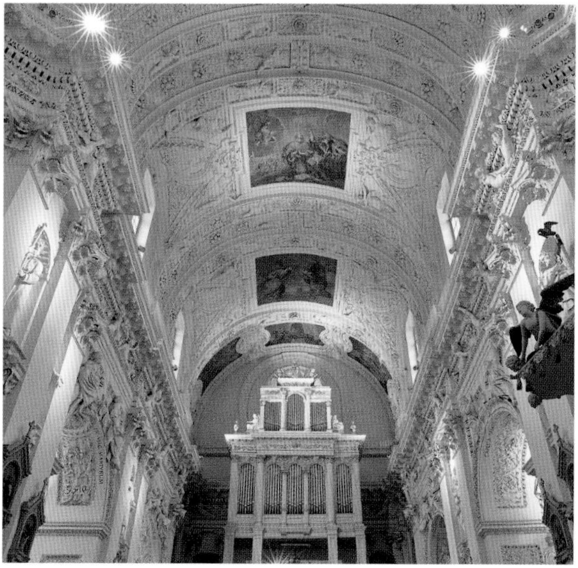

성 베드로 바울 성당, 얀 자오르, 지오반니 바티스타 프레디아니, 1701, 빌니우스, 리투아니아

입체적인 띠 형식으로 길게 만들어진 몰딩은 많은 나라에서 다양한 건축물에 장식되었다.

전통적으로 몰딩은 우아함을 강조하기에 좋은 수단으로 연결 부위를 보강하거나 건축 요소를 숨기거나 장식을 할 목적으로 사용되었다. 몰딩은 튀어나온 모서리를 꾸미거나 표면끼리 만나는 부분을 덮기도 한다. 몰딩은 대체적으로 나무와 석고 아니면 시멘트로 만들어졌다. 고대 그리스와 로마에서는 대리석이나 다른 돌로 밋밋한 모양이나 꼬인 로프 패턴으로 몰딩을 만들었다. 몰딩은 구슬 끈처럼 보이는 비드앤릴(구슬 장식)이 있고, 화살과 달걀이 반복적으로 나열된 형태인 에그앤다트가 있다. 고대 이집트인은 두 가지 형태의 몰딩을 사용했다. 안으로 깊게 구부러진 형태로 만들어 주로 장식이 많은 사원에서 사용한 카베토와 아키트레이브(문틀) 윗부분에 불룩한 반원형으로 만든 토러스가 있다.

몰딩은 국제주의나 하이테크, 미니멀리즘 양식의 건축에서는 보통 존재하지 않지만, 그리스인은 몰딩을 장식으로 사용할 수 있다는 걸 알고나서부터 대부분의 건축에 몰딩을 사용했다.

고대 그리스 **p.14** 고대 로마 **p.16** 로마네스크 **p.24** 고딕 **p.25** 르네상스 **p.26**
바로크 **p.29** 로코코 **p.30** 아르 누보 **p.36** 세인트폴 대성당 **p.106** 비스키르헤 **p.108**

신랑 Nave

주요 건축가: 카를로 마테르노 • 잔 로렌초 베르니니 • 프란체스코 보로미니 • 크리스토퍼 렌 • 안토니 가우디

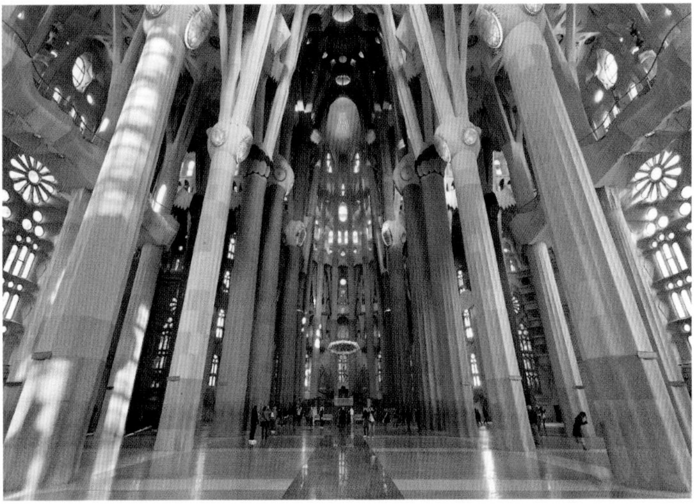

사그라다 파밀리아, 안토니 가우디, 1881년 이후, 바르셀로나, 스페인

초기 기독교 건축가가 로마 바실리카 형태를 가져와 만든 신랑은 교회에서 신도가 예배를 볼 수 있는 주 공간이다.

전통적으로 교회와 성당은 모두 동쪽에서 서쪽 방향으로 지어졌는데, 신랑은 서쪽에 위치한다. 동쪽 끝은 보통 예배가 행해지는 곳이었고, 성직자를 위한 자리였다. 신랑(nave)이라는 단어는 배를 뜻하는 라틴어 '나비스(navis)'에서 유래되었는데, 중세 시대에는 신랑을 배 아랫부분을 거꾸로 뒤집어 놓은 것으로 생각했기 때문이다.

신랑이 처음 만들어졌던 고대 로마 건축물은 사업과 합법적인 거래를 위한 공공 공간이었고, 순례자끼리 서로 만나 소식을 나눌 수 있는 지역 중심의 큰 장소였었기에 초기 기독교 교회의 이상적인 모델이었다. 신랑 옆으로 나있는 통로에 조각된 돌과 나무 병풍을 두어 평신도와 합창단 공간을 구분했다.

주요 핵심

안토니 가우디는 고딕 양식뿐만 아니라 스페인과 아시아 그리고 중동 양식이 혼합된 무어 양식의 영향을 받은 데에서 자신의 아이디어를 더해 사그라다 파밀리아를 설계했다. 이 건축물은 라틴 십자가 평면 위에 다섯 개의 신랑이 있다. 중앙 본당은 높이가 45미터이고 측면 본당은 높이가 30미터이다.

비잔틴 **p.17** 로마네스크 **p.24** 고딕 **p.25** 르네상스 **p.26** 바로크 **p.29** 로코코 **p.30**
마리아 라흐 대성당 **p.72** 산타 마리아 델 피오레 대성당 **p.82** 세인트폴 대성당 **p.106**

볼트 Vault

주요 건축가: 도미니쿠스 뵘 • 위그 리베르제 • 페터 파를러 • 우게트

고대 이집트인이 처음 사용한 볼트는 둥그런 내부 공간을 위해 아치를 사용했다.

볼트는 고대 로마, 초기 기독교, 비잔틴, 로마네스크 양식 건축에서 유행했다. 로마인은 반원형 천장 형태의 긴 구조물인 배럴 볼트를 만들었다. 그로인 볼트는 배럴 볼트가 서로 교차된 방식으로 개발된 천장이다. 12세기 고딕 건축가는 십자형 천장에 맞게 뼈대를 더하면 더 튼튼하게 지을 수 있는 것을 알아내 첨두 아치형 그로인 볼트로 공간을 더 넓게 짓거나 좁게 지을 수 있었다.

13세기부터는 살이 더해져 구조가 점점 더 복잡해졌다. 천국을 상징하는 볼트는 교회와 대성당에 자주 사용되었다. 르네상스와 바로크 시대 건축가는 전통적인 석재 대신에 라스와 회반죽(나무와 회반죽으로 만든 가느다란 띠)으로 볼트 천장을 만드는 실험을 해서 더 부드럽고 유려한 선이 있는 웅장한 볼트를 지을 수 있었다. 19세기에 들어서 볼트에 철로 만든 살이 더해졌다.

주요 핵심

웰스 대성당에 2층 규모로 만들어진 팔각형의 챕터 하우스(사제단 집회실)는 13세기 후반과 14세기 초반에 두 단계로 지어졌다. 중앙 기둥을 가운데 두고 방사형 살이 펼쳐진 둥근 천장은 종종 야자수에 비유된다. 중앙 기둥은 주두에 도토리와 참나무 잎이 조각된 대리석 기둥에 둘러싸여 있다.

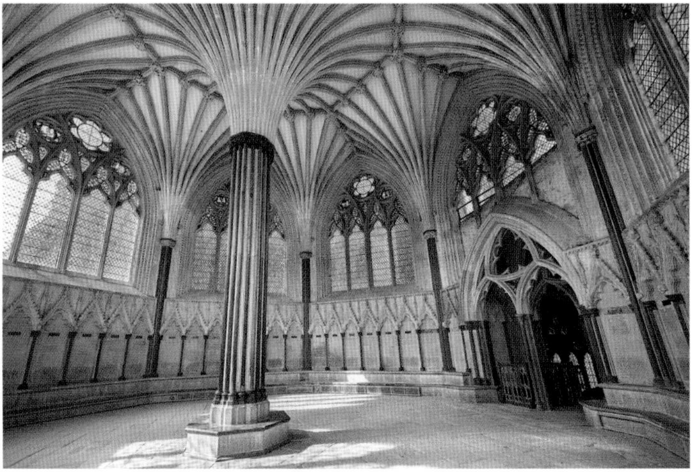

웰스 대성당의 챕터 하우스, 건축가 미상, 1286~1306, 서머싯, 영국

비잔틴 **p.17** 로마네스크 **p.24** 고딕 **p.25** 르네상스 **p.26** 바로크 **p.29**
로코코 **p.30** 아르 누보 **p.36** 샤르트르 대성당 **p.78**

첨탑 Spire

주요 건축가: 장 도르베 • 위그 리베르제 • 로베르 드 쿠시 • 안토니 가우디

첨탑은 타워 위로 끝이 점점 좁아지는 형태로 된 구조물로 새싹, 줄기를 의미 하는 고대 영어인 'spir'에서 유래되었다.

12세기에 교회는 천국을 가리키고 있는 형상으로 멀리서도 사람들이 인지할 수 있는 첨탑을 사용했다. 창문은 최대한 가볍고, 바람을 막을 수 있는 트레이서리로 섬세하게 만들어졌다. 샤르트르 대성당 서쪽 끝에는 첨탑이 두 개 있는데, 하나는 1160년경에 초기 고딕 양식으로 지어졌고, 다른 하나는 16세기에 플랑부아양 양식으로 지어졌다. 첨탑은 고딕과 르네상스 시대에는 흔했지만, 19세기 이후에는 거의 사라졌다.

1822년에 존 내시는 런던에 코린트식 기둥과 첨탑이 있는 원형의 전통 사원 올 소울즈 교회를 지었다. 그리고 1855년에 9개 첨탑이 있는 닥샤인스워 칼리 사원이 서벵갈에 지어졌다(19쪽 참조). 건축 기술의 발전으로 더 많은 첨탑을 건설할 수 있게 되었다. 가우디는 바르셀로나의 사그라다 파밀리아에서 18개의 첨탑을 설계했다. 런던 웨스트민스터 궁전의 센트럴 타워는 건물 환기 목적으로 설계되었다. 1930년부터 첨탑은 단지 고층 건물의 높이를 더 높일 목적으로 사용되었다.

주요 핵심

12세기에 처음 지어진 이후에도 여러 세기에 걸쳐 재건된 탈린의 성 올라프 교회는 16세기 초 고딕 양식의 첨탑이 완성되었을 때 세계에서 가장 높은 건물 중 하나가 되었다. 이후에도 여러 번 다시 지어져 첨탑은 현재 124미터 높이에 이른다.

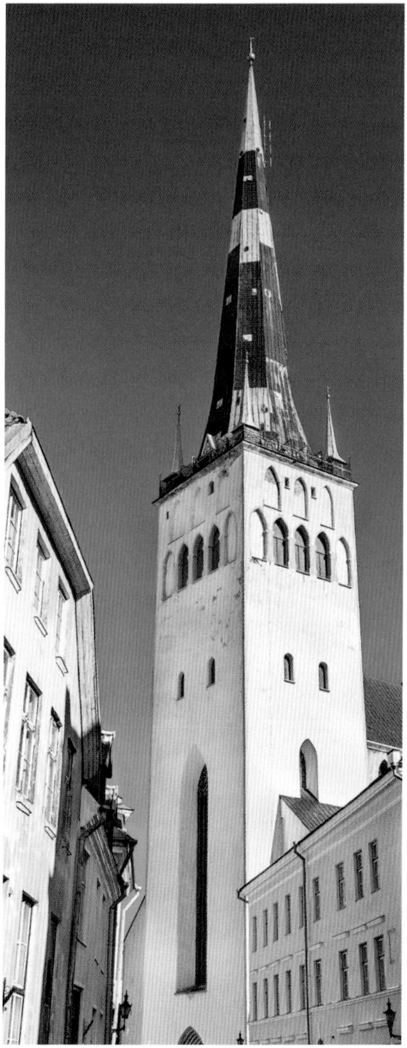

성 올라프 교회, 건축가 미상,
12세기경~16세기,
탈린, 에스토니아

고딕 **p.25** 고딕 리바이벌 **p.32** 아르 데코 **p.44** 샤르트르 대성당 **p.78**
웨스트민스터 궁전 **p.114** 사그라다 파밀리아 **p.120** 크라이슬러 빌딩 **p.132**

미나레트 Minaret

주요 건축가: 미마르 시난 • 엠레 아롤랏 • 마리나 타바숨

주요 핵심
코타 키나발루 시티 모스크는 말레이시아 사바에 지어진 두 번째 모스크로, 이슬람에서 두 번째로 신성하다고 여겨지는 나바위 모스크(622)를 기반으로 건축을 디자인했다. 돔은 아랍 건축에서 영감을 받아 파란색과 금색으로 되어있다.

아랍의 마나라(manāra, 등대)에서 유래한 미나레트는 모스크 주변에 있는 가느다란 타워인데, 이곳에서 신자들이 매일 다섯 번씩 기도를 올린다.

미나레트 양식은 지역과 시기에 따라 다르지만, 대부분 기초와 몸통 그리고 갤러리 구조로 되어있다. 건축물은 지어질 때 단계적으로 원형과 육각형 또는 팔각형으로 아래에서 위로 올라가는데, 돌출된 발코니로 단계를 구분할 수 있다. 대부분은 내부 계단이 있지만, 가끔씩 외부 계단이 있는 미나레트도 있다. 꼭대기에는 둥근 돔이 있고, 개방되거나 금속으로 덮인 원뿔형의 구조물은 일반적으로 조각으로 장식되어 있다. 이곳에서 기도 시보원인 무아딘이 기도 시간을 알린다. 미나레트의 또 다른 목적은 모스크 환기이다.

아주 멀리서도 보이는 미나레트는 정사각형이거나 원형으로 지어졌다. 미나레트는 이라크의 사마라(848~851, 20쪽 참조)에 있는 두꺼운 나선형 경사로부터 터키 이스탄불의 블루 모스크로 알려진 술탄 아흐메드 모스크(1609~1616)의 섬세하게 하늘을 가리키는 구조물까지 그 형태가 다양하다(198쪽 참조). 현존하는 가장 오래된 미나레트는 서기 836년 튀니지 카이루안 대 모스크에 지어졌다.

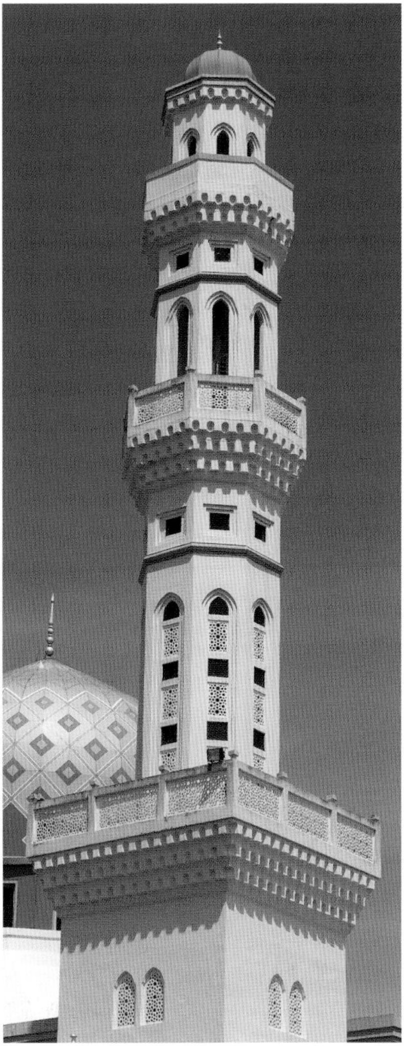

코타 키나발루 시티 모스크, 건축가 미상, 1989~2000, 사바, 말레이시아

비잔틴 **p.17** 이슬라믹 **p.20** 무어양식 **p.22** 아야 소피아 성당 **p.62** 젠네 모스크 **p.126**

포티코/포치 Portico/Porch

주요 건축가: 가지니 패밀리 • 안드레아 팔라디오 • 로버트 애덤 • 자크 제메인 수플로 • 랜슬롯 캐퍼빌리티 브라운 • 토마스 제퍼슨

건물 앞이나 주위에 있는 포티코는 규칙적으로 배열된 기둥 위에 엔타블러처(기둥 위에 장식된 수평 구조물)가 삼각 페디먼트를 떠받들고 있는 형태의 통로 공간이다.

고대 그리스 신전 입구에 만들어진 최초의 포티코는 이후 많은 건축 양식에 영향을 미쳤다. 고대 그리스와 로마 신전의 포티코는 일정한 수의 기둥과 일정한 거리를 두고 있다. 포티코는 옥타스타일(8개 기둥), 헥사스타일(6개 기둥) 그리고 테트라스타일(4개 기둥)이 있다. 로마의 포르투누스 신전(기원전 3세기와 4세기경에 건축, 기원전 120~80에 재건)의 포티코는 이오니아식 기둥 4개로 이루어진 테트라스타일이다. 기둥이 짝수인 것은 기둥 사이 공간이 홀수라는 것을 의미해서 중앙에 있는 두 기둥 사이로 정문을 두었다. 포티코의 '인안티스(in antis)'는 양쪽으로 돌출된 짧은 벽(안타) 사이에 네모난 두 개의 기둥이 있는 공간을 말한다.

인도 굽타 시대(319~550) 건축에 있어서 기둥이 있는 포치는 사원 장식에서 중요한 부분을 차지했다. 포치는 세계 공통으로 공공 건축과 민간 건축에서 아주 큰 의미가 있는 구조물이다.

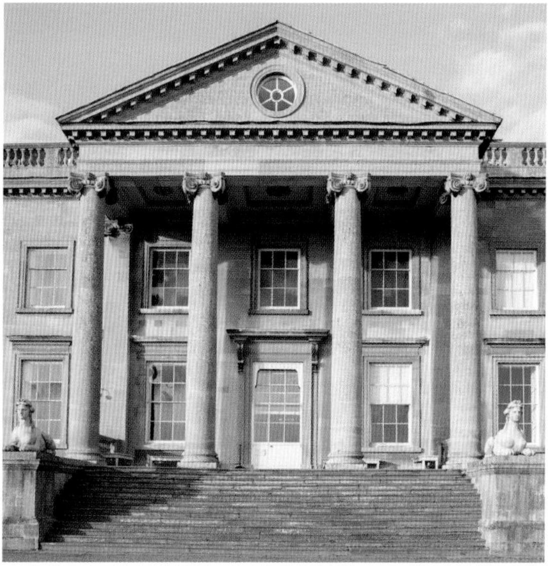

주요 핵심

영국인의 '컨트리 하우스'는 영국 교외에 지어진 저택을 말한다. 그 중 많은 건축물이 커다란 현관이 있는 팔라디안이나 신고전주의 양식으로 지어졌다. 팔라디안 크룸 코트는 랜슬롯 '캐퍼빌리티' 브라운(1715~1783)이 설계했다. 이 건축물의 남쪽 파사드는 돌출된 이오니아식 테트라스타일 현관이 특징이다.

크룸 코트, 랜슬롯 캐퍼빌리티 브라운, 1751~1760, 우스터셔, 영국

고대 그리스 **p.14** 고대 로마 **p.16** 르네상스 **p.26** 팔라디안 **p.28** 신고전주의 **p.31**
판테온 **p.60** 마리아 라흐 수도원 **p.72** 도제의 궁전 **p.86** 빌라 라 로톤다 **p.96**

테라스 Terrace

주요 건축가: 이니고 존스 • 로버트 애덤 • 존 내시 • 루트비히 미스 반 데어 로에 • 필립 존슨

건물에서 돌출된 외부 개방형 플랫폼인 테라스는 고대부터 전 세계적으로 다양한 건축 양식으로 지어졌다. 하늘이 열려 있는 테라스의 디자인과 용도는 양식과 건축 방법, 재료 그리고 치수 등에 따라 지리적, 역사적으로 매우 다양하다. 예를 들어, 고대 이집트와 무어 양식 스페인 주택은 지붕에 테라스가 있고, 고대 그리스와 로마 신전 역시 일반적으로 포티코 앞에 웅장한 테라스가 있으며, 아시리아와 페르시아 궁전에도 큰 테라스가 있다. 고대 세계 7대 불가사의 중 하나인 바빌론의 공중 정원(7세기경)도 아마 계단식 테라스로 구성되었을 것으로 추정된다. 전통적인 불교 사원과 힌두 사원 그리고 자이나 사원은 계단식으로 되어 있고, 마야의 팔렝케 궁전도 그렇다. 1420년부터 1912년까지 중국 황궁이었던 베이징 자금성(1406~1420)에는 중요한 장소에 대리석 테라스가 있었다. 르네상스 시대에는 지붕 테라스와 일반 테라스가 대형 건축물 뒷편에 붙어있었고, 난간이 있는 큰 계단으로 정원에 접근할 수 있었다.

주요 핵심

미스 반 데 로에가 설계한 국제주의 양식의 판스워스 하우스는 홍수가 자주 나는 지역에 강철 기둥으로 바닥과 지붕을 만들어 올린 원룸 형태의 주말 별장이다. 판스워스 하우스는 두 단계로 된 슬라브 테라스 형태의 넓은 계단을 통해서 땅에서 집으로 연결된다.

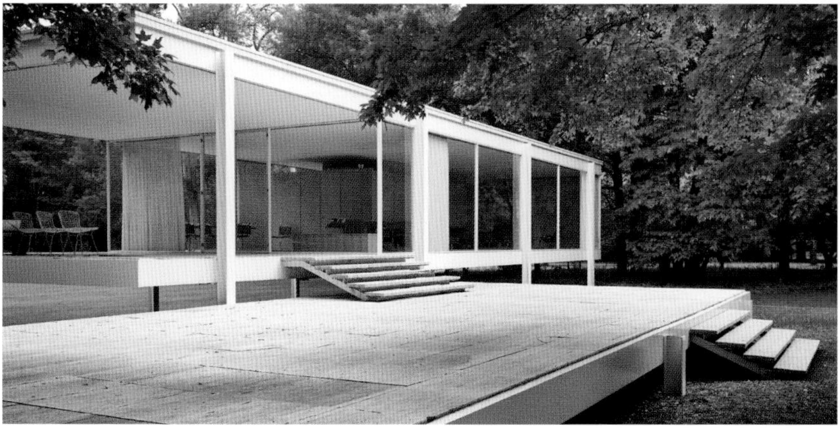

판스워스 하우스, 루트비히 미스 반 데어 로에, 1951, 일리노이, 미국

고대 이집트 **p.12** 콜롬비아 미대륙 발견 이전 **p.13** 불교 **p.15** 힌두교 **p.19** 크메르 **p.23**
르네상스 **p.26** 국제주의 양식 **p.42** 보스코 베르티칼레 **p.158**

필로티 Piloti

주요 건축가: 르 코르뷔지에 • 패트릭 그윈 • 지브 레히터 • 폴 루돌프

기둥과 교각 기둥은 일반적으로 철, 강철, 철근 콘크리트로 만들어지고, 필로티는 땅이나 물 위에서 건물을 지지한다.

기둥이나 그루터기라고 불렸던 초기 필로티는 건물을 높이는데 사용되었다. 필로티로 지어진 초기 건축물은 아시아와 스칸디나비아에서 물 위에 지어진 어부의 나무 오두막이다. 필로티가 있는 건축물은 일반적으로 허리케인이나 홍수가 발생하기 쉬운 지역에 지어진다. 때로는 주변 땅이 고르지 않을 때 건물 아래 일부에서만 사용되기도 한다.

필로티는 건축물을 고르게 올릴 수 있게 격자 형태로 배열되어서 건축물 아래에 진입로나 주차 공간을 만들어준다. 미적으로 건축물을 가볍게 보이게도 하고, 공중에 떠다니는 느낌을 주기도 한다. 1923년 르 코르뷔지에는 그의 저서『건축을 향하여』에서 집은 기계라고 표현했고, '건축의 5원칙'을 언급하며 필로티의 필요성을 대중에게 알렸다. 1914년 돔이노 하우스와 마르세유의 유니테 다비타시옹(1947~1952)에서 그의 건축 원칙의 일부였던 필로티를 적용했다.

주요 핵심

현대 건축에서 필로티로 잘 알려진 건축물은 패트릭 그윈(1913~2003)이 지은 영국 서리의 홈우드(1938~1939)와 르 코르뷔지에와 피에르 잔느레가 지은 파리 외곽 푸아시의 빌라 사보아이다. 건축물을 지지하고 있을 뿐만 아니라 섬세해 보이기까지 하는 필로티는 외관을 가볍게 보이게 하고, 수평창과 대비되어 건축물이 떠있는 느낌을 준다.

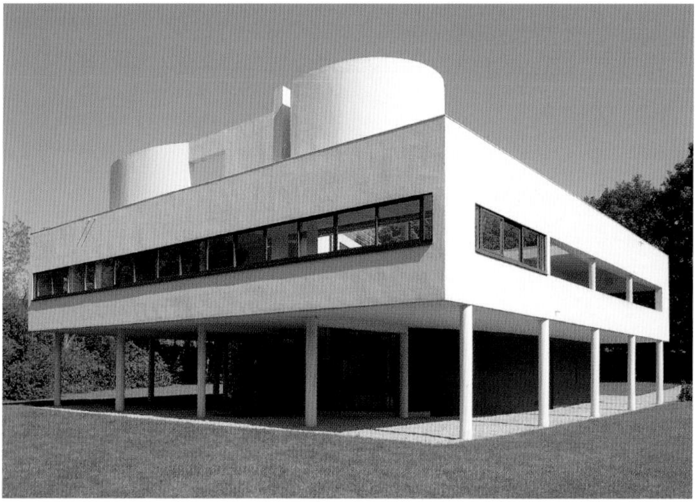

빌라 사보아,
르 코르뷔지에,
피에르 잔느레,
1929~1930,
파리, 프랑스

고대 로마 **p.16** 국제주의 양식 **p.42** 빌라 사보아 **p.134**

캔틸레버 Cantilever

주요 건축가: 플랭크 로이드 라이트 • 마트 스탐 • 마르셀 브루이어 울프 D. 프릭스, 마이클 홀저 • 주세페 페타치

캔틸레버는 한쪽 끝이 단단하게 고정된 돌출된 수평 구조물이다.

구조물 끝에서 기둥 없이 지탱하려 할 때 캔틸레버를 주로 사용하며, 건축물뿐만 아니라 다리에서도 사용한다. 캔틸레버를 만드는 것은 일반적으로 기둥보다 더 많은 비용이 들지만, 짓고 나서는 건축물이 매우 드라마틱하게 연출되기 때문에 많은 현대 건축가들은 켄틸레버에 추가적인 비용을 들일 가치가 있다고 생각한다. 시카고에 지어진 프랭크 로이드 라이트의 로비 하우스(1909~1910)의 지붕과 펜실베니아에 지어진 낙수장의 폭포 위로 돌출된 큰 발코니도 켄틸레버 구조로 지어졌다.

1937년 주세페 페타치(1907~2001)는 에리트레아 아스마라에서 피아트 탈리에로 빌딩을 설계했다. 비행기처럼 생긴 미래주의 양식의 주유소 건축물은 중앙 타워가 15미터 캔틸레버로 만들어진 두 날개를 양쪽으로 달고 있다. 건축 회사 엘리엇+어소시에이츠가 설계한 66번 국도에 있는 오클라호마의 POPS 주유소(2007)는 병 모양의 거대한 네온 사인과 유리 벽 그리고 앞마당 위로 30.5미터의 거대한 캔틸레버 트러스가 특징이다.

주요 핵심

1997년 건축회사 MVRDV가 암스테르담 근처에 100개의 원룸형 노인 주거지인 WoZoCo를 지었다. 네덜란드 건축법은 북쪽 방향 아파트 건축을 금지하고, 9층으로 높이 제한을 두기 때문에 MVRDV는 수직 철제 트러스 캔틸레버를 사용해 건축물을 동쪽과 서쪽 방향으로 열고, 북쪽 방향으로 지었다.

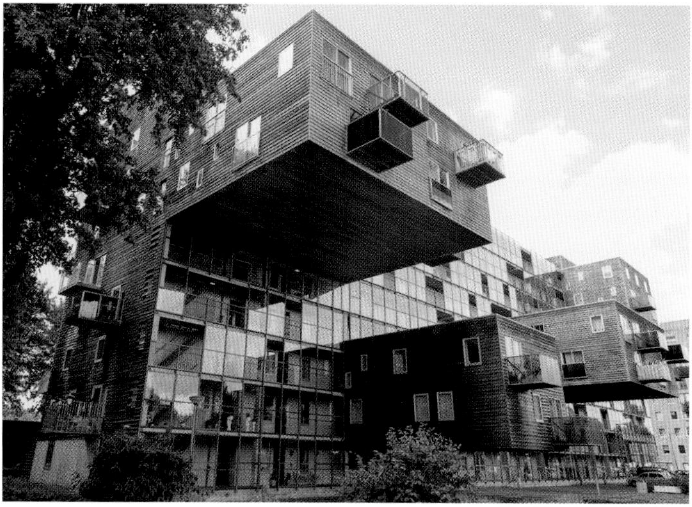

WoZoCo,
MVRDV, 1997,
암스테르담,
네덜란드

모더니즘 **p.37** 유기적 건축 **p.38** 브루탈리스트 **p.46** 포스트모더니즘 **p.47**
하이테크 **p.49** 폴링워터(낙수장) **p.138**

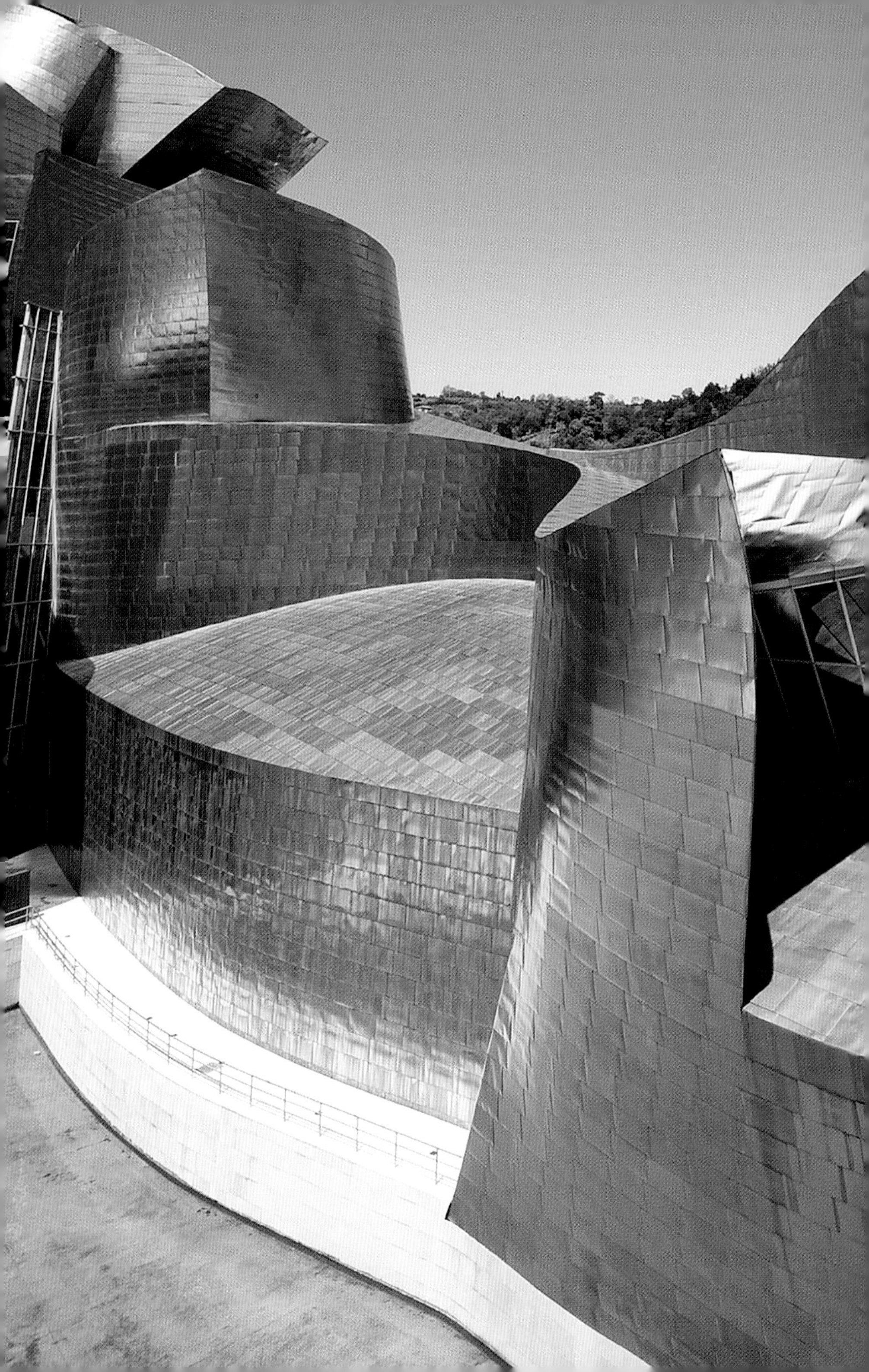

MATERIALS
재료

돌 Stone

주요 건축가: 피테오스 • 미락 미르자 기야스 • 지오반니 본 • 바르톨로메오 본 • 잔 로렌초 베르니니

돌은 오랜 시간을 화성과 퇴적 그리고 변성으로 다듬어져 건축 재료 중 가장 오래 지속되는 것 중 하나로 수천 년 동안 건축에서 폭넓게 사용되었다.

기원전 2630년, 사카라에 있는 조세르의 계단식 피라미드는 석회암으로 지어졌다. 기자에 있는 쿠푸의 피라미드도 대부분 석회암이며, 중앙에 있는 파라오의 큰 방은 붉은 화강암으로 지어졌다. 약 2,000년이 지나서 아시리아의 도시인 두르 샤루킨(기원전 720년경)에는 사람 머리를 하고 날개가 달린 몸을 가진 황소가 높은 돌 블록에 조각되어 중정과 궁전을 지키고 있었다.

기원전 600년부터 그리스 신전도 대부분 돌로 지었고, 미노아인과 미케네인은 건축물에 돌을 많이 사용했다. 도리아식 사원은 보통 석회암으로 만든 반면에 이오니아식 사원은 얇지만 더 튼튼한 대리석으로 만들었다. 인도와 동남아시아의 초기 사원들 또한 대부분 돌로 지었다. 인도 마하라슈트라에 있는 카일라사나타 사원은 756년부터 773년까지 바위 전체를 깎아서 지은 가장 큰 힌두 사원 중 하나이다.

주요 핵심

돌은 상징적인 건축물을 지을 때 가장 많이 사용된 재료이다. 로마의 콜로세움은 주로 트래버틴 석회암 슬라브로 지었고, 성 베드로 대성당 돔은 두 겹으로 된 돌로 지었고, 9세기 자바의 보로부두르는 2백만 개의 돌 블록으로 지었으며, 델리에 있는 후마윤 황제의 무덤은 주로 붉은 사암으로 지었다.

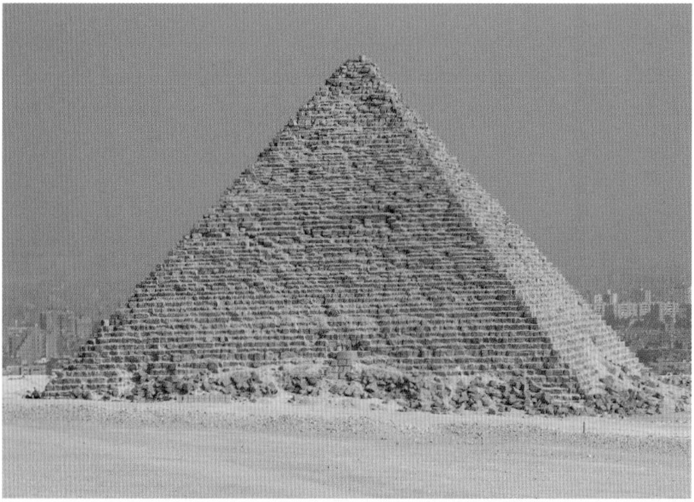

기자 피라미드, 건축가 미상, 기원전 2589 ~ 2566년경, 기자, 이집트

고대 이집트 **p.12** 콜럼비아 미대륙 발견 이전 **p.13** 기자 피라미드 **p.54** 산치 스투파 **p.58**
프람바난 **p.70** 앙코르 와트 **p.74** 샤르트르 대성당 **p.78** 알함브라 **p.80**

진흙 벽돌/어도비 Mud-brick/Adobe

주요 건축가: 아이작 랩 • 존 가우 밈 • 이스마일라 트라오레

아프리카와 아시아 그리고 아메리카의 고대 주거지는 진흙과 물, 짚, 쌀겨 그리고 풀과 같은 섬유질 재료를 섞어 햇볕에 말린 진흙 벽돌로 지었다.

기존 벽돌 공법과 다르지 않게 모르타르로 서로 붙여서 쌓은 진흙 벽돌은 가장 오래된 건축 자재 중 하나이다. 고대 이집트 단어로 db, 어도비(adobe)라 칭하는 진흙 벽돌은 수천 년 동안 세계 여러 지역의 토착 사회에서 사용했다. 진흙 벽돌은 쉽게 구할 수 있고, 만들기도 쉬운 데다가 가볍고, 유연하기까지 하다. 그러나 진흙 벽돌 구조물은 수명이 길지 않아 지속적인 관리가 필요하다.

티그리스 강과 유프라테스 강에서 나온 진흙으로 만든 집은 메소포타미아에서는 흔했고, 고대 이집트에서는 기원전 3800년부터 나일 강에서 추출한 진흙 벽돌로 집을 지었다. 750년경에 남아메리카 안데스 산맥 지역의 전통적인 푸에블로 건축물을 돌과 진흙 벽돌로 지었다.

주요 핵심

이란 남동부에 위치한 거대한 진흙 벽돌 요새는 기원전 6세기부터 사람이 살았으며, 224년에서 637년 사이에 요새와 성벽을 추가로 건설했다. 말리의 젠네 모스크는 습도와 온도가 급격하게 변화하는 기후 때문에 균열을 줄여주는 진흙 벽과 야자나무 가지로 만든 지붕을 사용해 지었다.

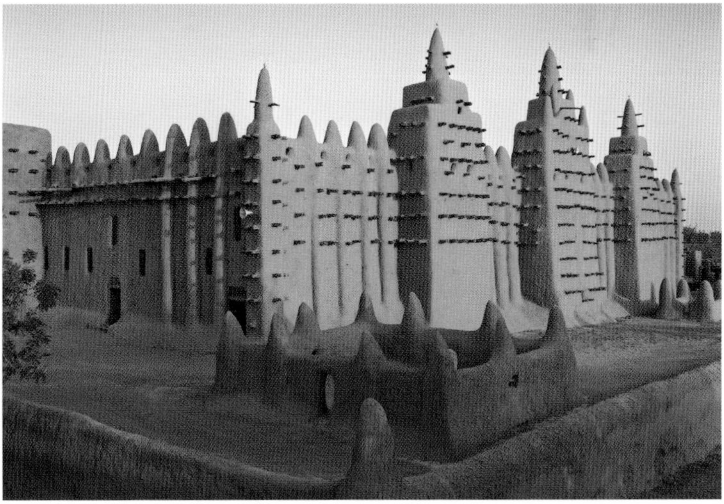

젠네 모스크, 이스마일라 트라오레, 1907, 젠네, 말리

이슬람교 p.20 시밤 p.92 젠네 모스크 p.126

비투멘 Bitumen

주요 건축가: 파이악스 • 비트루비우스 • 샤를 가르니에

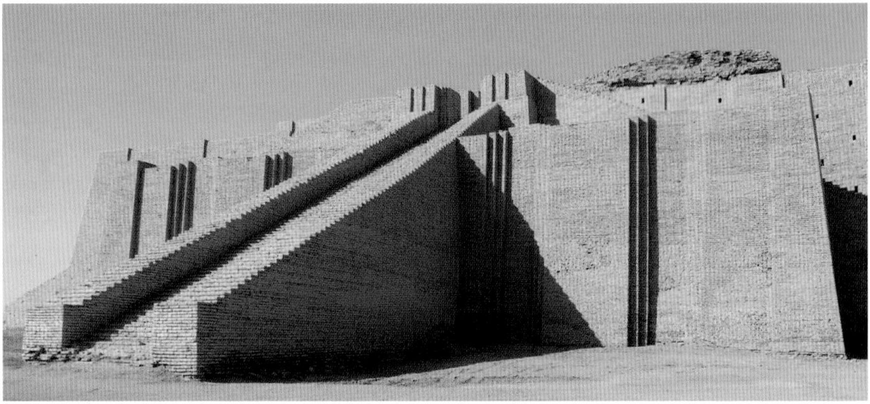

우르의 지구라트, 건축가 미상, 기원전 2100~2540년경, 디콰르 지방, 이라크

비투멘(Butumen, 아스팔트 혹은 타르)은 부패한 식물에서 자연적으로 생성되는 부산물인 검은색 기름 점성이 있는 형태의 석유이다.

기원전 1만 년 전부터 최초의 영구 구조물 중 일부는 오늘날 이라크의 티그리스 강과 유프라테스 강 사이에 위치한 지역인 메소포타미아에 지어졌다. 최초의 메소포타미아 문화는 수메르 문화였고, 아카드 문화, 아시리아 문화 그리고 바빌로니아 문화가 그 뒤를 이었다. 그들은 지구라트로 도시 전체를 건설한 최초의 문화였으며, 돌 공급이 한정적이었기에 주로 진흙과 짚, 비투멘 벽돌 그리고 비투멘 모르타르로 건축물을 지었다.

네부카드네자르 2세(기원전 604~561) 치하에 당대 가장 큰 도시였던 바빌론의 사당과 사원, 시장 그리고 집은 주로 비투멘 모르타르로 지었다. 그는 또한 벽돌 위로 비투멘이 덮인 높이는 91미터에 달하는 7개 층 규모의 도시 에테메난키 지구라트를 재건했다. 이 구조물은 전설적인 바벨 탑의 전신이었을지도 모른다. 비투멘은 수세기 동안 모르타르처럼 사용되지 않았지만, 아스팔트나 타르라는 이름으로 더 많이 불려 지붕과 도로 방수에 사용되었다.

주요 핵심

우르의 지구라트는 아마도 우르남무 왕(기원전 2047~2030)이 건설했을 것으로 보인다. 신 바빌로니아의 마지막 왕이었던 나보디누스(재위 기원전 556~539)가 남아 있었던 기초 주변에 재건했다. 진흙 벽돌과 비투멘 모르타르로 만들었던 건축물의 중심부는 지금은 구운 벽돌과 시멘트로 덮여 있지만, 신전의 원래 모습은 더 이상 남아있지 않다.

벽 p.164

벽돌 Brick

주요 건축가: 포스트니크 야코블레프 • 바르마 • 필립 웹 • 찰스 배리 • 루이스 칸 • 에드윈 루티엔스

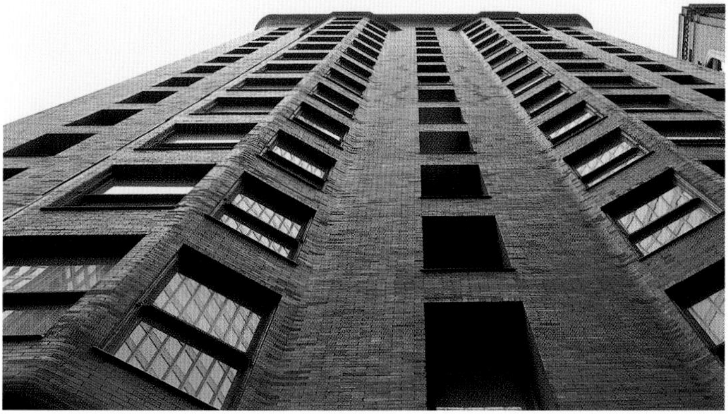

모나드녹 빌딩,
번햄 앤 루트,
1891~1893,
시카고, 미국

다양한 재료와 크기로 생산되는 벽돌은 구운 것과 그렇지 않은 것 두 가지 종류가 있다.

구운 벽돌(내화 벽돌)은 기원전 4000년경 중국에서 처음 만들었다. 짚과 같은 자연 재료를 섞어 볕에 말린 진흙 벽돌을 가장 먼저 만들었다. 구운 벽돌은 진흙 벽돌 구조로 지은 사원과 궁전 그리고 도시 성벽과 같이 중요한 건축물 외부를 더 튼튼하게 만들었다. 벽돌을 굽는 관습은 점차 퍼져나가 고대 로마인이 전국에 대형 벽돌 건물을 지었고, 심지어 군대도 벽돌을 구울 수 있는 이동식 가마를 가지고 다녔다.

전 시기를 걸쳐 폭넓게 벽돌이 사용되었지만, 산업혁명이 시작되고 나서야 대규모 공장 건설을 위해 벽돌이 대량 생산되었다. 그러나 19세기 후반과 20세기에 건축물을 더 높게 짓겠다는 수요가 증가하면서 벽돌을 대체할 수 있는 재료도 폭발적으로 증가했다. 번햄 앤 루트가 설계한 시카고의 모나드녹 빌딩(1891~1893)은 지금까지 건축된 건물 중 가장 높은 하중을 견디는 벽돌 건축물로 남아 있다. 벽돌은 무게를 효율적으로 버틸 수 있는 파사드를 만들 수 있기 때문에 특히 산업화된 곳에서 중소 규모 건축물에 넓게 사용하고 있다.

주요 핵심

일정한 층의 단계를 만들려면 벽돌 크기가 같아야 한다. 시간이 지나 여러 국가에서 자체적으로 벽돌을 표준화했기 때문에 벽돌 사이즈가 서로 많이 다를 수 있다. 엔지니어링 벽돌은 일반 벽돌보다 무겁고 밀도가 높은 데다가 다공성도 적어서 구조적으로 강도가 높아 일반적으로 건물의 하부에 사용된다.

고대 로마 **p.16** 시카고 학파 **p.34** 마리아 라흐 수도원 **p.72** 크라크 데 슈발리에 **p.76**
산타 마리아 델라 피오레 대성당 **p.82** 성 바실리 대성당 **p.94** 레드 하우스 **p.116**

목재 Wood

주요 건축가: 에드워드 컬리넌 • 구마 겐고 • 반 시게루 • 알렉스 드 리케

목재를 건축에 사용한 시기는 수천 년 전으로 올라간다. 내구성이 아주 뛰어난 목재는 구조를 튼튼하게 하고 자체적으로 무게를 지탱할 수 있다.

중국의 초기 목조 건축물 중 일부는 하중을 견딜 수 있는 나무 뼈대로 지어졌다. 기원전 5000년경부터 중국에서는 장부 이음 방식을 사용한 목조 주택을 지었고, 같은 시기에 유럽의 농부는 길이가 길고 폭이 좁은 목조 주택을 지었다. 서기 50년경에 고대 로마인은 목재로 된 구조물을 대량으로 지었다.

지주와 보라고 불리는 목재 골조는 건축 구조에 있어서 중요한 지지물로 고목이 사용된다. 이 기술은 유럽에서 중세 시대로 넘어오면서 매우 정교해져 외팔들보 지붕과 같은 구조물을 만들었는데, 대표적인 건축물이 런던의 웨스트민스터 홀(1097)이다. 중국에서는 주로 석조 기단 위에 목조 틀을 얹어 사찰을 지었는데, 산시성의 난찬사(782)는 이 지역에서 가장 오래된 목조 건축물이고, 일본 나라의 도다이지는 세계에서 가장 큰 목조 건축물이다.

주요 핵심
오늘날에는 친환경적인 건축 자재로 목재를 다시 사용하고 있다. 나무는 독성이 없고, 자연스럽게 노화되고, 재생이 가능하며, 상대적으로 힘을 덜 들여서 건설이 가능하다. 나무는 또한 내부 온도에 필요한 에너지 소비를 줄이는 좋은 절연체이다.

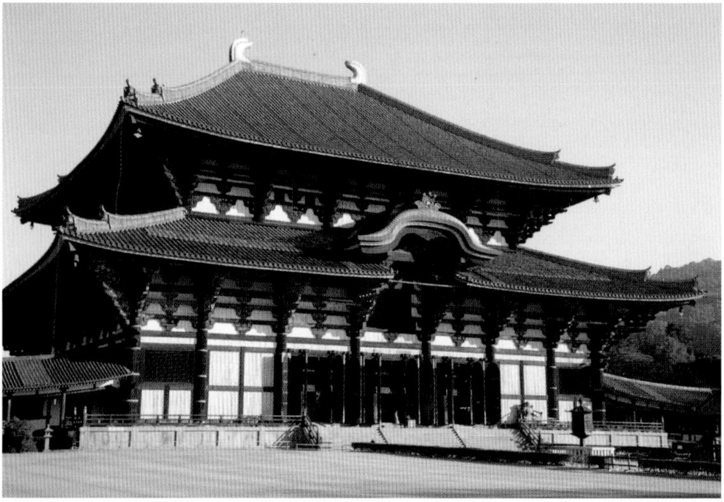

도다이지,
건축가 미상,
728, 나라, 일본

일본 양식 **p.18** 셰이커 **p.33** 성 바실리 대성당 **p.94** 린슌카쿠 **p.100** 핸콕 셰이커 빌리지 **p.110**

종이 Paper

주요 건축가: 알렉산더 브로드스키 • 반 시게루

일본, 중국을 포함한 아시아의 일부 지역의 전통 건축에서 자주 사용하는 종이는 가벼운 느낌이 든다.

고대 중국과 한국 그리고 일본 건축에서는 창문에 종이를 주로 사용했다. '비움의 미학적인 이상'은 기원전 4세기에서 3세기 사이에 중국에서부터 일본, 한국, 베트남으로 전파된 도가사상에서 비롯되었다. 일본의 전통 건축 내부에서는 후스마라는 반투명 종이 벽과 나무 난간을 따라 움직이는 미닫이 병풍으로 공간을 닫거나 열 수 있다.

1995년에 발생한 고베 지진 이후에 반 시게루(1957~)는 110개의 종이 튜브로 만든 페이퍼 로그 하우스를 설계했다. 그는 르완다 내전 이후인 1998년에 50개의 비상 종이 대피소를 지었고, 이듬해 발생한 터키 대지진 이후에 터키인을 위한 종이 집을 지었다. 종이 집은 2001년 구자라트 지진 이후 인도에서도 건설되었다. 저렴하고 짓기 쉬운 반 시게루의 집은 많은 생명을 구했다. 1995년에 그는 또한 58개의 골판지 튜브를 이용한 고베 교회를 설계했다. 반 시게루의 재활용 종이 건축물은 환경을 보호하는 건축물이다.

주요 핵심

한국의 전통 한옥 형태는 지역에 따라 다르지만, 평평하게 된 모든 실내에 사용할 수 있는 뽕나무 껍질로 만든 한지가 특징이다. 한지는 단열력이 우수하고 반투명하며, 공기가 통하고, 습도 조절은 물론 부유 먼지 입자를 가두는 공기청정기 역할도 한다.

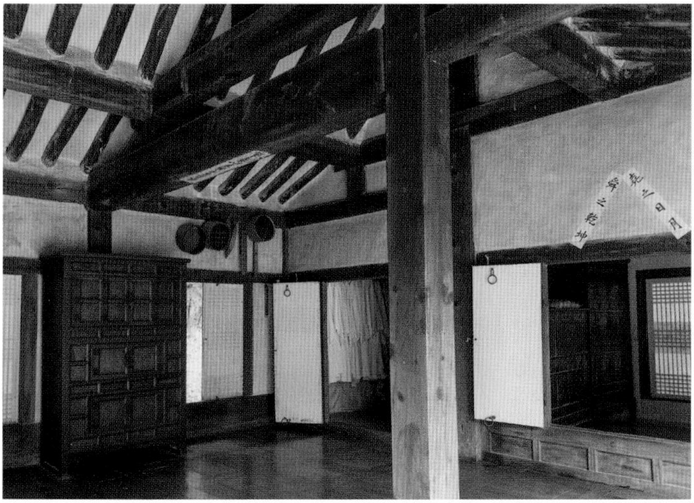

한옥,
건축가 미상,
13세기, 서울,
한국

일본 양식 p.18 린슌카쿠 p.100

타일 Tiles

주요 건축가: 세드프카르 메흐메드 아가 • 미마르 시난 • 루이스 바라간 • 다니엘 리베스킨트

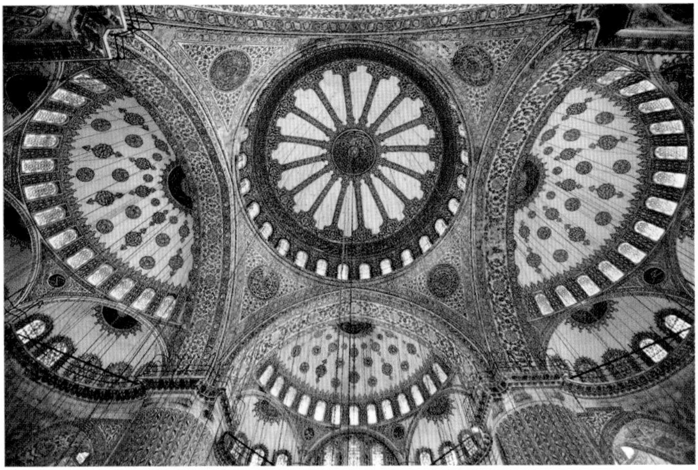

술탄 아흐메드 (블루) 모스크, 세드카르 메흐메드 아가, 1609 ~1616, 이스탄불, 터키

지붕, 바닥, 벽 등을 덮는 데 주로 사용되는 타일은 세라믹, 돌, 금속, 유리 등으로 만든 조각판이다.

테라코타나 슬레이트 같이 지역 전통 재료로 만들어진 기와 타일은 이미 메소포타미아나 고대 이집트 건물 내부에 사용된 타일보다 늦게 나타났다. 푸른색 기와 타일은 사카라(기원전 2630년경)의 조세르 계단 피라미드 지하 복도에 줄을 이루고 있는 반면에 베이징의 자금성(1406~1420)의 지붕 기와에는 유약으로 상징적인 색을 칠했다. 중국에서 노란색 기와는 황제를 상징하고, 녹색 기와는 왕세자를 상징한다.

13세기에 북유럽 전역에서 교회 건물 바닥에 납이 발린 타일이 깔렸다. 이탈리아에서는 마졸리카, 네덜란드와 영국에서는 델프트 도기로 알려진 주석 유약을 바른 타일은 원래 중동의 이슬람 도공이 만들었다. 16세기와 17세기에 터키 도시 이즈니크에서는 궁전과 모스크에 사용되는 다양한 타일을 생산하기 시작했다. 18세기 중반까지는 손으로 타일을 만들고 장식했지만, 산업혁명 이후에는 대부분 기계로 만들었다.

주요 핵심

이스탄불의 블루 모스크 내부는 터키의 이즈니크에서 만들어진 2만 개가 넘는 세라믹 타일이 있다. 이즈니크 타일은 투명한 납 유약 밑에 코발트 블루로 칠해진 프릿이 깔려있다. 이 건축물은 중국 문양 패턴과 전통 오스만 아라베스크 형태를 결합했고, 푸른색 때문에 블루 모스크라는 별명이 붙었다.

고대 이집트 **p.12** 비잔틴 **p.17** 아야 소피아 성당 **p.62** 바위돔 사원 **p.68** 알함브라 **p.80**
시드니 오페라 하우스 **p.142** 포틀랜드 빌딩 **p.152**

대나무 Bamboo

주요 건축가: 구마 겐고 • 마르코 카사그란데 • 보 트롱 응야 • 안나 헤링거

아시아와 오세아니아, 중앙아메리카 그리고 남아메리카 일부 지역에서 전통 건축 자재로 대나무를 사용하고 있다.

대나무는 물에서 잘 자라기 때문에 매우 습한 환경에서도 견딜 수 있기 때문이다. 대나무는 유연하지만 강하고 수요가 많아 홍수와 지진이 발생하기 쉬운 지역에서 콘크리트와 강철을 대체할 수 있는 좋은 대안이다. 중국에서는 사람들이 대나무를 비계로 사용하였거나 간단한 다리의 재료로 사용했었다. 첸현에서 적어도 서기 960년쯤에 대나무를 사용한 사례가 있는데 역사가 더 오래되었을 수도 있다. 필리핀의 전통적인 대나무 니파 오두막(바하이 쿠보)은 1571년 스페인인이 도착하기 훨씬 이전부터 사용한 오랜 역사를 가지고 있고, 인도네시아와 말레이시아 일부 지역에도 비슷한 주택을 지었다.

비록 20세기 동안 건축에 대나무 사용이 감소했지만, 환경문제로 자연 재료의 선호도가 높아지면서 최근 다시 사용량이 증가했다. 2010년 상하이 엑스포에서 인도관은 세계에서 가장 큰 대나무 돔을 만들어 도시와 농촌의 시너지를 홍보했다.

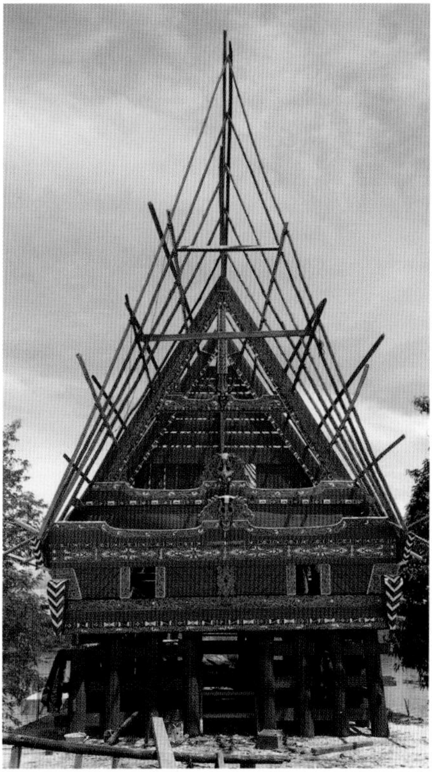

바탁 주택, 건축가 미상, 1900년경, 수마트라, 인도네시아

주요 핵심

수마트라의 바탁 건축은 대나무를 폭넓게 사용한다. 바탁 주택은 발레(회의장)과 루마(집) 그리고 소포(쌀 헛간)로 구성된다. 루마는 여러 가족이 함께 공유하는 거실 공간이다. 토바 호수 주변에 있는 토바 바탁 주택은 박공과 지붕 능선이 극적으로 휘었고, 더 멀리 북쪽에 있는 카로 바탁 주택은 교각 기둥 위에 줄줄이 서있다.

일본 양식 p.18

대리석 Marble

주요 건축가: 피디아스 • 제이콥 반 캄펜 • 토마스 링컨 케이시 • 헨리 베이컨 • 파리보즈 사바

큰 무게를 견딜 수 있기 때문에 수천 년 동안 건축에 대리석을 사용했다.

대리석이라는 단어는 '눈처럼 하얀 무결점의 돌'이라는 뜻의 그리스어에서 유래했지만, 석회암의 불순물에 따라 다양한 색을 띤다. 대리석으로 지은 최초의 건축물은 기원전 510년에서 490년 사이에 지어진 아테네의 재무부이다. 펜텔리쿠스 산 근처에서 채석된 순백의 대리석으로 파르테논 신전을 지었다. 또한, 그리스 고전 시대(기원전 5세기경)에 공공 건물과 신전에서도 흰 대리석을 사용했다. 이후 기원전 4세기에서 3세기(고전 시대와 헬레니즘 시대)에는 색이 들어간 대리석을 사용했지만, 주로 실내에서 사용했다.

로마인이 사용하는 대리석은 주요 공공 건축물에서 상류층으로 퍼져 나갔지만, 오늘날에도 여전히 사치의 상징으로 남아있다. 미국에 지어진 워싱턴 기념비(1848~1884)와 링컨 기념관(1914~1922) 모두 대리석을 주로 사용했다.

주요 핵심

라자스탄의 마크라나에서 온 반투명의 흰색 대리석을 타지마할 전역에서 광범위하게 사용했고, 콜카타의 빅토리아 기념비(1906~1921)에도 사용되었다. 전체적으로 옥과 벽옥, 수정, 터키옥, 카넬리안, 사파이어 그리고 라피스 라줄리 등 28종의 보석과 준보석을 타지마할의 하얀 표면에 상감했다.

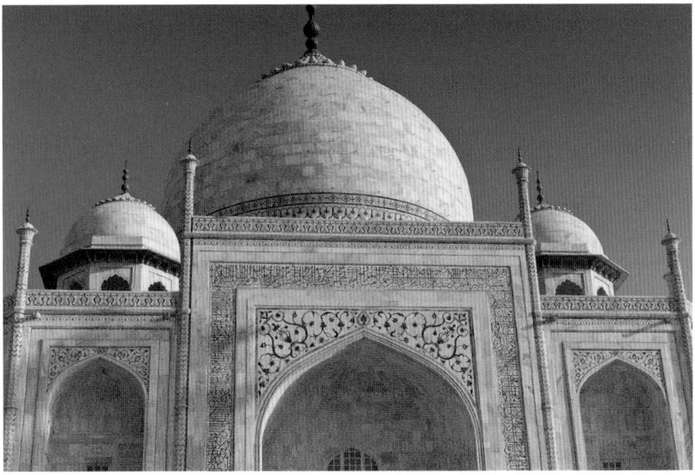

타지마할,
우스타드 아마드 라호리,
1632~1648,
아그라, 인도

고대 그리스 **p.14** 고대 로마 **p.16** 파르테논 **p.56** 비문 사원 **p.64**
산타 마리아 델 피오레 대성당 **p.82** 타지마할 **p.98** 베르사유 궁전 **p.102**

콘크리트 Concrete

주요 건축가: 르 코르뷔지에 • 루이스 칸 • 안도 다다오 • 자하 하디드 • 산티아고 칼라트라바

점차적으로 굳는 반죽인 콘크리트는 강하고 유연하며, 인간 문명이 시작될 때부터 사용한 세계에서 가장 흔한 건축 재료이다.

시멘트와 모래, 돌 그리고 물이 결합되면 화학 반응으로 엄청나게 강한 콘크리트가 만들어진다. 시리아 남부와 요르단 북부의 베두인족은 기원전 6500년경에 콘크리트 공법을 선도해 나갔다. 수세기 뒤에 고대 이집트인은 석회와 석고로 콘크리트와 비슷한 혼합물을 만들었고, 나중에 로마인은 석회와 화산회를 부석과 자갈, 모래 그리고 바위로 오푸스 케멘티시움라고 불리는 그들만의 콘크리트를 만들었다. 그러나 로마제국이 쇠퇴하면서 콘크리트의 사용 빈도는 줄어들었다. 19세기 중반에 프랑수아 코이네(1814~1888)와 조셉 모니에르(1823~1926) 두 프랑스인이 처음으로 철근 콘크리트를 사용했다. 철근 콘크리트는 콘크리트 내부에 철근과 그물망으로 보강해서 바람이나 지진에서 발생하는 힘을 흡수한다. 철근 콘크리트는 거대한 고층 건물과 조각과 같은 건축물을 만들 수 있게 건설 산업에 혁명을 일으켰다.

주요 핵심

히메지가 시로 승격된 지 100주년을 기념하여 안도 다다오가 문학관을 설계했다. 그는 외부에 철근 콘크리트와 돌, 유리를 사용하고, 내부에 목재를 사용해 2개의 정육면체와 원통형의 건축물을 만들었다. 완공 3년 후, 그는 또 다른 콘크리트 상자와 유리 큐브로 된 부속 건물을 증축했다.

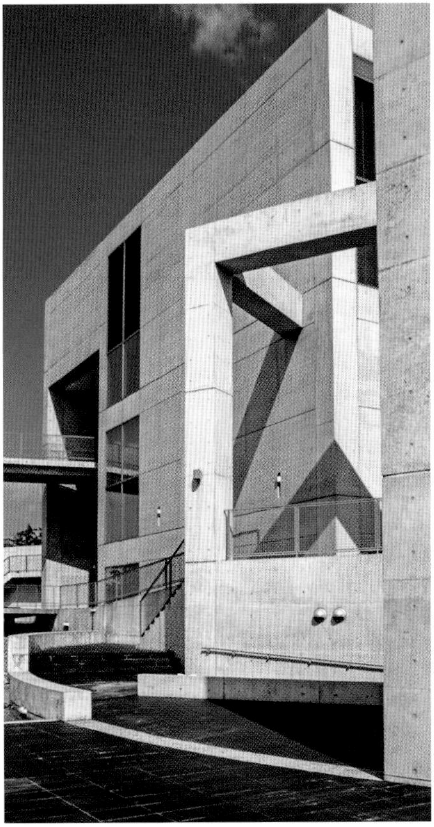

히메지 시립 문학관,
안도 다다오, 1986~1996,
효고현, 일본

고대 로마 **p.16** 판테온 **p.60** 성 베드로 대성당 **p.90** 폴링워터(낙수장) **p.138**
시드니 오페라 하우스 **p.142** 해비타트 67 **p.146**

초벽 Wattle and Daub

주요 건축가: 미상

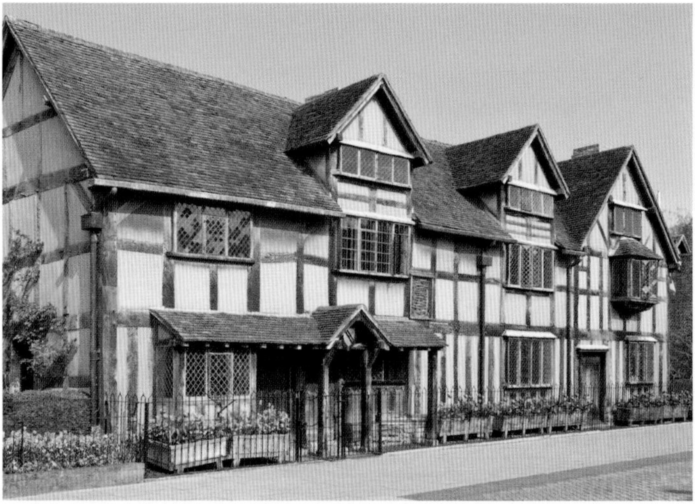

셰익스피어 생가,
건축가 미상, 16세기,
스트랫포드 어폰
에이본, 영국

약 6,000년 전부터 약 400년 전까지 유럽과 아시아, 미국, 오스트레일리아 그리고 아프리카 할 것 없이 주거지는 대부분 초벽으로 만들었다.

초벽은 와틀(Wattle)이라고 불리는 나무 조각으로 엮은 격자에 진흙(Daub)과 점토, 모래, 동물의 배설물 그리고 짚과 같은 재료같이 끈적거리는 혼합물로 만들어진 벽이다. 이 합성물은 마르면 굳어서 방수 기능을 가진다.

가끔씩 영국의 스트랫포드 어폰 에이본에 있는 셰익스피어 생가와 같은 목재 프레임 구조에서는 충전재로 초벽이 사용된다. 목재 프레임 초벽 건축물은 수직 나무 막대나 말뚝을 땅에 박아 수평으로 된 들보와 인방을 교차해 만들어진다. 와틀은 수직으로 세워진 말뚝에 가느다란 나뭇가지를 엮어 망으로 만들어지기도 하고, 틀에 구멍을 내어 느슨한 판자를 끼워 넣어서 만들어지기도 한다. 축축한 공 형태로 도브(진흙)를 만들어서 벽체 양면으로 와틀 내부와 주변을 눌러서 바른 뒤에 초벽이 굳으면 회반죽으로 덮는다.

주요 핵심

지역에서 나오는 재료를 사용하기 때문에 버드나무와 갈대, 대나무같이 쓸 수 있는 건 모두 와틀에 사용되었다. 초벽은 서로 다른 성분으로 이루어져 있지만, 진흙은 점토처럼 부피와 안정성을 위해 흙이나 모래와 같은 골재나 짚, 똥과 같은 물체가 섞여 보강된다.

시밤 p.92

석고 Plaster

주요 건축가: 피에르 샹비주 • 로버트 애덤 • 오노레 도메 • 찰름차이 코싯피팟

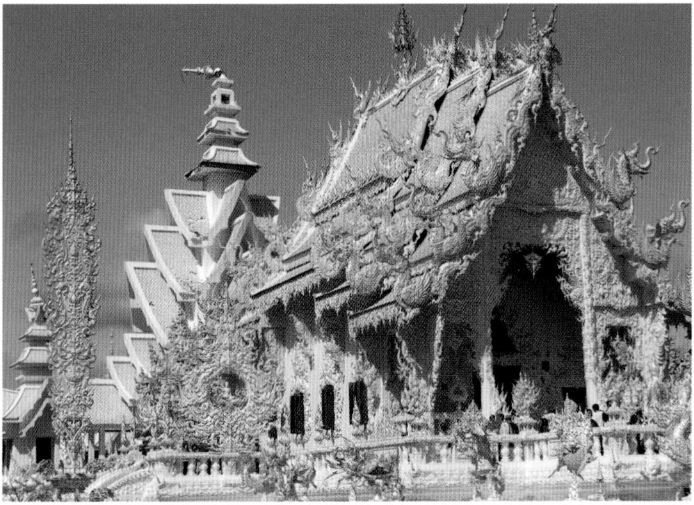

왓 롱 쿤, 찰름차이 코싯피팟, 1996, 치앙마이, 태국

수 세기 동안 건축에 사용된 회반죽은 석회와 석고, 물 그리고 모래를 혼합한 것으로 마르면 굳는다.

고대 이집트인은 석고로 만든 회반죽을 사용했고, 미케네인은 고운 석회로 만든 회반죽을 사용했다. 기원전 5세기에는 그리스 사원에는 석회로 만든 회반죽이 자주 사용되었다. 고대 로마인은 건축물을 석회와 모래를 섞어서 기초 면을 만든 다음, 그 위에다가 석고와 석회, 모래 그리고 대리석 가루를 섞어 덧발랐다. 로마 제국이 멸망한 뒤에 르네상스 때까지 대리석 가루를 사용하지 않았다.

중세 유럽에서는 주요 건축물을 장식하거나 보호하기 위해 석회와 석고 회반죽을 많이 사용했으며, 때로는 머리카락을 첨가해 더욱 튼튼하게 만들었다. 20세기 초까지 석고보다 석회가 더 저렴하고 구하기 쉬워 응고제로 많이 사용되었지만, 제1차 세계대전 이후에는 석고가 더 많이 사용되었다. 파리 주변에서 석고를 더 많이 채굴할 수 있었기 때문이었다. 그래서 파리의 회반죽이 유명했다.

주요 핵심

건축물을 하얀 회반죽으로 만들어 치앙라이의 화이트 템플로 알려진 왓 롱 쿤은 깨진 작은 유리 조각이 표면에 박혀 햇빛에 반짝반짝 빛난다. 흰색은 부처의 순수함을, 유리는 부처의 지혜와 가르침을 상징한다. 복잡한 모양으로 지어진 사원은 태국 예술가 찰름차이 코싯피팟(1955~)이 설계했다.

고대 이집트 **p.12** 고대 로마 **p.16** 르네상스 **p.26**

모자이크 Mosaic

주요 건축가: 안토니 가우디 • 스콰이어 J. 비커스 • 조제프 마리아 주졸 이 지베르트 • 시몬 로디아

바닥의 작고 둥근 돌 조각으로 '조약돌 모자이크'를 만들었지만, 대부분 테세라라고 불리는 작고 네모난 유색 돌이나 유리 조각으로 모자이크를 만들었다.

가장 오래된 모자이크는 기원전 3천년 후반에 돌과 조개껍데기 그리고 상아로 만든 모자이크로 메소포타미아의 텔 알 우바이드 사원에서 발견되었다. 모자이크는 고대 그리스와 로마 안에서 널리 퍼졌고, 로마인은 금박으로 장식된 유리 조각으로 바닥과 벽에 그림을 그리는 특별한 기술을 개발해 발전했다.

4세기 이후부터는 기독교와 비잔틴의 바실리카를 모자이크로 장식했다. 비잔틴과 로마의 영향을 받은 바닥 모자이크로 5~6세기 중동의 유대교 회당을 장식했고, 예루살렘의 바위 돔 사원과 다마스쿠스의 우마이야 모스크(715)와 같은 초기 이슬람 종교 건축물과 궁전에도 무늬 모자이크를 폭넓게 사용했다. 트랜카디스 기법은 깨진 타일과 도자기 그리고 유리 조각으로 만든 또 다른 형태의 모자이크이다. 안토니 가우디는 바르셀로나의 구엘 공원(1900~1914)에서 그것을 매우 효과적으로 사용했다.

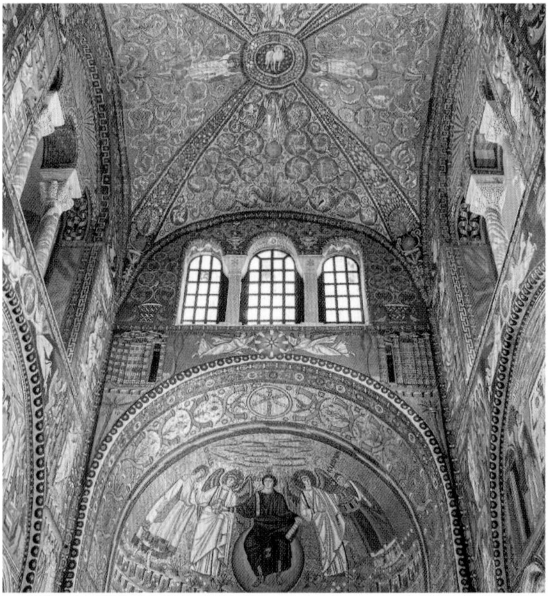

주요 핵심

라벤나의 산 비탈레 대성당은 초기 기독교 비잔틴 예술과 건축의 중요한 사례이다. 색채가 풍부하고 복잡한 모자이크 장식에는 비잔틴의 도시 정복 직후에 나타나 유스티니아누스 1세와 테오도라 황후, 예수와 사도, 그리고 꽃과 과일이 있는 메달과 성 제르바시오와 프로타시오가 묘사되었다.

산 비탈레 대성당, 건축가 미상, 서기 527~547년경, 라벤나, 이탈리아

고대 그리스 **p.14** 고대 로마 **p.16** 비잔틴 **p.17** 아르 누보 **p.36**
바위돔 사원 **p.68** 사그라다 파밀리아 **p.120**

스터코 Stucco

주요 건축가: 도미니쿠스 짐머만 • 요한 밥티스트 짐머만 • 안드레아 팔라디오 • 로버트 애덤 • 아돌프 루스 • 르 코르뷔지에

이탈리아어로 스터코는 회반죽과 스터코 모두를 의미할 수 있지만, 두 재료는 구성과 사용에 있어 상당한 차이가 있다.

석회와 모래, 물을 사용해 회반죽과 같은 전통적인 스터코를 만들었지만, 영국의 제조업자 조지프 애스프딘(1778~1855)이 1824년에 발명하고 특허를 낸 포틀랜드 시멘트는 더욱 단단해서 곧 석회 혼합 재료를 대체했다. 스터코와 비슷한 회반죽은 석회 대신 석고가 더 많이 포함된 재료이다.

건물 외관에 스터코가 더 자주 사용되었고, 내부에는 회반죽이 사용되었다. 때로는 강도와 내구성을 위해 아크릴과 유리 섬유와 같은 첨가물을 더하기도 한다. 고대 이집트와 미노아, 에트루리아, 메소포타미아 그리고 페르시아의 건물에서 스터코 부조가 발견되었지만, 스터코는 특히 르네상스 시대에 메달이나 페스툰과 같은 장식 요소로 널리 쓰였다. 바로크 건축에서는 화려한 장식을 만드는 데 스터코가 사용되었고, 신고전주의 건축에서는 기둥과 엔타블러처에 규칙적으로 스터코가 사용되었다. 1930년대에 국제 양식 건축은 매끄러운 하얀 회반죽 벽체가 유명했다.

주요 핵심

우아하고 화려한 로코코 양식과 바로크 양식이 혼합된 바이에른의 비스키르헤 내부는 건축가이자 예술가인 도미니쿠스와 요한 밥티스트 짐머만이 정교한 곡선과 도금 그리고 스터코로 꾸몄다. 이곳은 가볍고 세련된 동시에 웅장한 천국을 상징해서 평범하고 장식이 없는 외관과 극적으로 대조를 이루고 있다.

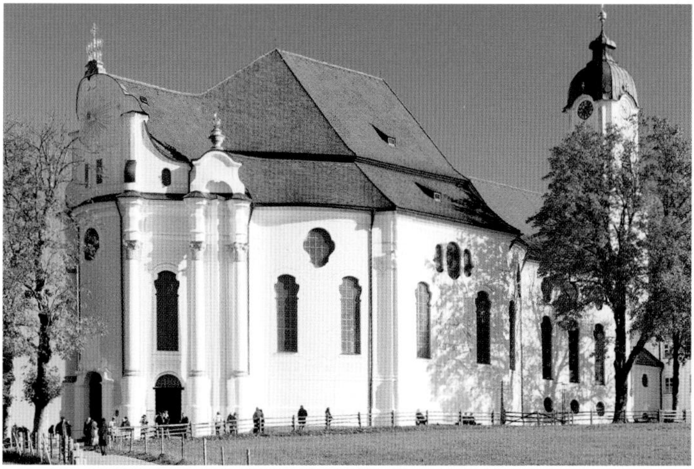

비스키르헤, 도미니쿠스 짐머만, 요한 밥티스트 짐머만, 1745~1754, 바이에른, 독일

르네상스 **p.26** 바로크 **p.29** 로코코 **p.30** 빌라 라 로톤다 **p.96**
세인트 폴 대성당 **p.106** 비스키르헤 **p.108** 미국 국회의사당 **p.112** 빌라 시보아 **p.134**

유리 Glass

주요 건축가: 조셉 팩스턴 • 루트비히 미스 반 데어 로에 • 발터 그로피우스 •
찰스 & 레이 임스 부부 • 준야 이시가미 • 이오밍 페이

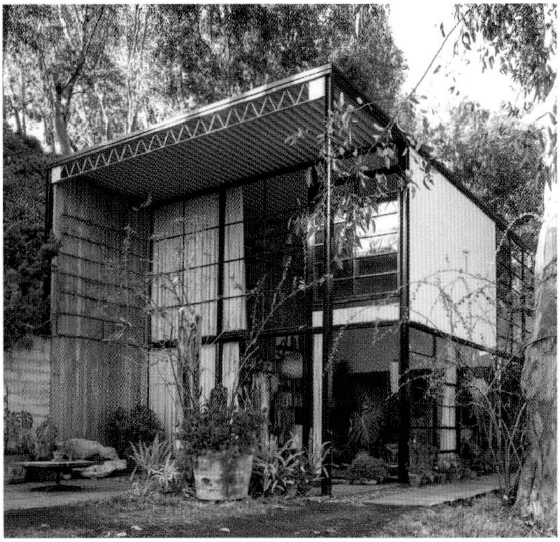

주요 핵심
부부 디자이너 찰스(1907~1978)와 레이 임스(1912~1988)는 그들이 사용할 집과 스튜디오이자 케이스 스터디 하우스 넘버 8로 알려진 임스 하우스를 설계했다. 집은 중심축을 따라 정렬된 두 개의 유리와 직육면체의 강철 상자로 구성되어 있다. 이는 강철 프레임을 중심으로 불투명 패널과 반투명 패널로 각각 구성되었다.

임스 하우스, 찰스 & 레이 임스, 1949, 캘리포니아, 미국

유리는 최소 기원전 2500년부터 제조된 것으로 알려져 있으며, 글래스 블로잉 기법은 서기 1세기에 발견되었다.

유리는 고대 로마인이 원통형 유리 거품을 세로로 잘라 평평하게 만들어 창문에 처음 사용했었다. 창문은 다음 세기에서도 크기가 작았고 보기 드물었지만, 나중에 유리 제조 공정이 발전하면서 사람들은 창문을 점점 더 많이 사용했다. 1851년 런던에서 조셉 팩스턴(1803~1865)은 만국 박람회에서 손으로 잡고 불어 만든 유리 실린더와 철로 거대한 수정궁을 설계했다.

1952년 영국의 공학자이자 사업가인 알라스테어 필킹턴(1920~1995)은 판유리를 상업적으로 판매할 목적으로 플로트 유리 공법을 발명해 균일한 두께로 유리를 만들었다. 1960년대 초부터 세계 최고의 평면 유리 제조업체들은 고품질 평면 유리 시장에서 우위를 선점하기 위해 기존 제작법을 대체할 수 있는 필킹턴 플로트 글래스 공정 라이센스를 취득했다.

강철 유리 건축은 20세기 발전의 상징으로 발전했고, 건물 전체를 유리 커튼월로 덮는 것이 가능해졌다. 기술 발전으로 많은 사람들이 곡면으로 된 유리를 만들 수 있었다.

모더니즘 p.37 바우하우스 p.43 하이테크 p.49 도제의 궁전 p.86
리트벨트 슈뢰더 하우스 p.128 퐁피두 센터 p.150

스테인드 글라스 Stained Glass

주요 건축가: 네이메헌의 아놀드 • 윌리엄 버지스 • 루이 컴포르트 티파니 • 루이스 도메네크 이 몬타네르

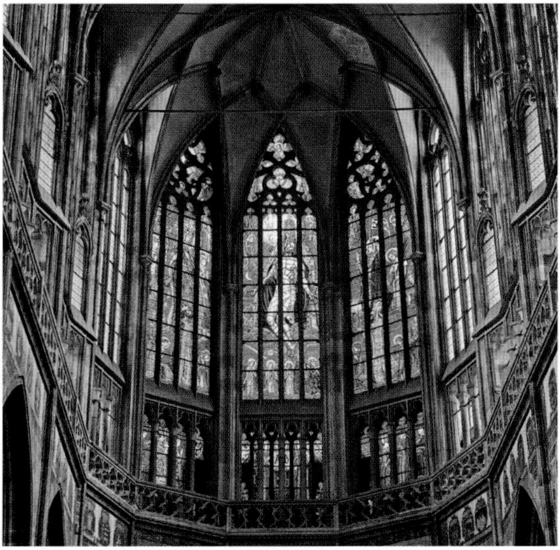

성 비투스 대성당, 아라스의 마티아스, 페터 파를러, 1344~1397, 1929년까지 간헐적으로 건축됨, 프라하, 체코

주요 핵심

프라하의 성 비투스 대성당의 화려하고 반짝이는 스테인드글라스 창문은 종교 역사와 인간 정서가 조화롭게 그려져 있고, 지구를 닮은 거대하고 화려한 색깔의 장미창에서부터 1929년에 카렐 스볼린스키(1896~1986)가 디자인한 슈바르첸베르크 예배당의 아치형 창까지 다양하다.

서기 1세기에 시돈, 티레, 안티오크에서 고대 이집트인과 페니키아인 그리고 로마인이 유리를 많이 생산했다.

그들은 제조 과정에서 금속염이나 미네랄을 첨가해서 유리를 만들었고, 시리아 상인과 선원이 중국과 유럽으로 전파했다. 처음에는 이슬람 사원, 궁전 및 공공건물에서 유색 유리가 사용되었지만, 점차 건축에서 사용이 줄어들었다.

7세기부터 유럽의 기독교 교회는 납 조각과 작은 유색 유리 조각으로 만든 창문과 함께 교회를 건축하기 시작했다. 성경 마지막 부분인 요한 묵시록에 묘사한 것처럼 스테인드 글라스 창문은 보석으로 장식된 천국의 벽을 상징한 것이다. 고딕 교회는 글을 모르는 신도와 소통해야 했기에 아주 큰 스테인드 글라스 창문에 성경 이야기를 그려 넣었다. 12세기와 13세기 프랑스 대성당에는 크고 정교한 원형의 장미창이 설치되었다.

1893년 아르 누보 시기에 루이 컴포르트 티파니(1848~1933)는 무지개 빛깔 파브릴 글래스를 개발해 웅장한 건축물의 스테인드 글라스 창문에 사용했다.

고딕 p.25 샤르트르 대성당 p.78 산타 마리아 델 피오레 대성당 p.82 사그라다 파밀리아 p.120

철 Iron

주요 건축가: 구스타브 에펠 • 찰스 배리

8세기부터 중국 건축에 철이 사용되었지만, 18세기가 되어서야 철의 사용 범위가 광범위해졌다.

대량으로 저렴하게 구매할 수 있었던 철은 유럽에서 다리나 철도역과 같은 구조물에서 넓은 스팬을 지지하기 위해 사용되었다. 철은 돌로 조각하는 것보다 정교한 형태로 다양하게 주조가 가능해서 오랫동안 건축가들이 철을 사용해 많은 역사 건축물 파사드를 모방했었다. 초기에 일부 건물에서 주철빔이 부러져 건물 전체가 무너지는 경우도 있긴 했지만, 주철은 아주 무거운 것을 지지할 수 있을 만큼 견고해서 공장 구조물에 사용되었다.

아무리 큰 철 구조물이라도 쉽게 조립할 수 있고, 세계 곳곳으로 이송할 수 있어서 효율성이 굉장히 높다. 주철 기둥은 석조 기둥보다 얇아서 공간 효율성 또한 높다. 그래서 철은 서서히 새로운 미학을 만들어냈다. 1851년에 조셉 팩스턴이 거대한 강철 유리 구조물인 런던의 수정궁(Crystal Palace)을 만들고 난 뒤에 세계 곳곳에 모방 건축물이 생겨났다.

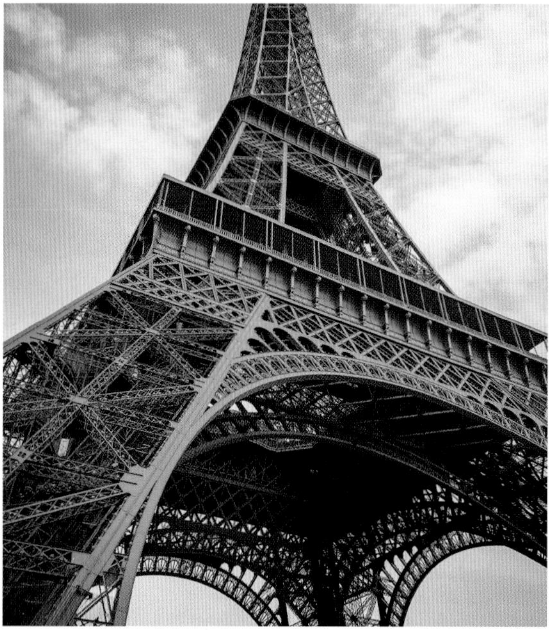

주요 핵심
1889년 만국 박람회에 전례 없는 높이와 형태로 지은 임시 건축물이었던 구스타브 에펠(1832~1923)의 에펠탑은 지어지자마자 큰 반향을 일으켰다. 격자형 연철로 만들어진 에펠탑은 석조 교각 기둥 위에 설치한 네 개의 거대한 아치형 다리가 위로 갈수록 점점 좁아지는 형태의 테이퍼링 타워와 만나 하나의 구조물을 이룬다.

에펠탑, 구스타브 에펠, 1887~1889, 파리, 프랑스

고딕 리바이벌 **p.32** 웨스트민스터 궁전 **p.114** 칼츠플라츠 지하철 역 **p.124**

강철 Steel

주요 건축가: 루이스 설리번 • 윌리엄 르 배런 제니 • 이오밍 페이 • 자하 하디드 • 프랭크 로이드 라이트 • 모쉐 사프디 • 노먼 포스터 • 브루스 프라이스

19세기 후반에 철은 대부분 강철로 대체되었는데, 강철은 유연하고, 균일하며, 응력에 대한 저항도 크다.

철, 탄소 그리고 기타 원소의 합금인 강철은 인장 강도가 높고, 생산 비용이 저렴하다. 기원전 1800년경에 아나톨리아에서 강철을 생산했었다는 증거가 발견되었지만, 19세기 중반에 이르러서야 강철을 건축에 사용할 수 있을 만큼 대량으로 생산되었다. 1855년, 영국의 발명가 헨리 베서머(1813~1898)는 강철을 대량으로 생산하기 위해 최초의 저가 산업 공정을 만들었다.

점차 강철은 많은 건축 상황에서 철을 대체했다. 강철을 최초로 사용한 곳은 다리였다. 강철은 매우 강하기 때문에 오픈 플랜 방식의 실내와 고층 빌딩 개발에 필수 요소였다. 완전한 철골조의 대표 건축물은 브루스 프라이스(1845~1903)가 설계한 뉴욕의 아메리칸 슈어티 빌딩(1894~1896)이다. 파리의 퐁피두 센터도 외부는 거대한 강철 프레임으로, 내부는 거대한 강철 트러스로 지었다.

주요 핵심

1990년 독일의 재통일 이후 노먼 포스터는 베를린에 국회의사당을 재건했다. 독일의 통일과 민주주의 그리고 자유를 상징하는 국회의사당의 연방의회 회의실에서 사람들이 도시 전체를 한눈에 내려다볼 수 있게 건축물을 강철과 유리 돔으로 설계했다.

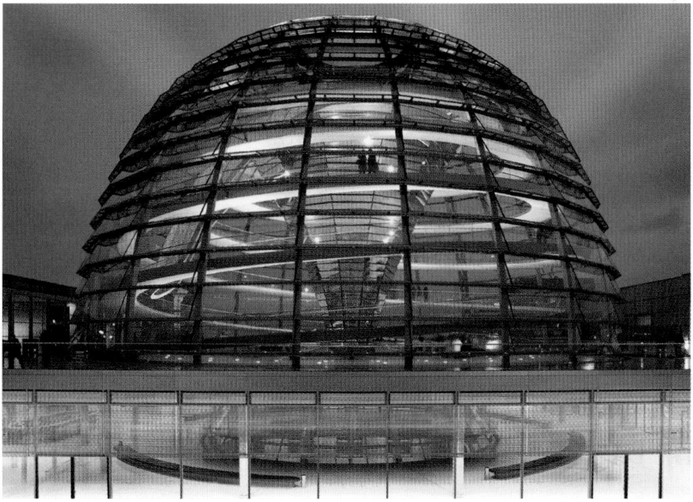

독일 국회의사당(국가의회의사당), 파울 발로트, 1884~1894 / 노먼 포스터, 1995~1999, 베를린, 독일

시카고 학파 **p.34** 하이테크 **p.49** 웨인라이트 빌딩 **p.122** 바우하우스 빌딩 **p.130**
크라이슬러 빌딩 **p.132** 시그램 빌딩 **p.140** 퐁피두 센터 **p.150**

알루미늄 Aluminium

주요 건축가: 오토 바그너 • 프랭크 로이드 라이트 • 루드비히 미스 반 데어 로에 • 에로 사리넨 • 리처드 노이트라

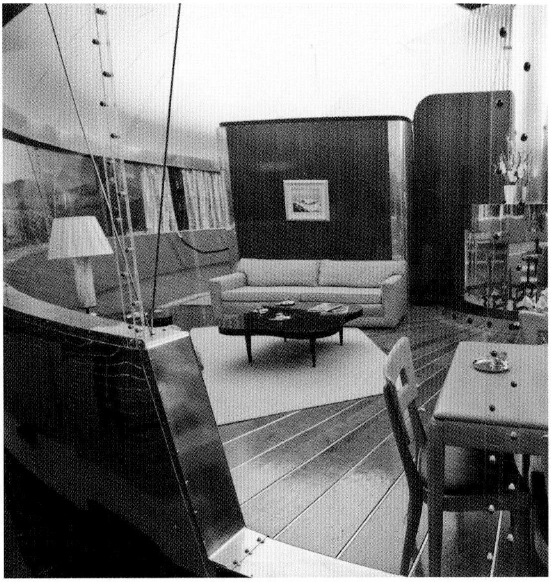

주요 핵심
1927년, 버크민스터 풀러는 거의 모든 곳에서 지을 수 있는 무게 3톤 이하 조립식 집을 설계했다. 다이맥시언 하우스는 공장에서 여러 버전의 키트로 제작해 현장에서 조립했다. 제2차 세계 대전 후에 두 개의 프로토 타입으로 생산하다가 하나로 샘플로 결합했다.

다이맥시언 하우스, 버크민스터 풀러, 1948, 미시건, 미국

알루미늄은 강하고 가벼운 데다가 부식하지 않고, 내구성이 강해 오래 사용할 수 있으며, 어떤 형태든 만들 수 있는 재활용이 용이한 재료이다.

19세기 말에 광석 보크사이트에서 금속을 저렴하게 추출할 수 있는 방법이 발견되어 1920년대에 대량으로 추출이 가능해졌다. 알루미늄은 사용 가능성이 높아지고, 비용은 낮아지면서 건축가가 쉽게 사용할 수 있었다.

건축 작업에서 알루미늄이 처음 사용된 곳은 첨탑으로 유명한 뉴욕의 엠파이어 스테이트 빌딩(1929~1931)이었다(44쪽 참조). 빔과 창, 문틀뿐만 아니라 특히 파사드와 커튼월과 같은 건축 요소에서 알루미늄이 사용되기 시작했다. 수많은 건물에서 무거운 유리판을 지지하는 데에서도 알루미늄 합금이 사용된다.

노먼 포스터가 설계한 독일 프랑크푸르트의 코메르츠방크 타워(1994~1997)는 유럽에서 가장 높은 건물 중 하나이며, 외부는 레인 스크린으로 양극 처리된 알루미늄 패널로 지었으며, 압출 알루미늄은 환기를 돕는다. 여전히 강철보다 비싸긴 하지만, 알루미늄 프레임이 있는 많은 고층 건축물은 어느 때보다 에너지 효율성이 높다.

플라스틱 Plastic

주요 건축가: 피터 쿡 • 콜린 푸르니에 • 니콜라스 그림쇼 • 리싱강 • 크리스 보스

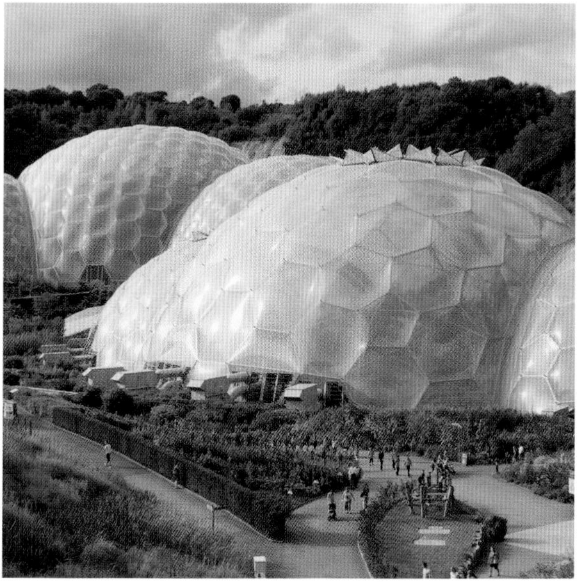

주요 핵심

콘월에 있는 에덴 프로젝트에서 강철 프레임으로 만든 ETFE 플라스틱 다각형 이중막은 지오데식 온실 '바이옴'에서 사용했다. 교체가 쉬운 셀 안에서 한 쪽은 열대우림을, 다른 한 쪽은 지중해 기후를 시뮬레이션하는 환경을 만들어 냈다. 각 돔에는 수천 종의 식물이 무성하게 잘 자라고 있다.

에덴 프로젝트, 니콜라스 그림쇼, 1998~2001, 콘월, 영국

가볍고 적응력이 좋아 오래가는 플라스틱과 폴리머는 건축에서 광범위하게 사용하는 최신 합성 재료이다.

최초의 반합성 플라스틱을 19세기 중반에 개발했지만, 사용은 제한적이었다. 제2차 세계대전 직전에 아크릴과 폴리에틸렌, PVC, 폴리스티렌 그리고 나일론을 도입했지만, 1970년대까지는 건축에서 거의 사용하지 않았고, 일부만 에너지 절약과 비용 절감에 도움을 주었다. 피터 쿡(1936~)과 콜린 푸르니에(1944~)가 만든 오스트리아의 바이오모픽 쿤스트하우스 그라츠(2001~2003)는 각도에 따라 색이 변하는 푸른색 반투명 아크릴 플라스틱 스킨이 태양광 패널과 함께 덮여 있다.

내후성이 강한 폴리머인 ETFE(에틸렌 테트라플루오로에틸렌)는 가벼운 성질이 있는 데다가 내구성 역시 뛰어나 여러 곳에서 이 재료를 사용했고, 헤르조그 앤 드 뫼롱과 아이 웨이웨이가 지은 베이징 국립 경기장(2003~2008)과 PTW 아키텍츠의 베이징 국립 아쿠아틱 센터(2004~2007)를 비롯한 많은 프로젝트에서도 이 재료를 사용했다. 국립 경기장 건축 살 사이에 붉은색 ETFE 쿠션을 사용했고, 국립 아쿠아틱 센터는 세계 최대 규모의 ETFE를 입힌 구조물이다.

몬트리얼 바이오스피어 p.148

탄소 섬유 Carbon Fibre

주요 건축가: 아킴 멩게스 • 모리츠 도르스텔만 • 마리아 야블로니나

강하고 가벼운 탄소 섬유는 진공 상태에서 열과 압력으로 플라스틱 고분자 수지와 결합된 얇은 탄소 필라멘트를 구성한다.

탄소 섬유는 강철보다 가볍지만 강도는 5배, 강성은 2배, 무게는 상당히 적은 신소재이다. 19세기 후반 조셉 스완(1828~1914)과 토마스 에디슨(1847~1931)을 포함한 많은 발명가들이 초기 백열 전구용 필라멘트를 만들기 위해 면과 대나무를 탄화하면서 처음 생산했다. 점차적으로 사용이 많아지긴 했지만, 21세기 초가 되어서야 건축에 사용할 수 있을 만큼 충분히 많은 양의 탄소 섬유가 생산되었다.

요즘에는 강화 콘크리트, 시멘트 및 기타 재료와 함께 탄소 섬유를 사용해 다른 건축 재료보다 가격이 저렴한 수준에 이르렀다. 그러나, 현재 많은 건축가들이 19세기 말에 철을 많이 사용한 것처럼 단순히 잘나가는 건축 재료를 흉내 내려고 탄소 섬유를 사용하는 경향이 있다. 탄소섬유는 철이 잘 나갈수록 더 혁신적인 방법으로 사용될 것이다.

주요 핵심

엘리트라 필라멘트 파빌리온은 날아다니는 딱정벌레 겉날개의 섬유 구조를 착안해 유리와 탄소 섬유로 만들었다. 슈투트가르트 대학에서 개발한 로봇이 각각의 부품으로 만든 필라멘트 구조는 200제곱미터가 넘지만 무게는 2.5톤 미만으로 강하고 가볍다.

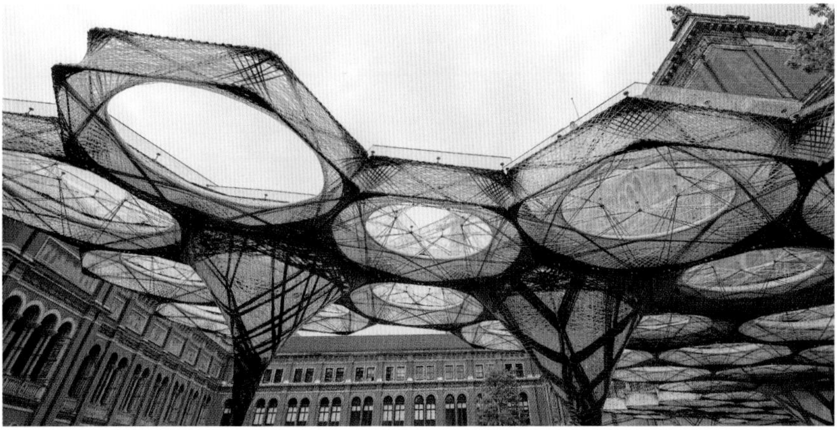

엘리트라 필라멘트 파빌리온, 에킴 멩게스, 모리츠 되리스텔만, 얀 니퍼스, 토마스 아우어, 2016, 런던, 영국

하이테크 p.49

재생 자원 Recycled Materials

주요 건축가: 렌조 피아노 • 노먼 포스터 • 빌 던스터 • 얀 욘게르트 • 왕슈 • 파헤드 마지드

건축에서 회수한 자재를 재활용하면 폐기물을 줄일 수 있고, 비용을 절약할 수 있어서 환경에 긍정적인 영향을 준다.

벽돌, 타일, 장식품과 같은 귀중한 건축 요소들을 재사용하면서 수 세기 동안 건축에서 재활용이 이루어졌다. 20세기 후반부터는 건축 자재 재사용의 중요성을 강조해 지속 가능한 디자인으로 혁신적이고 효과적인 예술적인 표현을 만들었다.

나무, 벽돌, 타일, 유리와 같은 요소뿐만 아니라 병, 링 당김 캔, 고무 타이어와 같은 생각하지도 못했던 재료를 건축 디자인에 재활용하는 것이 이 '녹색 혁명' 기간 동안 보편화되었다. 나이지리아 옐와에 있는 엔지니어 타테 레흐비브 브라이카의 주택은 모래로 채우고, 진흙으로 고정을 한 페플라스틱 병으로 만들었다. 이전에 다른 용도로 사용되었던 재료를 사용하면 에너지 요구량과 배출량은 감소한다. '창의적인 재사용'은 건물 전체가 본래의 기능 이외의 용도로 재활용하는 것이다.

주요 핵심

2012년 프리츠커상 수상자인 왕슈(1963~)는 대나무, 타일, 벽돌 등 현지에서 재사용할 수 있는 재료를 사용하여 닝보 박물관을 설계했다. 내부는 각 층마다 다르다. 경사진 2층은 닝보의 바다 무역 역사의 중요성을 가진 이 지역을 산과 배의 형태로 만들었다.

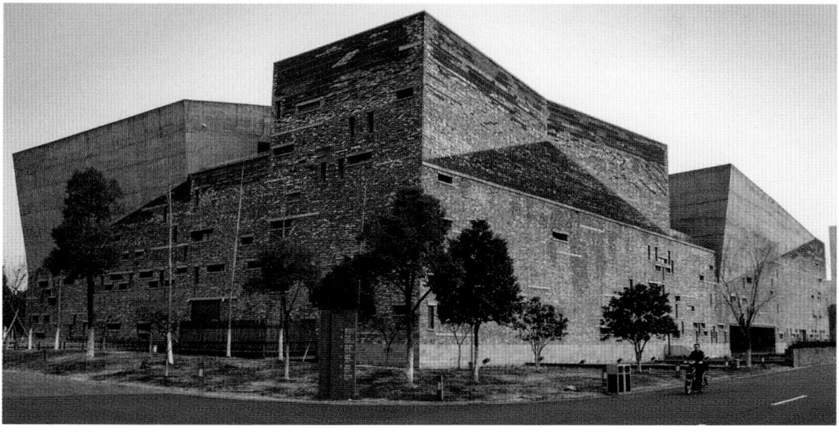

닝보 박물관, 왕슈, 2007~2008, 저장성, 중국

지속 가능한 건축 **p.50** 보스코 베르티칼레 **p.158**

복합 재료 Composite Materials

주요 건축가: 이오밍 페이 • 자하 하디드 • 구마 겐고 • 데이비드 아자예

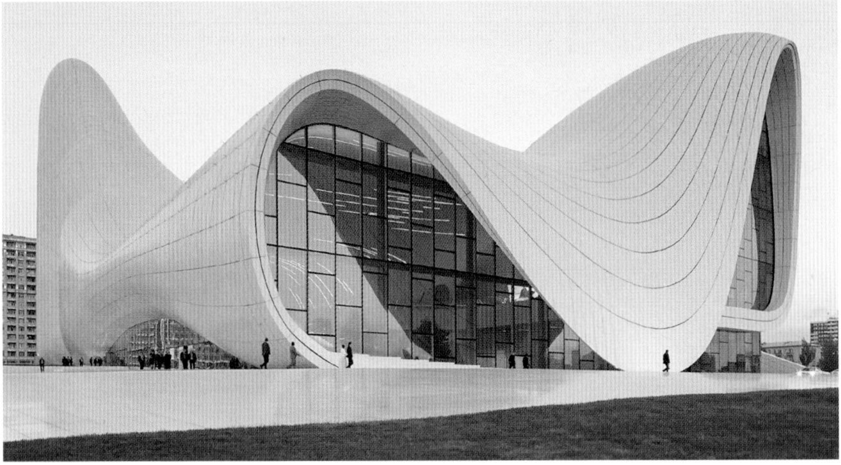

헤이다르 알리예프 문화 센터, 자하 하디드, 2007~2012, 바쿠, 아제르바이잔

진흙 벽돌과 콘크리트는 건축에 사용된 가장 오래된 복합 재료이다. 20세기 후반이 지나 사람들은 더 많은 복합 재료를 발명했다.

셀룰로오스 섬유를 리그닌으로 접착해서 만든 천연 합성물 목재와 이 강도에서 만든 공학 목재 합판은 서로 다른 목적으로 사용되고 있다. 철근 콘크리트를 처음 발명했을 때 강도와 사용성은 건축 분야에서 혁신적이었다. 이후에 철근(rebar, reinforcing bar의 줄임말)과 합성 섬유 그리고 천연 섬유 등 다양한 재료로 콘크리트에 보강되었다.

최근의 복합 건축 자재는 가볍고, 내구성과 부식에 강해 유지 관리가 용이하다. 일부는 특정 용도로 정확하게 사용할 수 있지만, 비싼 가격이 단점이다. 그러나 섬유 글라스와 일부 가공한 라미네이트는 다양한 용도에 맞게 적합하게 사용된다. 섬유 강화 폴리머(FRP)는 여러 면을 가진 폴리머 수지에 유리와 탄소 섬유를 결합해 만들어진다. 튼튼하고 내구성이 뛰어나고, 방수가 가능하며, 여러 용도로 사용할 수 있는 이 제품은 건축가 스노헤타가 샌프란시스코 현대미술관(2010~2016) 파사드에 사용했다.

주요 핵심

아제르바이잔의 헤이다르 알리예프 문화 센터는 건물을 감싸는 곡선으로 되어있다. 철근 콘크리트와 철골, 합성보와 데크로 이루어진 이 건축물은 곡선 형태의 건축물에 주로 사용되는 흰 유리섬유 강화 플라스틱(GFRP, Glass FRP)로 덮여있다.

모더니즘 p.37 하이테크 p.49 해비타트 67 p.146 퐁피두 센터 p.150

티타늄 Titanium

주요 건축가: 프랭크 게리 • 폴 앙드루 • 다니엘 리베스킨트

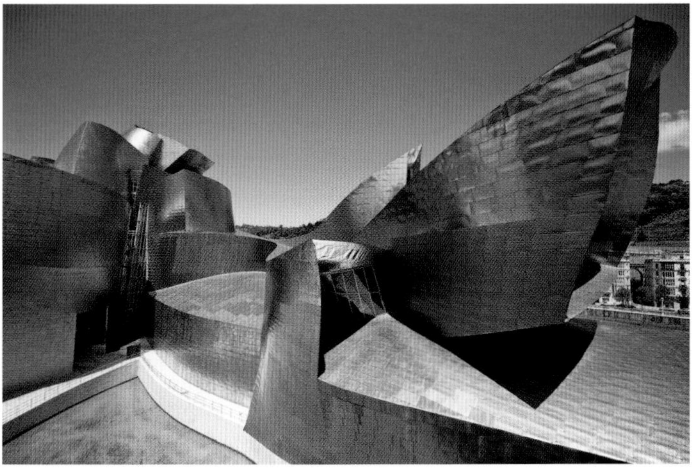

구겐하임 미술관,
프랭크 게리,
1992~1997,
빌바오, 스페인

가벼운 데다가 튼튼하고 내구성까지 좋은 티타늄은 훌륭한 절연체로 건물의 에너지 효율을 높일 수 있다.

티타늄은 1970년대부터 주택은 물론 박물관과 사원 그리고 신사와 같은 다양한 건축물에 건축가들이 폭넓게 사용하고 있다.

뛰어난 내식성으로 해안 지역의 염분이 많은 까다로운 환경에서도 특정 건축 설계가 가능하며, 충격에 강해 지진이 발생하기 쉬운 위치에도 적합하다. 환경 오염 물질에 영향을 받지 않아 튼튼해서 재활용이 가능한 제품으로 환경 친화적이라는 평가를 받고 있다.

티타늄이 건축에 사용되는 또 다른 장점은 산소에 대한 저항력이 강한 점이다. 수분이나 공기에 노출되면 자발적으로 티타늄 위에 산화막을 형성해 티타늄을 보호해 부식 방지 코팅이 따로 필요 없다. 이 기능을 사용하여 폴 앙드루(1938~2018)는 베이징 국립 공연 예술 센터(2001~2007)를 인공 호수 위에 물방울이나 계란이 떠있는 것처럼 보이기 위해 티타늄 및 유리 타원체 돔으로 설계했다.

주요 핵심

캐나다계 미국인 건축가인 프랭크 게리는 사무실 밖에서 금속 샘플을 핀으로 고정해 실험을 해본 뒤에 빌바오 구겐하임 미술관 외부를 아주 얇은 티타늄 시트 33,000장으로 덮었다. 석회암과 유리가 섞여있는 굴곡진 스킨은 날씨와 시간에 따라 색이 변하며 빌바오의 역사를 떠올리게 한다.

하이테크 p.49 해체주의 p.51

건축 용어

가르바그리하 힌두 사원에서 가장 안쪽에 배치된 성당.

고푸람 인도 남부의 힌두 사원 입구에 있는 기념비적인 문루탑. 고푸라라고도 함.

그로인 볼트 직각으로 교차하는 2개의 배럴 볼트.

기둥 양식 기둥 유형으로 정의된 고전적인 건축 양식. 고대 그리스와 로마의 3가지 주요 기둥 양식은 연대순으로 도리스식, 이오니아식, 코린트식으로 구성.

기둥(필러) 기둥과 유사한 크고 장식이 없는 구조 지지대.

난간 줄지어 서 있는 난간 동자로 받쳐진 가로장.

난간(파라펫) 낙하 방지를 위해 파사드의 꼭대기 같은 곳에 설치된 낮은 보호벽.

랜턴 돔 꼭대기에 창이 있는 원통형 또는 다각형의 구조물. 돔 바닥은 빛이 아래 영역으로 들어올 수 있도록 열려 있음.

로지아 한 방향 혹은 양방향의 측면으로 열린 콜로네이드 갤러리.

마치콜레이션 방어 목적으로 사용되는 배틀 정착지의 지지 코벨 사이의 개구부.

망사르드 지붕 4개의 경사면이 중간 아래로 갈수록 가파른 형태로 된 지붕.

멀리온(중간 선대) 유리 창문 사이에 세로를 가로지르는 막대.

모임 지붕 측면과 끝이 경사진 지붕.

미나레트 모스크 근처에 양파처럼 생긴 원뿔형의 높은 첨탑으로, 신도들에게 기도 시간을 알리는 데 사용되곤 함.

미흐라브 모스크 벽에 기도의 방향을 나타내는 반원형으로 움푹 들어간 자리.

바실리카 신랑이 통로보다 더 높은 로마 회의장을 모티브로 한 사각형의 중세 교회.

박공 삼각형 모양으로 된 경사진 지붕. 장식으로 활용되기도 함.

발다킨 제단이나 왕좌 위에 있는 설치된 캐노피, 발다키노라고도 불림.

배랑 교회 정면에 기둥으로 이루어진 현관 또는 신랑과 통로 앞에 있는 교회 내부 가로 대기실.

배럴 볼트 통이나 터널처럼 세로로 반으로 자른 가장 단순한 형태의 천장. 터널 또는 웨건 볼트라고도 함.

밸러스터(난간 동자) 난간을 받치는 작은 기둥.

버내큘러 건축(토속 건축) 전통적인 구조물을 새롭게 만들기 위해 지역 재료를 사용하는 건축 양식.

버트레스 벽을 지탱하는 돌이나 벽돌 공예; 버팀목은 건축물의 바깥쪽으로 나와 있는 아치 또는 반호.

베스트베르크 카롤링거와 오토 왕조 혹은 로마네스크 교회의 기념비적인 서쪽 입구.

벽기둥(필라스터) 벽 표면에 부착되어 약간 돌출된 비구조적인 직사각형 기둥.

비하라 '걸을 수 있는 한적한 곳'이라는 의미의 불교 수도원.

사엽장식(콰트레포일) 꽃잎이나 클로버의 네 잎을 닮은 장식.

설리언 팔라디오에 의해 대중화된 창문으로 아치형이 아닌 2개의 짧은 창이 아치형 창문 양 옆에 있다.

성첩 포탑과 흉벽으로 구성된 성벽의 일부분.

세례당 교회에서 세례 의식이 행해지는 공간 또는 교회 근처의 별도 건물.

셀라 신전의 방 또는 로마 건축의 상점; 나오스라고도 함.

쇼지 격자무늬 나무틀로 만든 미닫이 외문이나 창문에 질기고 반투명한 흰 종이를 덮은 일본 건축 방식.

스퀸치 돔과 같은 상부 구조를 떠받든 정사각형 타워 안에서 비스듬하게 가로질러있는 직선형 또는 아치형 구조물.

스투파 부처와 관련된 신성한 유물을 보관하는 불교 기념비.

시누아즈리 중국 양식을 모방한 17세기와 18세기의 유럽 양식.

시카라 비마나라고도 알려진 힌두 사원.

아디스타나 불교와 힌두교 사원을 지지하는 돌출된 받침대.

아르다만다파 힌두교 사원의 현관(안타랄라)이거나 현관 앞에 있는 하프 파빌리온. 측면이 닫혀 있고 전면이 열려 있음.

아케이드 기둥으로 지지된 아치 혹은 천장이 덮인 통로.

아키트레이브 기둥이 지지하는 수평 빔으로, 엔타블러쳐의 가장 낮은 부분.

안타 그리스 신전 입구 양쪽에 서 있는 기둥으로 파라스타라고도 함.

앱스 교회 강단 끝에 있는 반원형 혹은 다각형의 공간.

엔타블러처 기둥과 주두 위에 설치된 고전 기둥 양식을 만들어진 상부 구조물.

엔타시스(배흘림 양식) 오목해지거나 좁아지는 착시 현상을 막기 위해 기둥이나 첨탑 중간을 약간 볼록하게 만든 곡선.

여닫이 창 세로 창틀에 경첩이 달려있어 옆으로 열리는 창.

오리엘 창 브라켓으로 지지된 돌출 창문.

오지 아치 양쪽으로 S자 모양의 곡선이 있는 뾰족한 아치.

오큘러스 로마 판테온의 지붕처럼 돔 중앙에 있는 원형 개구부.

응회암 화산재로 만들어진 암석의 일종.

인방(린텔) 창문이나 문 위로 설치되어 벽의 무게를 지지하는 수평 빔.

젤리지 모로코에서 널리 생산되는 석고를 하나씩 조각한 기하학적 형태의 모자이크 타일

조적 겹친 벽돌 쌓기.

주두 상인방이나 엔타블러처, 아케이드 아래에 있는 벽 기둥, 교각 기둥, 기둥의 머리 부분

주보랑 작은 예배당이 이어지는 교회의 앱스 주변으로 나있는 통로.

차이트야 한쪽 끝에 스투파가 있는 사원 혹은 기도당, 차이트야-그리하라고도 함.

차트라 사원 꼭대기에 삼중으로 된 우산 모양 구조물을 지지하는 기둥. 불교의 3가지 보물인 삼보(三寶), 트리안타(Triantha)를 상징. Chatra가 표준 용어이고, chhatra, chattra라고도 함.

첨탑 교회와 같은 건축물 위에 가늘고 뾰족한 건축 구조물.

카베토 원의 4분의 1 정도로 돌출된 오목한 몰딩.

캄파닐레(종탑) 이탈리아의 종탑으로 교회 건물에서 떨어져 있음.

캔틸레버 한쪽 끝을 지지해 다른 쪽 끝의 하중을 분산시킨 고정된 보 또는 발코니.

커튼월 무게를 떠받치지 않은 유리벽 혹은 성 외벽.

코니스 엔타블러처 꼭대기에 수평으로 돌출된 몰딩.

코벨 조각된 돌, 나무 혹은 금속으로 만든 벽에서 돌출된 브라켓.

콜로네이드 연속의 아치 혹은 수평의 엔타블러처를 지지하는 기둥.

쿠폴라 빛을 들이고 공기를 순환하거나 망을 보기 위해 만들어진 건물 꼭대기에 있는 작은 돔 혹은 육각형, 팔각형의 탑. 벨베데레 궁전의 큐폴라는 정사각형 모양으로 되어있음.

크레넬레이션 높은 성벽에서 톱니바퀴처럼 아래 위 들쑥날쑥한 모양으로 방어 목적으로 만든 구조물. 배틀먼트(battlement)라고도 함.

크로싱 첨탑 혹은 돔이 건물 위에 설치된 교회의 신랑과 익랑이 교차하는 구역.

클레어스토리(고측창) 교회 신랑 위층에 뚫려있는 창문.

키스톤(쐐기돌) 아치 또는 둥근 천장의 꼭대기에서 다른 돌을 제자리에 고정하는 쐐기 모양의 돌

터렛 원통형 혹은 원뿔형 지붕라인으로 만들어진 작은 탑.

트랜섬 개구부 윗부분을 가로지르는 수평 가로대, 창문 위에 있는 문을 트랜섬 창이라고 함.

트러스 지붕과 같은 구조물을 지지하는 나무 혹은 금속으로 만든 견고한 틀.

트레이서리 고딕 양식 유리창을 지탱하는 장식돌.

트렌카디스 카탈루냐 모더니즘에서 인기가 있었던 깨진 타일과 도자기로 만든 모자이크의 일종.

트리포리움 교회의 신랑, 성가대, 익랑의 아치 위에 있는 갤러리 혹은 아케이드.

파고다 주로 중국, 일본, 한국에서 발견되는 여러 지붕으로 이루어진 층탑.

파사드 건물 외벽의 전면부.

페디먼트 포티코 위 삼각형의 건축 구조물.

펜덴티브 정사각형이나 다각형 구조물 위에 석조 돔을 올릴 수 있도록 만든 곡선형의 삼각형 석조 구조물.

포티코 기둥 혹은 벽기둥으로 삼각 페디먼트 지붕을 받친 현관.

프리즈 엔타블러쳐 가운데 부분을 조각한 장식 띠.

필로티 르 코르뷔지에가 대중화시켜 국제 건축 양식 건축물에 널리 사용되는 기둥.

필론 현수교 혹은 고속도로를 지지하는 구조물, 고대 이집트 신전으로 가는 기념비적인 관문

하이포스타일 여러 기둥이 지붕을 지지하고 있는 홀.

한옥 14세기에 처음 지어진 한국 전통 가옥.

해머빔 고딕 시대에 영국에서 유행했던 하늘이 열린 목재 장식 지붕 트러스.

홍예석 아치나 볼트에 있는 쐐기 모양의 돌. 키스톤과 스프링거(아치의 양쪽 맨 아랫돌)가 가장 눈에 잘 띔.

후스마 옆으로 공간을 여닫을 수 있는 일본 전통 건축의 직사각형 문.

찾아보기

이탤릭체는 주요 이미지를, 볼드 처리한 것은 주요 항목을 나타냅니다.

ㄱ

ㄴ

ㄷ

ㅈ

ㅎ

영문

이미지 출처

10 Bildarchiv Monheim GmbH/Alamy Stock Photo. **12** Art Kowalsky/Alamy Stock Photo. **13** F1online digitale Bildagentur GmbH/Alamy Stock Photo. **14** Andriy Kravchenko/Alamy Stock Photo. **15** Dinodia Photos/Alamy Stock Photo. **16** Robert Zehetmayer/Alamy Stock Photo. **17** Efrain Padro/Alamy Stock Photo. **18** Miguel Angel Muñoz Pellicer/ Alamy Stock Photo. **19** Andrey Khrobostov/Alamy Stock Photo. **20** mediacolor's/Alamy Stock Photo. **21** Bhaswaran Bhattacharya/Alamy Stock Photo. **22** geogphotos/Alamy Stock Photo. **23** Leonid Serebrennikov/Alamy Stock Photo. **24** Sergey Dzyuba/Alamy Stock Photo. **25** Prisma by Dukas Presseagentur GmbH/Alamy Stock Photo. **26** Andrea Matone/Alamy Stock Photo. **27** dbimages/Alamy Stock Photo. **28** Jan Zoetekouw/Alamy Stock Photo. **29** robertharding/ Alamy Stock Photo. **30** Jon Bower Russia/Alamy Stock Photo. **31** Philip Scalia/Alamy Stock Photo. **32** Robert Zehetmayer/Alamy Stock Photo. **33** Stephen Saks Photography/Alamy Stock Photo. **34** Granger Historical Picture Archive/Alamy Stock Photo. **35** The National Trust Photolibrary/Alamy Stock Photo. **36** Adwo/Alamy Stock Photo. **37** Novarc Images/Alamy Stock Photo. **38** Nick Higham/Alamy Stock Photo. **39** NMUIM/Alamy Stock Photo. **40** Prisma by Dukas Presseagentur GmbH/Alamy Stock Photo. **41** Martin Bond/Alamy Stock Photo. **42** Olivier Martin Gambier/ ARTEDIA/VIEW/Alamy Stock Photo. **43** Agencja Fotograficzna Caro/Alamy Stock Photo. **44** imageBROKER/Alamy Stock Photo. **45** NiKreative/Alamy Stock Photo. **46** Alf Ribeiro/Alamy Stock Photo. **47** Philip Scalia/Alamy Stock Photo. **48** Bildarchiv Monheim GmbH/Alamy Stock Photo. **49** Peter Scholey/Alamy Stock Photo. **50** John Lander/ Alamy Stock Photo. **51** Giovanni Guarino Photo/Alamy Stock Photo. **52** Historic Collection/Alamy Stock Photo. **54~55** mageBROKER/Alamy Stock Photo. **56~57** Constantinos Iliopoulos/Alamy Stock Photo. **58~59** ephotocorp/Alamy Stock Photo. **60~61** Angelo Hornak/Alamy Stock Photo. **62~63** JLImages/Alamy Stock Photo. **64~67** imageBROKER/Alamy Stock Photo. **68~69** Sean Pavone/Alamy Stock Photo. **70~71** TravelMuse/Alamy Stock Photo. **73** mayphotography/ Alamy Stock Photo. **74~75** Peter Sumner/Alamy Stock Photo. **76~77** Peter Horree/Alamy Stock Photo. **79** Prisma by Dukas Presseagentur GmbH/Alamy Stock Photo. **80~81** Jan Wlodarczyk/Alamy Stock Photo. **82~85** Jan Wlodarczyk/ Alamy Stock Photo. **86~87** B.O'Kane/Alamy Stock Photo. **89** Jesse Kraft/Alamy Stock Photo. **91** Sergey Borisov/Alamy Stock Photo. **92~93** Zoonar GmbH/Alamy Stock Photo. **95** Sergey Borisov/Alamy Stock Photo. **96~97** Stefano Politi Markovina/Alamy Stock Photo. **99** David Pearson/Alamy Stock Photo. **100~101** travelbild-asia/Alamy Stock Photo. **102~105** Elena Korchenko/Alamy Stock Photo. **106~107** Jeff Gilbert/Alamy Stock Photo. **108~109** robertharding/Alamy Stock Photo. **110~111** robertharding/Alamy Stock Photo. **112~113** Llewellyn/Alamy Stock Photo. **114~115** Ian Shaw/ Alamy Stock Photo. **116~117** The National Trust Photolibrary/Alamy Stock Photo. **119** rudi1976/Alamy Stock Photo. **121** robertharding/Alamy Stock Photo. **123** Historic Collection/Alamy Stock Photo. **124~125** Michael Brooks/Alamy Stock Photo. **126~127** Gavin Hellier/Alamy Stock Photo. **129** Ger Bosma/Alamy Stock Photo. **130~131** Iain Masterton /Alamy Stock Photo. **133** JRC, Inc. /Alamy Stock Photo. **134~137** © FLC/ADAGP, Paris and DACS, London 2019. Bildarchiv Monheim GmbH/Alamy Stock Photo. **138~139** Nick Higham/Alamy Stock Photo. **141** Philip Scalia/Alamy Stock Photo. **142~143** Dennis MacDonald/Alamy Stock Photo. **144~145** robertharding/Alamy Stock Photo. **146~147** Eric Brown/Alamy Stock Photo. **148~149** NiKreative/Alamy Stock Photo. **150~151** Ian Dagnall/Alamy Stock Photo. **153** Nikreates/Alamy Stock Photo. **154~155** Michal Sikorski/Alamy Stock Photo. **156~157** Edmund Sumner-VIEW/Alamy Stock Photo. **159** UMB-O/Alamy Stock Photo. **160~161** Jochen Tack/Alamy Stock Photo. **162** Jan Wlodarczyk/Alamy Stock Photo. **164** Zoonar GmbH/Alamy Stock Photo. **165** John Kellerman/Alamy Stock Photo. **166** Jan Wlodarczyk/ Alamy Stock Photo. **167** robertharding/Alamy Stock Photo. **168** JL Images/Alamy Stock Photo. **169** Trevor Smithers ARPS/Alamy Stock Photo. **170** Kavalenkava Volha/Alamy Stock Photo. **171** Stephan Stockinger/Alamy Stock Photo. **172** RooM the Agency/Alamy Stock Photo. **173** John Baran/Alamy Stock Photo. **174** Tim Graham/Alamy Stock Photo. **175** Gaertner/Alamy Stock Photo. **176** Michael Jenner/Alamy Stock Photo. **177** Vichaya Kiatying-Angsulee/Alamy Stock Photo. **178** Arterra Picture Library/Alamy Stock Photo. **179** JLBvdWOLF/Alamy Stock Photo. **180** John Warburton-Lee Photography/Alamy Stock Photo. **181** Christophe Cappelli/Alamy Stock Photo. **182** Hemis/Alamy Stock Photo. **183** funkyfood London - Paul Williams/Alamy Stock Photo. **184** Sean Pavone/Alamy Stock Photo. **185** Stuart Gray/Alamy Stock Photo. **186** Steve Taylor ARPS/Alamy Stock Photo. **187** Grant Smith-VIEW/Alamy Stock Photo. **188** © FLC/ ADAGP, Paris and DACS, London 2019. Bildarchiv Monheim GmbH/Alamy Stock Photo. **189** Juan Jimenez/Alamy Stock Photo. **190** Michael Bracey/Alamy Stock Photo. **192** PRISMA ARCHIVO/Alamy Stock Photo. **193** Gavin Hellier/ Alamy Stock Photo. **194** Everett Collection Inc/Alamy Stock Photo. **195** Susan Pease/Alamy Stock Photo. **196** John Lander/ Alamy Stock Photo. **197** Andreas Altenburger/Alamy Stock Photo. **198** Hercules Milas/Alamy Stock Photo. **199** robertharding/Alamy Stock Photo. **200** Tim Graham/Alamy Stock Photo. **201** galit seligmann/Alamy Stock Photo. **202** Paul Springett 02/Alamy Stock Photo. **203** Alun Reece/Alamy Stock Photo. **204** Realy Easy Star/Giuseppe Masci/ Alamy Stock Photo. **205** robertharding/Alamy Stock Photo. **206** Hemis/Alamy Stock Photo. **207** Arco Images GmbH/ Alamy Stock Photo. **208** Sergey Borisov/Alamy Stock Photo. **209** nagelestock.com/Alamy Stock Photo. **210** Stephen Saks Photography/Alamy Stock Photo. **211** robertharding/Alamy Stock Photo. **212** Malcolm Park editorial/Alamy Stock Photo. **213** Mark Andrews/Alamy Stock Photo. **214** Hufton+Crow-VIEW/Alamy Stock Photo. **215** Michael Bracey/Alamy Stock Photo.